汉风

CHINESE CULTURE

第05辑

主编◎黄卓越

五洲传播出版社
China Intercontinental Press

图书在版编目（CIP）数据

汉风 . 第五辑 / 黄卓越编 . -- 北京 : 五洲传播出版社 , 2022.10
ISBN 978-7-5085-4868-5

Ⅰ . ①汉… Ⅱ . ①黄… Ⅲ . ①汉学－研究 Ⅳ . ① K207.8

中国版本图书馆 CIP 数据核字 (2022) 第 160082 号

汉　风

编　　者　中国文化对外翻译与传播研究中心
主　　编　黄卓越
出 版 人　关　宏
责任编辑　刘婷婷
封面设计　康　博
出版发行　五洲传播出版社
地　　址　北京市海淀区北三环中路 31 号生产力大楼 B 座 6 层
邮政编码　100088
电　　话　010-82005927 82007837（发行部）
网　　址　http//www.cicc.org.cn　http//www.thatsbooks.com
印　　刷　北京市房山腾龙印刷厂
开　　本　787mm × 1092mm 1/16
字　　数　200 千字
版　　次　2022 年 10 月第 1 版第 1 次印刷
印　　张　14
定　　价　69.00 元

目 录

Contents

专访

探秘中国哲学，践行知行合一

——科雅琼教授访谈录

采访人：张芳

科雅琼（Артем Игоревич Кобзев），俄罗斯莫斯科人，俄罗斯著名学者、作家。1975 年毕业于莫斯科大学哲学系。自 1978 年起任当时的苏联科学院（现俄罗斯科学院）东方学研究所研究员、高级研究员。2004 年起任俄罗斯科学院东方学研究所中国思想形态与文化部主任，2011 年起主持俄罗斯科学院东方学研究所中国部工作。主要从事中国古典哲学和文学研究，作品被翻译成多国语言。主编的《中国精神文化大典》分 6 卷，编纂过程历时 15 年，对中国优秀文化进行了全面诠释，集中体现了俄汉学研究的最新成果。主要著作有《王阳明学说和中国古典哲学》《俄罗斯汉学的悲剧与闹剧》等，代表译作《古文观止》（节选）、《易经》（节选）、《大学》等。于 2020 年获得第十四届中华图书特殊贡献奖。

访：如果自您 1976 年读研究生期间在“中国的社会与国家”会议上发表第一篇汉学研究论文（*ГносеолоГические установки первых конфуцианцев*）算起，您已经在汉学领域深耕 40 多年，并取得了丰硕的成果，发表了有关中国哲学、历史和文化方面的学术专著 20 多部，译著 10 多部，发表学术论文、报告及译作总计达 1500 余篇，参与编写了哲学、历史、文化方面的百科辞典 30 多部。在对您充沛的精力深感钦佩之际，我也想借此机会了解一些您的具体经历，比如，是什么契机促使您走向了汉学研究这条道路？在这一过程中，有哪些事给您留下了深刻的影响？

科雅琼：我对中国的兴趣起源于童年时期。在我 7 岁的时候，也就是 20 世纪 60 年代末，我的父亲 A.И. 科布杰夫（A.И.Кобзева，1924-1986）作为苏联诗人、作家和记者，随同苏联作家代表团对中国和越南进行了参观访问。中国给他留下了深刻的印象，他从中国带回来了许多照片和纪念品，还结识了很多朋友。从那之后，我就迷上了《三国演义》。1969 年，我从祖父 И.Ф. 科布杰夫（И.Ф. Кобзева，1896-1969）那里得到了两卷本的《红楼梦》。1969 年 9 月，在中苏矛盾全面升级，甚至已经爆发了边境武装冲突的背景下，中国总理周恩来与苏联部长会议主席柯西金（А.Н. Косыгин）在北京机场举行了会晤。之后，出于对中苏关系的关切，柯西金提议要加深对中国，包括对中国哲学的研究。这项工作委派给了当时的苏共中央工作组成员 М.Л. 季塔连科（М.Л. Титаренко，1934-2016）。他后来成为俄罗斯科学院院士，主要研究苏联及中国哲学。1970 年，他以哲学副博士的身份，在莫斯科大学哲学系组建了俄罗斯首个中国哲学史专业研究组。我就是这个时期进入莫斯科大学哲学系并加入这个研究组的。正是在这个研究组内，我完成了研究生学习，通过了以王阳明研究为题的副博士论文答辩。不久后，1978 年，我开始在苏联科学院 / 俄罗斯科学院东方学研究所的中国研究部工作至今，并担任了中国研究部的主任。1989 年，在苏联科学院哲学学院，我通过了博士论文答辩，论文题目为《中国传统哲学中的象数之学》（*нумерологической*）。1990-1991 年我在北京大学进修，2002 年曾通过学术交流，在吉林省社会科学院工作两月有余。我前往中国 15 次以上，曾去过半数以上的省份，并在这些地方度过了大约两年的时间。我还担任了黑龙江大学的高级研究员，国际易学联合会副主席，国际儒学联合会秘书长。

对我而言，研究中国哲学以及中国的主要原因是，中国哲学深奥与广博，然而俄罗斯在这方面的研究一直不够充分和深入，因而这种研究应当是非常有意思的。我曾经基于人体构造、性别及社会的二元结构理论，提出了人类文明文化二元发展的理论。我认为从历史和文化角度看，东西方世界的划分，其实也反映了文明和文化的二元结构。在人类历史上，中国就是东方的主要代表之一。2016 年我发表的文章《人类社会的中国之路》（*Китайский путь человечества*），就详细阐释了我的这一理论并对其做了一个相关结论。

访：您在不同的时期，有相对不同的研究重点，例如您较早时期就已经开始从事研究以王阳明为代表的新儒学，后来的主要研究方向有易学，之后还做了《大学》《传习录》《金瓶梅》及白居易诗作等的翻译工作。您对这些研究方向的选择有怎样的考虑，每个阶段的选择契机又是什么？

科雅琼：我在大学高年级就开始研究王阳明，因为他是一位非常特别的哲学家，也是新儒学的集大成者之一。但在俄罗斯却几乎没有人对他进行研究。阳明哲学可以说是中国哲学中最复杂的问题之一，而且当时在中国，王阳明还被视为“不受欢迎的”人，有诸如主观唯心主义、神秘主义、直觉主义、封建主义和反人民的代表等帽子，与正统哲学格格不入。这一切反而激发了我研究阳明哲学的兴趣。当时在中国还几乎没有关于王阳明的研究文章出版，但改革开放后，王阳明的地位有了180度的改变，甚至被列入“圣人”之列。习近平主席不仅经常引用他的论述，还对他进行过积极宣传。这令我非常振奋。

为了更加深入地了解王阳明，我还需要研究儒家、道家和佛教，这几乎是中国哲学的全部。这便将我引向了中国哲学的总体特征这一问题。但俄罗斯学界对这一问题目前仍存在严重分歧。一些学者认为中国哲学非常完善，而另一些学者则支持黑格尔的观点，认为中国没有哲学。

为了解决这个问题，我转而开始研究决定中国哲学特征的方法论，也就是《易经》，这部经典也同样鲜明地体现了中国哲学的一些特征。同时我还研究了俄罗斯《易经》研究史，出版了俄罗斯首位《易经》研究者Ю.К. 舒茨基（Ю.К. Щуцким，1897-1938）文章的注解版。这是一位非常优秀的学者，但却在1938年不幸被枪杀。当苏联开始“重建”，提倡“公开”，可以在俄罗斯出版关于中国的古代炼丹术、占卜术以及房中术等研究的著作，以及像《洞玄子》《金瓶梅》等书籍的时候，我率先开始研究这一方面的问题，并于1993年出版了科普类文集《中国的情欲》（*Китайский эрос*），这在当时是非常具有首创性的。这本书的发行量达到了50000册。

不同领域的研究，使我可以更加全面地了解整个中国的文化，也促使我从1989年开始，为俄罗斯20世纪末本世纪初的著名百科词典撰写了许多文章。1994年，我成为百科词典《中国哲学》（*Китайская философия*）的主笔人之一，并担任编委会成员。这是一部创新型百科词典，在此基础上衍生发展而来的是六卷本百科词典《中国精神文化大典》（*Духовная культура Китая*）。同时我还研究了俄罗斯汉学史，并将研究成果集合出版，形成了600余页的《俄罗斯汉学的悲剧与闹剧》（*Драмы и фарсы российской китаистики*）一书，该书于2016年问世。

访：阳明心学是您的一个研究重点，您为此撰写与翻译了数种这方面的著述，并几次赴王阳明的故乡绍兴访问。我想问一下，您是怎样！把握王阳明的主要思想的？在翻译《传习录》的过程中又有什么样的体会？

科雅琼：1993 年我出版了俄罗斯第一部，并且也是迄今为止唯一一部关于王阳明及其学说的专著。遗憾的是，现在这一研究方向仍然在俄罗斯仍然少有人投入。这种状况促使我必须继续从事这一研究，尽管我还研究了许多其他问题。我翻译出版了王阳明的一些文章，之后又翻译了《传习录》的大部分内容，并集结成书出版。我在 20 世纪曾去过贵阳及绍兴的王阳明纪念馆，并与浙江省稽山王阳明研究院进行了颇具成果的合作。王阳明既是一位伟人，也是一位伟大的思想家。他的哲学是经世致用的，这也是最令人感兴趣的地方。在这点上，他与年轻时的马克思非常相似，马克思当时曾致力于从实践的角度将唯物主义主观化。他在《关于费尔巴哈的提纲》一文中说，“哲学家们只是用不同的方式解释世界，而问题在于改变世界”。王阳明也提出，要改造世界，需先从改变自身做起。这也是他从《大学》中引申出来的主要思想。他的主要哲学著作《大学问》，也是在四书之一的《大学》基础上产生的。除《大学》之外，我还翻译出版了《大学问》一书，并多次再版。王阳明所传习倡导的自我完善思想，能够使人们做到知行合一。

访：中国古典哲学中的象数之学，也是您着力探索的领域之一，就我们看来，这一课题对于国外的汉学家来说还是有相当难度的。我们想知道，您是如何克服各种困难，并在哪些方面有新的发现?

科雅琼：我的博士论文（1989 年），以及 1994 年的专著《中国古典哲学中的象征和数字》（*Учение о символах и числах в китайской классической философии*）中，体现了我在这一方面的主要发现，即中国哲学有自己独特的，迥异于西方的方法论。这部专著也是《东方哲学历史》（*Историю восточной философии*）学术系列的第一部。我还为这一系列著作设计了一个独特的标志，就像全球历史艺术遗产以及科研机构保护公约的符号一样，也是大圆里面套着三个小圆，象征东方世界的三大主要部分：印度，阿拉伯—穆斯林国家及中国。在我看来，西方哲学方法论的基础，是苏格拉底、亚里士多德、柏拉图创立的形式逻辑学。在中国，尽管荀子以及之后的墨家和名家也发展了类似的“实用逻辑”，但之后占据上风并成为通用方法论的，则是《易经》所确立的方法。我将其称之为数秘术（нумерология），在中国被称为“象数之学”。这在西方也有类似的“毕达哥斯拉主义”或“犹太神秘哲学”，但处境地位则截然不同：在西方占据主导地位的是形式逻辑学，而在中国，占据主导地位的则是“象数之学”。

这些关于中国哲学的结构、总体特征以及数秘术的研究，我曾在80年代苏联科学院东方学研究所的会议上提出并与同行进行了讨论，受到当时的汉学家研讨会“中国经典的建构研究”的一致认可，并在俄罗斯汉学大会会刊《中国社会与国家》（*Общество и государство в Китае*）上出版。不久前俄罗斯汉学大会刚刚举行了50周年庆祝仪式。

访：将古代中国经典译成俄语，会面临语言、思想、文化上的种种障碍，这也是每一个译者都力图想要去克服的困难。在长期的汉译俄的经历中，您有什么好的体会或经验想与学界朋友一起分享的吗？

科雅琼：将中文翻译成外文，这几乎是所有汉学家都会遇到的主要问题之一。在传统理解中，所有的中国文化，都十分艰深晦涩，但汉学却是一门语言科学。西方文化与中国文化的对立性也首先表现在语言文字上，是屈折语与孤立语，字母与汉字之间的对立。因此，翻译中国经典，就意味着将一种文化重新进行编码，变为另一种符号，另一种与之对立的符号。从形式上来看，中国的古诗与经典，都无法使用传统翻译手段进行翻译，因为它们都不是线性结构，而是二元结构。从内容上来看，像《金瓶梅》这样的小说以及关于传统炼丹术、占星术、医学、养生以及情欲等独具中国特色的文章等，都很难翻译。这其中最大的问题在于汉字的表意功能，这是字母文字所无法体现的。尽管困难重重，我还是翻译了许多此类文章，在翻译过程中努力弥补字母文字在这方面的缺失。

俄罗斯汉学家还率先完成了《史记》《金瓶梅词话》和《大明律》的翻译，这不仅是俄罗斯汉学界翻译的壮举，在世界汉学界也属于首创。目前，我对如何将汉俄词典最大限度电子化这一问题非常感兴趣，这是利用机器翻译复杂文本的基础，虽然我们目前还没有实现电子化，但却非常急需。

访：俄罗斯汉学有着优秀的历史传统，取得了丰硕的成功，但也经历了巨大的波折和变化。您作为俄罗斯传统汉学的重要继承人与颇具成就的新一代汉学家，如何评价俄罗斯汉学的历史（是否可以分为几个阶段来说）？

科雅琼：俄罗斯汉学是世界上历史最悠久的，也是最主要的汉学分支之一。俄罗斯汉学的发展一直与中俄两国的务实合作与交流密切相关，这也是它的主要特点。此外，在中苏友好的十年，苏联汉学与中国的学术基于同样的意识形态和政治基础，学术理念和方法论上十分接近。17 世纪至 19 世纪中叶的俄罗斯汉学与政治和外交密切相关，因此带有明显的实用特征。在 20 世纪 20 年代之前，俄罗斯汉学的研究主要集中在汉语言文献上，但之后发展与分化出了两大分支：以列宁格勒（圣彼得堡）为中心的传统汉学，研究重点为汉语言文献；以及以莫斯科为中心的苏联汉学，研究重点为中国历史及社会科学。苏联解体后，这两个研究方向基本融合了，但在俄罗斯研究院以及大学之外，甚至在中国境内，形成了俄罗斯民间汉学，主要通过互联网进行传播。我在 10 年前创立的汉学百科网站站（https://www.synologia.ru/），是学院派汉学在互联网上的延伸，非常受欢迎，也是目前唯一一个汉学百科网站。有意思的是，1917 年俄罗斯移民潮之后，在俄罗斯境外，首先是在中国，也出现了俄罗斯海外汉学。50 年代初，俄罗斯海外汉学消失了，但过了 40 年在苏联解体后，类似情景再次出现。现在在俄罗斯境外，而且再次是在中国，又形成了俄罗斯海外汉学。

访：您提到的俄罗斯海外汉学的确很有意思，有必要在未来加以细致的梳理，我们很期待有这方面的研究。我想问的下一个问题是，相比较于上个世纪的研究，您认为当代的俄罗斯汉学有什么比较显著的特点，目前学者们的研究兴趣主要集中在哪些领域？有哪些主要的突破，以及面临哪些问题？

科雅琼：这一问题比较大，我可以谈一谈与我的专业相关的情况。早在 20 世纪 50 年代末 60 年代初的苏联“解冻”时期，俄罗斯汉学界对翻译中国文学及哲学经典的兴趣就已处在日益高涨的状态。这类书有较为广泛的读者群，可以卖出几千甚至上万册。七八十年代，在苏联开始出现关于中国哲学和艺术的专业研究著作。但直到 21 世纪，这些相关科目才被列入俄罗斯教育课程计划之内。俄罗斯境内唯一一个教授中国哲学历史的专业机构，是俄罗斯国立人文大学的教学科研中心“东方哲学中心”，该中心由我于 2011 年创立并担任中心主任至今。当前俄罗斯 21 世纪汉学在该领域中的主要特点是，学术研究及专业研究在不断减少，但出于商业利益和个人兴趣进行的研究和翻译正在增加，而且它们的成果很大一部分都在互联网上进行传播。

访：您曾经提到过，由于地理位置、历史传统、民族心态等因素的影响，俄罗斯汉学与西方汉学存在较大区别，，您可就此展开谈一下？

科雅琼：大家都知道，中国自古就划分为南方和北方。而在西方，人们在很长一段时间认为这是两个国家。西方汉学家历来是通过海路抵达中国南方的，而俄罗斯汉学家则是通过陆路抵达中国北方的。这使得中国在他们心目中的印象也完全不同。历史上，西方汉学是与基督教的传教活动相关的，而俄罗斯汉学则没有这种联系。尽管1715-1956年在北京也有俄罗斯的宗教使团，但该使团主要从事的是政治外交和教育科研活动，而非传教活动。俄罗斯汉学家的成就主要是实际应用层面的，而西方汉学家的成就主要是理论方面的。而且俄罗斯汉学家的命运也比较悲惨。在十月革命前，他们的很多著作都未能出版，也未能保存下来。十月革命之后，许多优秀的俄罗斯汉学家都被镇压了，他们的作品也遗失了。可以说，现在我们了解的俄罗斯汉学，只是它的冰山一角。此外，二战后越来越多的西方汉学家都转用英语做研究，而俄罗斯汉学家基本没有向这一方向进行转变。或许在1950-1970年之间，俄罗斯汉学领先于西方汉学。这首先得益于两国学者之间的密切合作，同时也由于中苏之间的矛盾和竞争，苏联政府加大了中国研究的投入。遗憾的是，90年代之后，俄罗斯汉学陷入了某种危机，而且严重落后于世界汉学界，尽管在一些领域也取得了一些世界性首创的成绩，例如1983-1984年出版的4卷本《华俄大词典》（*Большой китайско-русский словарь*），2006-2010年出版的6卷本《中国精神文化大典》（*Духовная культура Китая*）。这两部首创性作品都获得了苏联 / 俄罗斯国家奖。

访：据我的了解，您曾经在乌克兰国家科学院东方研究所兼职，您可以简单介绍下这一经历吗？另外，就我们所知，现在乌克兰的汉学家（柯维典）已经撰写出了一本自成体系的《乌克兰汉学史》。那么，从今天的角度看，俄罗斯汉学与乌克兰汉学，您认为又有何区别？

科雅琼：的确，在80年代末苏联开始“重建”时，乌克兰开始积极地发展新民族文化。之前不只是汉学、东方学，还有许多其他方面的研究，基本都是莫斯科以俄语在主导进行。80年代末，乌克兰民族主义开始萌芽，现在正处在蓬勃发展中。1985年，在基辅成立了苏联科学院汉学研究协会乌克兰分部，比莫斯科分部的成立还要早一年。1990年，乌克兰分部出版了10000册我关于《易经》的研究，不仅比莫斯科早，而且数量比莫斯科也多。乌克兰《宇宙》（*Всесвіт*）杂志1989年十月刊，登载的全都是关于中国的文章。此外，乌克兰还出版了乌克兰语版的《大学》，是从我翻译的俄语版转译而成的。1991年11月成立了乌克兰国家科学院东方研究所，由哈佛教授O.И. 普里查克（О.И. Прицаком，1919-2006）担任主任。。乌克兰国家科学院曾尝试将东方研究所变为一家国际研究机构，而且曾致力于加强中国研究部的建设，当时该研究部仅有5名人员。为了加强中国研究部，乌克兰科学院向我发出了邀请，聘请我担任兼职研究员。我在那里工作了一年，遗憾的是，由于政治和社会经济等原因，乌克兰中国研究部的科研计划并没有实现。“乌克兰汉学”可以理解为是在乌克兰境内的汉学，乌克兰籍学者的汉学研究活动以及以乌克兰语进行的汉学研究活动，与俄罗斯汉学没有很大的区别。此外，就像翻译出版乌克兰语版的《大学》一样，俄语往往是从中文翻译至乌克兰语的中介。

访：您主编的《中国精神文化大典》获得了俄罗斯国家文化最高荣誉奖章，这也是俄国当代汉学具有标志性的一个成就。你们是怎么组织与从事这一编撰的？据称，该书正由四川大学的俄语学者们翻译成中文，现在进展如何？

科雅琼：2006-2010年出版的六卷本《中国精神文化大典》，是一部俄罗斯汉学发展的总结性著作。2011年，我与两位同事一起参加了俄罗斯国家文化奖的颁奖仪式。遗憾的是，他们已经不在人世了。М.Л. 季塔连科提议进行这一项目，并以俄罗斯科学院远东研究所所长的身份，为该项目提供了资源，包括人员、资金，其他来自俄罗斯、中国和美国的资助资金，也是由他经手争取来的。我的同班同学，鲁基扬诺夫（А.Е. Лукьянов，1948-2021）教授是远东问题研究所主要研究部门的领导，主要负责编辑与整合远东所同事们完成的文章。这个工作量非常大：所有文章总数超过5500页，包括100多名作者撰写的2000多篇文章，几千张图片，以及大量带汉字的附录。除对这些信息进行校对和编辑以外，还要查找信息，并将其整理为百科词条。这是一项非常复杂繁重的工作。我负责招募新的作者，扩充词表，查找缺失的文章，但是中途也需要解决各种各样的问题：从撰写新的文章，解决关于书的结构、设计、名称等问题，到挑选图例、检查索引等技术性问题，需要耗费大量精力。中国政府决定将这部大典译为中文，并在中国出版，这是对大典质量的最高认可。翻译《中国精神文化大典》这一任务由四川大学的刘亚丁教授主持，他是一位非常优秀的俄罗斯语言学家。遗憾的是，我是唯一还在人世的翻译顾问了，由于疫情的原因，该书的出版已经被推迟。

访：据我们所知，您还担任了俄罗斯汉学网站主编，您如何看待信息技术或互联网对汉学的影响？

科雅琼：汉学网站（https://www.synologia.ru/）是《中国精神文化大典》这一百科全书工作的继续，同时也会对该书进行不断完善和再版。但由于俄罗斯汉学界目前面临的危机，以及一些汉学家的相继离世，对《中国精神文化大典》加以完善这一工作只能在这个网站上进行了。而且电子化也有许多优势：可以面向更多的读者，第一，与读者的反馈交流更加便捷，有助于及时查缺补漏，核实数据与表述；第二，可以给文本补充更加丰富的图例；第三，通过互相链接，读者可以更加快速方便地获取更加翔实丰富的信息。当然，电子化处理也存在着一些问题，俄罗斯科学院对互联网这一工具的应用目前还不是很充分。汉学网站（https://www.synologia.ru/）曾于 2011 年获得俄罗斯人文科学基金的资助，这是当时俄罗斯总统梅德韦杰夫的亲自授意，并对我提议的切实采取措施支持俄罗斯汉学发展一函做了回复。当时设置了五项专项基金，并取得了良好的效果。遗憾的是这一举措并没有延续下去。因此，汉学网站目前仍是唯一一个俄文版的汉学学术网站，主要依靠我个人的热情在维持运营。但此后也出现了许多此类假冒网站，上面的信息真假难辨。

（采访人兼译者单位：中央党史和文献研究院）

科雅琼部分著作与译作书影

用语言见证历史变迁——卡萨齐教授访谈录

采访人：樊子琪

卡萨齐（Giorgio Casacchia），意大利汉学家。1968年，考入罗马大学中文系。1973-1974年于北京语言大学交流学习。曾任罗马大学中文系和那不勒斯东方大学汉语教授，前意大利驻中国大使馆及意大利驻上海领事馆文化参赞。2020年荣获第十四届“中华图书特殊贡献奖”。

卡萨齐教授毕生致力于对中国语言学、古典和白话文学、方言书面文学等多方面研究，对中意语言习得以及文化交流作出重要贡献。在译作方面，他翻译了《三十六计》（*I trentasei stratagemmi. L'arte cinese di vincere*）、《今古奇观》（*Nuove e antiche meraviglie: racconti cinesi del Seicento*）、《徐霞客游记》（*Diario di viaggio di Xu Xiake*）等大量古典文学作品。同时，卡萨齐教授还潜心于辞典编撰，出版了《汉意大辞典》（*Grande dizionario cinese-italiano*）等重要工具书。

访：您将中意文化翻译与交流作为自己毕生的事业是出于怎样的历史契机和个人选择？

卡萨齐：我对中国的兴趣经历了从政治、语言、文学到文化的几个阶段。为了准确地回答这个问题，首先要追溯到半个世纪之前欧洲的社会氛围，当时有三分之一的意大利人是拥护共产主义的，左倾党派相当活跃，年轻人参加左翼群众运动是很正常的情况。在此背景下，毛泽东思想引起了很多人的注意，但因为当时关于中国的相关消息很难获取，于是我就决定学一点汉语以便获得更丰富的知识，这是第一阶段。不料，我本人对中文一见钟情。汉字独有的魅力，在语法上跟意大利语完全不同的新颖特征，文风的高级文雅，丰富而庞大的文学体系都激发着我对汉语学习的热情。此后我对中国的兴趣不再仅仅局限于政治层面，我开始痴迷于整体中国社会了。在当时，汉语教学在意大利的发展很有限，只有三所大学开设了中文系并进行教研，教学语言以古代汉语为主。从古代汉语入手学习中文当然是个局限，但同时也是个优点，对古文的掌握使我在探索中国文化古今全貌时更具优势。在大学期间，我也参加了国立远中东学院（Is.m.e.o. Istituto Italiano per il Medio e Estremo Oriente）的汉语教学，并加入了意中友好协会（促使两国友好合作关系的民办组织），它们有一个画报叫《中国》（*Cina*），这给了我第一次撰写大众性报道的宝贵机会。这个画报刊登了我写的两篇文章，分别是《汉字是什么》（Che cosa sono gli ideogrammi cinesi）和《红旗渠》（“Il Canale Bandiera Rossa”）。恰逢 1970 年中意建交之际，我从大学中文系毕业，加上发表了一些刊物，我便获得了第一批意大利来华留学生的奖学金，这让我有机会去到北京语言学院（现北京语言大学）学习。在北京语言学院的一年时间虽然不长，对我而言却是职业生涯的开头。1973-1974 年我在北京的时候，除了上课之外（老师们都非常好，我到现在还记得金老师的古汉语课和白玉昆老师的现代汉语课），还参观了北京的一些著名景点，包括分散在城中的胡同、宫殿，庙、塔等建筑。另外，在北京的生活习惯、住宿、交通和饮食（例如我特别喜欢的炸酱面）等丰富多彩的体验，全面深化了我对中国文化的了解。还要感谢北京语言学院安排的参观，让我亲身感受到新中国的方方面面，甚至参观了在画报上自己所介绍的红旗渠！

从那时起，我便更加努力地学习汉语，随着中文水平的提升，我对于全球文化的认知也随之加深。无论过去还是现在，世界都在以不同的方式互联在一起，如果仅从一个单一的角度看世界，恐怕会忽略很多有价值的文化现象。北京之行结束后，我的兴趣慢慢超越了语言学和现代汉语的界限，开始更加关注白话文学，逐次将冯梦龙、凌濛初、李渔等人的作品翻译成了意大利语。同时，我也着手文言文作品的翻译，将《三十六计》等中国经典著作介绍给意大利。

在我职业生涯的后期，为了更好地向意大利民众传递中国文化的多元性和复杂性，我实行了一系列规模更大、更全面的研究与翻译计划。如 2013 年编纂了《汉意大辞典》（*Grande dizionario cinese-italiano*），全书涵盖 10 万个词条，共 2229 页。在 2019 年出版了《徐霞客游记》（*Diario di viaggio*）的意文版，共 1853 页。还有已经全文翻译但目前尚未付梓的《诗经译注》，全系列一共 6 本，约 3000 页。

访：您来自马可·波罗与利玛窦的故乡，他们一位是第一次报道中国的欧洲人，另一位是历史上第一次通过掌握汉语而从事汉学研究的欧洲人。而在利玛窦同时与之后来华的杰出汉学家中，也有多位意大利人，这似乎已经被学界传为美谈，也一定不是出于偶然的，您认为这是由于什么原因造成的？为什么这样的使命落到了意大利而不是当时的其他欧洲国家的人士身上呢？

卡萨齐：回答以上问题，要有一个前提。民族国家（nation）这个概念诞生于18世纪中叶，意大利到了18世纪中期才形成一个统一国家。之前，用“意大利人”这个名称会有些别扭，它基本的意思仅仅是：出生或居住在意大利半岛的人，因而“意大利”只是一个地理概念，不是政治概念。意大利在统一之前是由许多个小王国组成的，国王几乎都是欧洲大贵族家庭的成员。除此之外，还有零星几个共和国。意大利还有一个强有力的“跨国组织”，即天主教会。这些都使得意大利半岛成为近代世界最重要的经济文化中心之一。在这样的历史背景下，意大利半岛诞生了很多早期汉学家。马可·波罗是威尼斯共和国的公民，那时威尼斯是欧洲主要的商业贸易地点。利玛窦是来自梵蒂冈的一位传教士，梵蒂冈是罗马教廷所在地，将宗教信仰传播到中国是教皇希望完成的使命。但在当时几乎所有的早期汉学家都不使用意大利语，他们使用的主要语言是拉丁语、西班牙语和威尼斯语等。到了19世纪，情况开始有所变化。一些地道的意大利公民成为了优秀的汉学家，譬如路德维克·尼科拉·迪·朱拉（Ludovico Nicola di Giura，1868-1947）完整翻译了蒲松龄的《聊斋志异》（*I racconti fantastici di Liao*）。从18世纪到20世纪那不勒斯东方学院（Istituto Universitario di Napoli）有不少意大利和中国的专家教授研究中国古今文化，瓦莱（Benedetto Valle）于1948年、1967年出版了《华意辞典》（*Dizionario cinese-italiano*）、《意华辞典》（*Dizionario italiano-cinese*），还翻译了孙中山的《三民主义》。同时，《东风》（*Vento dell'est*）杂志编辑部在上世纪六七十年代也会每周登刊多篇关于中国的文章。目前，在97所意大利大学中几乎所有大学都教授现代汉语，其中绝大多数高校也同时开展科研活动。

访：您能谈一下您的同乡利玛窦教父早期对汉语的认识吗？有学者认为他对汉语所做的论述在后来成了欧洲人认知与评述汉语的一个基本模式，这样的说法有道理吗？

卡萨齐：利玛窦极大地帮助西方人了解汉语，在欧洲人汉语习得方面，他做出了不可忽视的贡献。利玛窦的成就主要集中在三方面：汉语词汇学、汉语拼音法以及汉字学。他和其他来华的传教士做了以下努力：第一，编辑了历史上最初的汉西辞典之一；第二，用24个拉丁字母创造了汉语标音系统，并用四个特制的标志在汉语每个音节上加上声调；第三，在其著作《耶稣会与天主教进入中国史》（*Della entrata della Compagnia di Giesù e della Christianità nella Cina*）中利玛窦提出了不少颇具影响力的观点。

利玛窦还编著了两部词汇作品，分别是《葡汉辞典》（*Dicionário português-chinês*）和《西字奇迹》（*Wonder of Western Writin*），《葡汉辞典》共189页，当时葡萄牙语是西方人在远东的通用语，这部辞典收集约6000个葡萄牙语词，在其后加上对应的汉字及其拼音（南京官话）。譬如：

Rir śiiáu 笑。

有时还会加上意大利语翻译，比如：

Abaixar fan ti 放低 bassarsi

利玛窦第二部词汇作品《西字奇迹》很短，只阐述了他发明的拼音系统规律。他安排的汉字格式一目了然，仅仅用24个标志来记录所有汉字的读音，跟中国反切法等其他传统注音方法是完全不同的。可想而知，利玛窦的发明被那时的文人彻底拒绝了，在中国境内没有留下任何影响。但到了当代，所有的汉语辞典最终都采取了他发明的注音格式。

另外，利玛窦也有不少对中文的解读，深刻地影响了17至19世纪欧洲人对汉语的看法。他注意到不少语言细节现象，如汉语的单音节性，有文言文和白话之分，有官话和方言的区别，庞大的汉字数量等等。他曾表示，汉字有七八万（“esser le lettere più di settanta o ottanta milia”），并且认为汉字和埃及文字拥有类似的书写方法。

总之，利玛窦对于汉语言的研究从某种程度上让当时的欧洲人更科学细致地了解到异域汉字的复杂与美妙。

访：您作为一名语言学家，撰写过多种汉语研究方面的著作，还出版过《汉语欧洲传播史》一书，我们很想知道，您是怎样一步步走向这条学术之路的？

卡萨齐：语言是全面认知世界的关键。葛兰西（Antonio Gramsci，1891-1937）

曾阐明“语言与我们思考和认识世界的方式有着千丝万缕的联系（Language intricately connected to how we think about and make sense of the world）。学习语言是“建构对世界的认知”，语言是理解文明不可或缺的渠道。没有任何一种语言是孤立的，学习一种文明如何通过语言接受、适应、改变外来文化体系具有很大的启发性。学习的外语越多，人的视野就越广。特别是在当下，全世界语言都或多或少地受到英语的压力，人们自然也就受到盎格鲁 - 撒克逊文化的深广影响，学习其他语言实则是一种“自卫”。另外，理解一种文明是如何形成自身的语言体系以及如何习得这门语言，本身就具备很大的思想启发性。汉语组织世界的方式与意大利语相当不同，汉语的语言习惯、运思方法、表述方式都让我耳目一新。譬如，意大利语在语法上非常关注性别、时间、数量、是谁在做什么事，等等，汉语却不觉得这些内容需要时时刻刻都指出。比如说，意大利语没法简单地说 “我有个朋友”，一定要指出是男是女（ho un amico, 或者说 ho un’amica: o ↔ a, un ↔ un’= 男↔女）等。所以哪怕从基本语法开始，使用各自语言的意大利人与中国人对世界的感知都是不同的。此外，中国还有悠久的语言学习传统，譬如在汉代就已经有了多种类型不同的字典，《说文解字》侧重字源，《尔雅》侧重词义和词义的关系，《释名》侧重语音等，罗马帝国当时却没有任何一本类似的字典，这是相当了不起的成就。另外，中国词源学的主要研究对象是字，而不是音，表意文字能够更明确传达出国家政治、经济、文化当中的重要信息。如果你问一个有一定文化水平的意大利人，“cavallo”（马）这个词是从哪里来的，他的回答很可能会是：是从拉丁语“caballus”来的。但如果你询问一个普通的中国人“马”的词源，回答可能会是，从𢒠，一个有四条腿，一只尾巴，长有鬃毛的动物图画，与蒙古语“mo（rin）”也有区别 。

我中学时期和高中阶段在意大利学过拉丁语和法语，在大学学过汉语与英语，五年前又为了学习日语搬到日本，对外语的接触不算匮乏。我认为不同的语言为我们提供对世界不同的看法，在英语作为大部分国家官方语言的今天，多语言习得会帮助我们抵抗英语世界单一意识文化的入侵。

访：您的著作介绍了从万济国、卫匡国到 19 世纪后期罗存德对汉语语法的研究，眉目清晰，对我们了解这一领域的知识有很大帮助。在近 20 年来，国内外学界对欧洲 17-19 世纪末的汉语研究的再研究已经取得了可观的进展，您可否向我们推荐一下意大利学者的相关成就？同时，您认为在这一领域中尚存在进一步研究的空间吗？

卡萨齐: 欧洲的汉语研究有很长的历史，但转折点出现在1985年，以孟德卫（David E.Mungello）所著的《奇异的国度：耶稣会适应政策及汉学的起源》（*Curious Land: Jesuit Accommodation and the Origins of Sinology*）为主要代表，从那时起，他所命名的“传教士汉学”（missionary sinology）就变成了一门独立的学科。从事汉语研究这方面的学者其实很多，很难逐个详细论述。但如果只论意大利，一个重要贡献无疑是耶稣会传教士德礼贤（Pasquale M.D'Elia）1938年所著现保存在梵蒂冈图书馆的《利玛窦神父的中文世界地图》（*Il mappamondo cinese del p. Matteo Ricci*），以及他主编的其他关于利玛窦的研究著作。追溯意大利汉学史则可以查看奥尔多·加洛塔（Aldo Gallotta）和乌戈·马拉齐（Ugo Marazzi）在1985年出版的《十八至十九世纪意大利的亚洲和非洲知识》（*La conoscenza dell'Asia e dell'Africa in Italia nei secoli XVIII-XIX*），这本大部头书籍介绍和分析了意大利汉学家的经历与研究成果。1996年白佐良（Giuliano Bertuccioli）和马西尼（Federico Masini）合编的《意大利与中国》（*Italia e Cina*）叙述了罗马帝国以来中意之间的关系史，以及意大利学者对中国文化的研究。同年著名学者安伯托·艾柯（Umberto Eco）在《寻找完美的语言》（*La ricerca della lingua perfetta nella cultura europea*）当中谈到汉语作为世界共通语的可能性。目前，意大利除了几所大学的中文系之外，还有一些专门的汉学研究学社，如殷铎泽研究中心（Fondazione Prospero Intorcetta），主要研究首次翻译孔子著作的西西里传教士殷铎泽（Prospero Intorcetta，1625-1696），以及蒂利亚斯特卫匡国研究中心（Centro Studi Martino Martini di Trieste），专门研究卫匡国（Martino Martini，1614~1661）。值得一提的是，斯蒂法诺·贝内德蒂（Stefano Benedetti）教授近期发表了《洛伦佐·马加洛蒂的〈中国报告〉和儒家经典的首个意大利文版》（Lorenzo Magalotti's Relazione della China and the First Italian Edition of a Confucian Classic）一文。

毫无疑问，意大利汉学研究空间依旧很广，比如梵蒂冈图书馆有一个藏书类目为梵蒂冈图书馆波吉亚藏书（Fondo Borgia），其中收藏了16世纪到达欧洲的中文书，还待进一步的研究。

早期的汉语研究需要极为专业的语言底蕴，很多资料所使用的语言为拉丁语、西班牙语、葡萄语以及当时的通用语言等等。几年前我在意大利驻上海总领事馆任文化参赞时，受邀在上海政法大学开设了拉丁语课程，贝内德蒂教授专门编著了一部适用于中文母语者学习的拉丁语教科书，遗憾的是我们尚未找到合适的中国出版社合作出版。

访：您与白玉昆联合编辑的《汉意大辞典》（第一版 2008，第二版 2013），收录了 10 万词条，是迄今为止最为完整的欧华双语词典之一，工程浩大，成就卓著，我们想了解一些早年您启动工程时的想法，以及在编辑过程中遇到过什么样的困难？此外，与一般的双语词典相比，这部作品有哪些特别令您感到满意的地方？

卡萨齐：20 世纪 80 年代，罗马大学、威尼斯大学、那不勒斯东方大学，这三所致力于中国研究的意大利大学决定合作编著一部大规模的汉意辞典，因为当时除了早年瓦莱编撰的辞典以外，整个意大利没有其他大部头汉意辞典，中文学习者不得不用汉英或汉法等外语辞典。因为工程浩大且词典编撰对于中文教学颇具裨益，所以当时规划的编辑部也很成规模，由十几个人组成，我本人是负责罗马大学的分部。令人惋惜的是几年之后，由于各种各样的原因，这个计划中止了。辞典的搁置让我很沮丧，心里非常别扭，意大利汉学没有成功给意大利读者提供一个适合意中交流新阶段的汉意辞典，于所有人而言这都是个失败。经过一番思想斗争后，我痛定思痛，做出一项大胆的决定。哪怕只有一个人，哪怕毫无酬劳，为了意大利汉学的持续发展也要继续开展汉意辞典工作！纵然有一腔热血，但现实却是冰冷的。当时意大利的高校教育体系、汉学研究受到的限制、甚至是个人的职业生涯策划，都不允许一个人花十几年来只做一件工作。整个科研氛围都在追求速度快、用时短的研究项目，但辞典编撰偏偏又是耗时耗力，或者说是"吃力不讨好"的工作，在这样的科研氛围下，大部分编撰的辞典在我看来都不符合要求。

尽管困难重重，但好在我当时已经是教授，在工作生活上有一定程度的保障，不需要过于考虑职业发展，因而不论辞典编撰的过程有多么漫长，我还是毅然决然地恢复这个项目。幸运地是，我遇到了白玉昆老师，他原本是我在北京留学时的汉语老师，恰逢当时又被北京语言大学派到罗马大学工作，他是汉语专家，在中国时已经编著了好几本辞典（譬如 1985 年《现代汉语难词辞典》等）。我立即向他发出邀请，他欣然同意参加工作，于是我们就开始着手辞典编撰工作。我们两个人的分工是这样的：第一，我从各种能看懂的外语辞典里摘下词条，再用其他来源的词条（如报纸、书籍、网络、歌曲、菜单等）加以补充，再寻找尽可能多的例句，指明语义范围和文风，比如该词属于数学、力学、政治、医学、中医等方面的词汇，还要考虑到词汇在中文语境下属于书面、口语还是俗语等范畴。之后，我便将所得资料翻译成意大利语。第二，在初步的工作完成后，我便将其交给白老师，他删去没用或错误的汉语词，修改补充后再转交给我。他在罗马已经待了几年，懂了不少意大利语，也能不时地指出个别意大利语翻译的错误。对于有些词汇，相关的参考资料不一定足够，我有时不免犯下望文生义的错误，为了化解这个难题，白老师发挥了关键作用，作为汉语语言学专家，他可以及时指出辞典的问题所在。我们两人每天的工作时间大约是六到七个小时，辞典共有 2229 页，编著时间为连续 11 年，每天大概完成一到八页，从无到有，虽然全程只有两人，但速度还算可以。

辞典编撰很像制作马赛克，马赛克要把一个一个的小石头加工之后镶嵌在合适的地方，而辞典也需要逐字逐句地整理词语将其放置在合适的框架内。在我看来这两者都是手工活，能享受到手工的满足。但编辞典跟编电话簿完全不同，每个词的背后都蕴含智慧型的问题。

在《汉意大辞典》编写过程中我学到了两点：第一，要好好选择自己的词义来源，优秀的辞典会让工作事半功倍，比方说《现代汉语词典》《汉语大辞典》《中国语大辞典》《汉英大词典》（*ABC Chinese-English Comprehensive Dictionary*）等经典辞典都带给我很大的帮助。第二，要尽量多地发掘新鲜资料来丰富辞典，每天都要收集、对照、比较一种语言和另一种完全不同的语言，这让我收获颇丰。

访: 您另一个致力的方向是翻译，比如翻译了《三十六计》《今古奇观》《无声戏》《三言二拍》《徐霞客游记》等大量的中国古代作品，根据您长期从事翻译的经验，您是否能谈谈在将汉语与意大利语进行对译时，经常容易出现什么问题？而您又是如何解决这些问题的？

卡萨齐: 面对从语言习惯和运思方式都与当代有很大差异的中国古代作品，在翻译过程中必然会遇到很多障碍，不仅需要考虑古今问题，还要衡量中外语言跨度，中意两种语言之间的距离很大程度上增加了翻译工作的难度。譬如意大利语、法语与英语，这些语言都是用字母记录语音，像意大利语中的“malinconia”等于法语“mélancolie”和英语“melancholy”，在同一语系下常能找到“外壳”相似的词，所以翻译起来也就比较容易。而远在另一片大陆上的汉藏语系，其代表性的汉语则以方块字示人，上文意大利语中的“malinconia”中文意译是“忧郁、忧闷、忧伤”等，“外壳”都不一样，根本无法随便选择对应的词，难度可想而知。

在我看来翻译工作不单单是将一个词直接翻译成对应的意思，更关键的是要熟悉这个词、这句话背后的时代历史、文化、风俗习惯、心理等等，否则很容易舍弃掉文明的深意，让整部译作显得毫无生机。当语言背后的文化相近时，问题当然也是有的，但可以克服。随着文化差异的增大，困难的程度也大大增加。意大利和中国在文化上有很多相通之处，两国都是文明古国，都有文言文和白话、书面语和口语的区分，但毕竟相隔万里，中意在不少方面的文化跨度还是相当大的。面对这种直译无法准确传达文本深意的情况，我认为可以运用类比，中国古典白话小说和意大利白话（非拉丁语）故事有相似之处，翻译过程中可以把一系列本土说法、词组、谚语等恰如其分地嵌入译文之中，一方面更贴合原意，另一方面也能帮助读者更好地理解文本。举个例子，我目前正在翻译《诗经》，其中有些语句，比如《卫风》中的“肤如凝脂”一句中的“凝脂”没法直译，一定要改改，这个诗句就译成“vellutata la pelle di pesca”（皮肤如桃子皮），因为在意大利文化中绝对不能把一个美人的皮肤和凝结的脂肪类比在一起。

正如上文所言，辞典编撰是个手工活，在我看来翻译（特别是文学翻译）也一样。它需要译者付出极大的精力，调动对两类文本背后的历史、文化、心理因素的全部理解，才能完成一部合格的译作。

访：您长期以来聚焦于中国白话文学的翻译与研究，我想知道，您是如何形成这样一种兴趣的？这又与意大利现代汉学的传统是否有一定的关系，而您则在哪些方面做了推进？

卡萨齐：意大利文学很大程度上跟中国古典白话小说有类似的方面，譬如，意大利著名作家薄伽丘的《十日谈》等作品都是中短篇通俗故事，所以冯梦龙等作家的译作在意大利的接受度很高。无论是意大利还是中国，白话文学都反映出了一个繁荣的历史阶段，比如资产阶级的崛起和资本主义萌芽的诞生，这背后其实包含着很重要的历史含义。而且白话文学读起来很有意思，故事都很灵活生动，比较符合大众的阅读趣味。我相信对中国白话文学的翻译与研究，将会成为中意民间文化交流的有效渠道。另外，我认为汉语文言文与白话有相通之处，中古时期的平民语言也很值得研究，这其中有许多有价值的资料可以用来追溯汉语发展史。所以除了翻译文学作品之外，我还会撰写历史语言学方面的文章。

访：作为欧洲研究中国的一位学者，您对欧洲汉学的传统有广泛的了解，从您的研究视角来看，您认为欧洲汉学在这几百年来有过怎样的变化，比如在方法上，观念上？

卡萨齐：欧洲的汉学历史非常悠久，在马可·波罗来华之前就已经有人来到中国旅行，但他们所留下的记载相当零散。13 世纪《马可·波罗游记》第一次系统地描写了中国，欧洲人终于知道在遥远的东方大陆上有一个经济繁荣、文化灿烂的伟大帝国。这些相对浅显的东方探索构成了欧洲汉学的第一阶段。

第二阶段即传教士汉学阶段，这一时期来自欧洲的传教士长期留居在中国，这不仅加深了西方对中国社会文化的了解，不少传教士还跟中国文人建立了联系，促进了中西科技、文学、文化等多方面交流。通过传教士传递的知识，世界得以更科学、更理性地认识中国明清时期，这无疑极大提高了汉学的客观性，尽管传教士有时会因为自己的计划和使命造成部分中国知识的扭曲。譬如，为了在中国传统社会当中找到便于传教的文化因素，利玛窦把中国的远古概念“上帝”和天主教的“神”（Deus）联系在一起。另外，这一时期传教士汉学向欧洲介绍了孔子的思想，极大推动了启蒙运动的发展。同时欧洲对中国的专门研究机构也首次出现，如耶稣会的传信部（Sacra Congregazione “de Propaganda Fide”）或长老宗等，欧洲汉学初步拥有了相对统一的研究规范、方法和目标。例如，“四书”、“五经”的欧语翻译计划和中国各地方言辞典的编撰就是在此背景下开展的。

欧洲汉学发展的第三阶段是欧洲帝国主义时期，伴随着帝国主义的对华侵略，欧洲对于中国社会方方面面的认知诉求增大，中国大门的敞开使得欧洲汉学有机会实地收集大量文献资料，加深了对中国语言、历史、文化等全方面的了解。很多介绍中国的宝贵资料都可以追溯到这个时期，比如理雅各（James Legge）“四书”、“五经”的英文翻译，到现在还有很高的参考价值。还有上文谈到的意大利医生路德维克·尼科拉·迪·朱拉对《聊斋志异》的意大利语翻译，至今依旧是最全面的。与此同时，欧洲汉学开始扩大自己的研究范围，囊括中国经济学、工农业历史发展、人口学等现当代内容，整体中国社会都变成欧洲汉学的研究对象。

在中意建交之前，意大利基本上只有意大利共产党派送党员和非党员知识分子到中国去学习汉语、研究中国政治并宣传新中国的成就。其中最卓越的人有爱德华多·

马西（Edoarda Masi）、记察（Filippo Coccia）等，他们把中国一系列政治内容传输给意大利左派，大大促进了意共运动的再发展。不仅如此，他们还翻译了不少中国文学作品，如《红楼梦》和鲁迅的一些经典著作，推动了意大利民众对中国文学的认知。

然而汉学的发展并不是一帆风顺的，20 世纪中叶欧洲汉学出现了危机。一方面，随着西方与中国的持续接触，汉学的资料数量变得庞大，单个汉学家没法针对中国学（即西方语言里所用的 sinologia，sinologie，sinology）涉及的所有方面开展研究，这就需要在汉学基础上进行更细致的专业划分。另一方面，汉学也好，中国学也好，所指的研究对象都是一个混合体，在概念术语的划定上缺少科学性。另外，中西各方面的对立也多少受到萨义德（Edward W. Said）在《东方学》中所持的批判态度的影响。比如，一位著名的法国历史学家，谢诺（Jean Chesneaux）就提到了这么一个问题：研究中国历史需要的是一个历史学家还是一个汉学家？换句话说，研究中国的出发点是历史本身呢还是历史的方法？另外，在汉学和中国学这两种学科之间也出现了某种隔阂，前一种被看作是从总体的文化角度来研究中国，后一种被看作是以更为细化的专业方式来处理自己的研究对象。

目前，海内外致力于中国研究的专家、机构、网站、资料等可谓是数不胜数，理论方法上百花齐放，书刊汗牛充栋，这些都显现出汉学发展的积极一面，但我们也不能忽略消极的方面。譬如，在海外还流传着不少关于中国的虚假消息，需要进一步澄清事实真相，并建立适宜的中外文化信息沟通渠道。另外，在个别情况下中国文化与世界文化还存在着一段距离。譬如说，据我所知，除了在意大利高中和大学开设汉语和汉学课程的部门，其他院系几乎从不采用中国学者编著的教科书。这种情况并不理想，应该做出努力来改善当下局面。

关于我个人的研究，我目前正在翻译《诗经》。这类著作翻译的重点恐怕不在于用意大利语来传递诗意（我本人并不是诗人），而在于注释。这个意大利语的《诗经》版本多达 3000 页，这是因为每个字、每段诗都有丰富的中西注释。目的有两个，第一个当然是阐明诗的意义，第二是尽可能多地在历史长河中展现《诗经》意义的流传过程，希望这样一种译文一方面可以给读者提供一个比较全面的《诗经》文本，另一方面可以促使读者对中国古典文化形成基本认知。如果翻翻但丁《神曲》的国际版本就会发现，每个诗句都会伴有一全页的注释，对中国类似的杰作的介绍也可以以这样的方式来编写。

访：您在意大利驻华大使馆有过多年工作经历，不论是从国家层面还是民间层面都为促进中意文化交流做出了重要贡献。您认为汉学研究在中外文化交流中发挥着怎样的意义和作用？

卡萨齐：进入一个研究课题需要两种工具，一个是理论，另一个是资料，而汉学研究成果很好地提供了这两点。汉学研究不仅暗含着一个国际世界观，如马克思主义或新古典经济学等，或者用一个中国本土的认识论来分析当地现实。汉学还可以提供宝贵、可靠的资料以便于各个部门的专家利用它来研究中国。像李约瑟编著的《中国科学技术史》就是一个很好的例子。同样，编撰汉语双语辞典也是一个好的例子，辞典是一种综合性工具，能帮助外国人清晰地了解中国语言与文化。

汉学研究目前针对三类受众：一个是对中国有好奇心的普通大众，对于这类人群汉学的任务是传递既详细准确又具备通俗性、可读性的中国知识。譬如最近二三十年，全世界中国华侨的人数大大增加了，基本上每个国家的普通人都会在日常生活（商场、网络、电影，书刊等）中碰到汉字。准确地介绍汉字字源及其发展史是汉学的任务之一，这能帮助外国民众熟悉汉字书写法。二是有学问的专业人员，如外交官、记者等，汉学能为他们的工作提供各种各样的科学材料。最后一个是汉学家本身，当代每位汉学研究者都有自己的专业范围，他们在研究过程中也很需要可靠的综合性参考资料，比如魏根深（Endymion. Wilkinson）编著的《中国历史新手册》（*Chinese history*）就是一本很优秀的汉学参考书，其他汉学家都能用得上。

访：我们都非常期待您接下来的著作，请问您目前的研究兴趣和未来的研究计划是什么？

卡萨齐：首先请允许我对贵刊表示感谢，让我有机会谈谈个人的兴趣和计划。明年上半年我预计会完成《诗经》的意大利语翻译。之后再考虑编著一部《中国古今经济思想选集》。众所周知，近年来中国缔造的经济奇迹吸引了全世界的兴趣，为了进一步研究中国经济思想的源流，我想选择从古代一直到近代以来最重要的思想家关于经济的论述，将其辑为一书，翻译成意大利语，其中也会包括注释和参考资料。

受古汉语影响，近代思想家的著作往往呈现出一种古今语言风格的混合，我希望自己在《徐霞客游记》和《诗经》翻译过程中所积累的古汉语知识，加上阅读康有为、梁启超等人作品的经历，能够帮助我翻译古代到近代的主要著作或片段。书名会是“*Il pensiero economico della Cina premoderna*”（《中国古代—近代思想家对经济的看法》）。

还有，为了满足海外一般人群对汉字的好奇心，我编著了一部介绍汉字的书（待出），约300页。严格地说，它涉及的不只是汉语而是整个汉字圈的文字，包括古今字体，以及西夏、朝鲜、日本、越南等从汉字派生出来的文字，也会涉及汉字在世界各地的演变情况（譬如分散在各国唐人街埠中的一些有所不同的字），目的是为了扩展我们对汉字在整个国际范围内使用的认识，此外，我还会附加一些用汉字来写意大利语的例子！

（采访人单位：北京语言大学人文学院）

CLASSICI ORIENTALIA
Vita di una donna ossessionata
a cura di Giorgio Casacchia

徐霞客游记 一
Xu Xiake
Diario di viaggio I
a cura di Giorgio Casacchia

ERSHILU
Storie per orecchi avidi
YUE JUN
a cura di Giorgio Casacchia e Loredana Cesarino

I trentasei stratagemmi
L'arte cinese di vincere
a cura di Giorgio Casacchia
CAFO SCAR INA_

DIZIO
NARIO
CINES
E_ITA
LIANO
CAFO
SCAR
INA_

Giorgio Casacchia Mariarosaria Gianninoto
Storia della linguistica cinese
CAFO SCAR INA_

卡萨奇的部分著作书影

专稿

东亚文学史的比较研究：一份研究宣言

[美国]苏源熙（Haun Saussy）著　吉灵娟 译

摘要：“世界文学”，是当代比较文学发展较快的研究领域之一，常常引出关于“世界”的若干研究问题。本文认为公元前 400 年至公元 1800 年间包含大量文学、宗教以及哲学文本的跨国流通，这些也可以称之为“世界”。未来比较文学的研究也基于此。

关键词：东亚文学史、世界文学、全球化

伍德贝里（George Woodberry）在主编的第一套《比较文学》杂志中曾提出，“比较文学研究者理应充当新兴世界中的新公民”。这几乎是从柏拉图至歌德以来所有伟大学者所追求的梦想，这个理想国不存在种族冲突或者武力威胁，但却存在至高的理性（伍德贝里，页 3-4）。未来人类的联合以及同质文明中所建立的国际性政权将通过明确文学与文化的共性来实现。以欧洲语言为载体的世界文学已有夯实基础，伍德贝里预言东方古老的文学将被开发，这是世界文学史上的大事件。但这种乐观情绪被两次世界大战所击碎（用坚船利炮确定世界规则的游戏已经在人类历史上演无数次）。无论如何，在被定义的世界文学中，古老的东方文学一直享有重要的地位。

世界文学研究者常常引用歌德 1837 年的一句名言：“民族文学已经式微，世界文学时代已来临”（爱克曼著，页 325，达姆罗什译，页 22），或引用马克思和恩格斯在《共产党宣言》中所说的“资本主义通过对世界市场的开拓，来实现生产和消费的世界化，从而在大量的民族文学和当地世界文学中产生了世界文学”（马克思，恩格斯，页 36）。此种理解将“世界文学”中的“世界”视为全球化的副产品，是哥伦布大航海时代以及随后欧洲国家在世界各地殖民而引发的政治经济网络世界。这是否准确反映了全球经济史仍存在争议，那些着眼于更早时期以亚洲和近东为贸易中心的历史时代的研究者认为，相比之下，欧洲殖民者中断世界史的时间仅 400 年而已。其他人则把“世界”称作“一般 - 特殊”的极点，世界文学与苏拉威西、俄罗斯、卡塔尔文学相对。在这一观点下，提升世界文学就等同于贬低地方文学，贬低特定的、不可翻译的、

起源地及与时间相关的东西。一种批评理论认为这种世界文学批评是具体的，至少原则上如此。其他理论则认为世界文学的特殊性无法被假定的全球化所涵盖，因而未能实现批评的全球化使命。

我从全球化对立观点中总结经验，我们如何在“世界文学”中定义“世界”非常重要。什么是世界？我将以尼克拉斯·卢曼的理论为依据，以一种相对抽象的方式提出我的观点，我认为世界是由生活在其中的人可以达到的交流视野所决定。例如，智慧的生物可能居住在宇宙的其他地方，但它们并未构成我们世界的一部分。同理，埋葬在基克拉迪奇群岛上的雕像即便为我们所知，但制作这些雕像的社会还没有被充分了解，因此无法成为我们世界的一部分。通过这种方式定义“世界”，我们打开了“世界”一词的大门，允许许多重叠或可能互不相关的世界存在，“世界文学”就是那个世界的文学，可以被世界的人类所使用。现在人们看到了关于“世界文学”的局限，这个局限通常被视为其相关性的标识。

当今全球化叙事想象的世界是由历史引领的世界，“我们”即为其受众。但是世界常常不是这么简单就能概括的。使“世界”这个词多元化，并不需要借助科幻小说或其他假设的维度。人类历史的世界充斥着对人类现状的冷漠与无视，而我们的世界其实是无法想象的。但人们不能仅用“不”来拒绝世界文学，用其他证据来进行反对总归是更有效。作为对影响当前世界文学观念的几种偏见的纠正，我建议比较主义者应当参考1800年前亚洲语言、文学、文化历史关系。

亚洲包含了几种以定义世界的术语建立起来的文本文化，积累了大量的文本档案以及翻译文本。1800年以前的亚洲受到欧洲的干涉相对较少。亚洲的比较文学史必须追溯到古代，追溯至今天的民族诞生之前。它将展示当下全球化之前，单一世界区域的世界性特征。

目前的亚洲地图对于设计比较研究并无多大益处，我们熟悉的国家、语言和民族都是在当下全球化进程中出现的，而全球化进程令“世界文学”研究的元叙事合理化。“国家”自然不能被视为理所当然的比较单位，因为国家文学史的先入之见倾向于让我们认为过去有预测现在的价值，因而更容易在历史中寻找坐标。国家历史具有积累性、目的性，因而对过往的历史审查、筛选。而兼容并包的比较研究项目需包括准国家和前国家叙事，这些内容通常被国家历史压制或兼并。民族国家的历史阴影容易主导历史叙事，这是由于历史学家总是代表统治者、朝代和国家写作的理由。历史研究需要考古学来弥补国家历史有限的视野。例如，17、18世纪的中国被清帝国统治之前，中国地区中的独立王国或多或少地依附大国存在了很长时间。中华文明的发源地，当时的“中央地区”仅仅表现出部分的文化共享。“中央地区”的文化竞争对手在中国主流文化内外都留下了痕迹。语言学和考古学证据表明无论是沿着丝绸之路的商队路线，或者北部草原，抑或在气候温和的地区从事农业，或者在东南部的群岛上进行海外和短程贸易，都曾经发生过频繁的人口流动。古代说藏语的人曾经占据了比现在的西藏面积大的多的地区。当藏传佛教的僧人将教义传播到新的区域时，他们所承载的传播内容，远远不止四圣谛。尽管传播中存在语言障碍，他们依然将工业、军事技术、管理艺术、音乐等传播到异地。

毫不奇怪，中国在亚洲文化史上扮演着重要角色，这很大程度上归功于中国人对“文”的创造。众所周知，“文”或“文章”一词不仅指“文学”，还指适用于家庭生活、政治秩序、视觉艺术品、伦理道德、自然世界观念等原则。在某些文本中，它近乎等同于“中国”或“中国价值观”。

显然，国际性的研究项目无法延续对中国文化的特殊偏好。但“文章”的含义表明，研究范围不能局限于我们今天在西方所了解的“文学”。事实上，通过“文章”传播的内容远比抒情、想象或叙事性写作影响更加广泛。从广义上讲，文章的影响力很大程度上解释了文化。

中国文学系统内部的比较可以从中国人和外国人在不同历史时期，围绕文字和语言主题研究中建立。中国国家的出现是与其文字传播同步进行的。首先让我们考虑，坐标于“事件”（霍金，页92）的现代观察者是如何看待中国的书面语言的发展过程的：

> 中国中心一直是明确而稳定的，即便其边界在历史上有时是模糊而不稳定。……与欧洲不同，中国的政治边界和文化空间从中心延伸到边缘。暂且将最古老的三个朝代囊括起来，自秦汉以来，中国一直享有“标准化的车辙、标准化的书写体系和标准化的道德”这一说法。欧洲观念中的“民族是人类历史后期的新现象”的观点在这里并不适用，在中国，一个民族在语言、道德、习俗和政治制度的影响下早就联合起来（葛兆光，页21、23）

这就是它如何寻找观察者，以洞悉哪里最终成为“中心”及其“不断变化的边界”。但是，没人明确地知道，中国是何时从许多相互竞争的文化中建立了联合王国。如果没有足够的智慧回溯中国文明史的发展过程，我们倒是应该说，在前帝国时期，并没有一个统一的语言和文字系统覆盖中国文化区。根据中央政府为诸侯国撰写的文件，那些远离“中央”的地区，如秦国或楚国（分别集中在今天的陕西省和湖北省）的人，说话和写作都“奇怪”。来自不同地区的书记员使用了“变体”字符（同样是一种时代错误），即便是誊写经典传世文本时也是如此。公元前221年后，中国第一位皇帝统一了文字，从此中国人开始“享受”文字标准化所带来的好处。中文通过官方书写系统进行传播，操中文的人在该书写传统中扮演主要的角色，在此过程中，中国人的文化和文脉得以传承。正如在早期，皇室常定期重修族谱以容纳更早期的外来族群一样，地域性的语言成为了中文汉字的“方言”。那些包含异国情调的地名和词汇的文献，鲜少表明中国化过程剔除了中国以外的非标准要素。被中国征服或受到中华文化影响的民族将中文上列为行政语言，以致他们本身早期的口语变得式微，或最终本土化，从而形成了越南、韩国和日本等国的习语或符号形式的文字。一些语言被同时记载下来，在中国的边缘地区，他们对汉字的不同反应表现出独特的文化适应风格。

佛教是亚洲主要的文化黏合剂之一，通过中亚进入中国，长期以来挑战着中国文化精英的语言观和价值观。佛教早期的语言载体是多种多样的：帕提亚人复述最初用梵语或巴利语发表的布道词，这些布道词用中文粗略地记录下来，然后由训练有素的抄写员润色。通过建立僧侣翻译委员会，训练优秀的多语种口译员，他们汇编了数以万计的佛教文本，在此过程中汉语成为亚洲佛教传播的主要媒介（梵文和藏文文本通过更专门的渠道流通）。公元150年左右，佛教经中亚传入中国，给中国人带来了全新的、截然不同的先进文化体验。外国语言和文字——印度语、索格迪亚语、帕提亚语、契丹语——有时这些语言被认为和飞鸟走兽的语言具有相关性，有时被视为神奇的咒语。一些地区以多语种而著称：1900年首次发掘的敦煌石窟提供了丝绸之路上多语言、多民族和多宗教并存的直接证据。10世纪中亚地区许多语言已不复存在，或者与敦煌旅行者所知的文化和宗教有着较大的不同。

最近受到关注的国际“文学世界”是以“汉语”或“汉学”进行交流的“汉学圈”，它指的是中国及其改编使用汉字的邻国，包括韩国、越南和日本。在工业现代化之前，这种文化超越了国界，在精英阶层，中国典籍的概念和模式能够畅通无阻地进行传播。但国际汉学模式密切反映了一种特殊国家叙事，即古代中华帝国及其周边的附属国的文化关联。撇开欧洲中心主义的中国中心主义对世界主义来说并没有多大好处。中国古代文化传统及其文化自足，对现代中国没有产生强大的渗透力。采用中文书写和接受中文文本的群体，还必须对比其他邻国如印度或近东的书写模式，参考他们语言艺术的形成模式。中国文学史可以包括中越、中日以及中韩文学，相比之下，满语、蒙古语、藏语、西夏语、崇德语、契丹语、缅甸语、泰国语、柬埔寨语、苗族语、彝语和其他语言与汉语进行对话时，作为整体比较的差异因素就较为明显了。事实上，古代王朝的统治是承认异族语言和文化的重要性的。尽管许多世纪以来，东亚秩序是国王们声称天赐给他们的专制权力，但据记载，4 世纪的一位中国君主曾提议，“远通殊方九译之俗”的人值得支持（他这样说是为了回应一位佛教神职人员对其授法权威的挑战：统治者并为此做出了重大的让步。）

尽管在中国产生并在儒家道德和历史中逐渐凸显的中国模式令其成为强大的政治文化中心，边缘地区政治合法性往往需要得到中央的批准，但在实践中，边缘地区又同时受到来自其他文化、政治和宗教的影响。中国文化阶层没有对来自外国的文化影响视而不见，尤其是受到佛法的影响很深，对其他非汉化地区的文化如“游牧长笛”（Rorex and Fong）或者“山歌”（Ōki and Santangelo）充耳不闻。一些亚洲国家之间跨文化案例在经典之外的文献中广泛传播。季羡林先生指出，《潘查坦特拉寓言》随着佛教从印度传播到中国，而在那里它们遇到了《庄子》（公元前 340 年）。

维克多 · 梅尔（Victor Mair）描述了《马穆加利 · 雅娜》的叙事模式——从佛经到世俗故事再到仪式歌剧，叙事运用佛教的地狱故事来调和僧侣和家庭宗教信仰的价值体系。根据朝鲜、日本和越南读者的期望，中国晚期帝国小说的情节被广泛借用到朝鲜。日本和越南的文学创作中，从而奠定各自国家经典中主要作品基础（参见 Pastreich，Huỳnh）尽管中国文学元素较容易渗透进邻近地区的语言和文化中，但邻近地区语言文化的反向渗透却没那么容易。《源氏物语》与《飞龙之歌》直到 20 世纪才被翻译成中文。中国皇家御制诗集里也常包含由朝鲜人、日本人或越南人写的汉诗，但总体没有什么特别的翻译需要。

因此，前现代亚洲文学空间并不是没有差别的空间，各种文本像不受约束的台球一样到处滚动。况且，文本信息会被过滤，传播会有阻碍，仅仅偶然遇到可连接的通道。其中，汉字和汉语体裁最有可能被移植到其他语言中。事实上，大乘佛教的佛经将汉语作为第二语言载体（也有人说是主导语言）。其他书写系统在传播中就更加受到限制，文学体裁也是如此。最初的藏族史诗《格萨尔王》，用蒙古语、突厥语、满语和其他语言进行了改编，在中国周边三方土地上都可以找到诗歌的书写体，但在中国文学传统中并不为人所知。这似乎表明，西藏宗教以外的文化成就并不受到重视，而且基于其边塞史诗可能对文学体裁产生恶劣的影响，更基于其早期写作顺服于等级与文明的准则，中国传统文学也不太可能接纳这种体裁。或者，如果将口述史诗仪式化、程式化也可视为是一种写作方式，那么格萨尔史诗在中国的隐身是被中国传统边缘化的另一个例子。这些体裁和主题传播的例子，以及反传播的障碍，指导我们如何解读泛亚洲地区现代化之前的文化地图。将它当作一个坐标系是远远不够的：就像航海图一样，它指示了水流、潮汐、浅滩、信标和其他允许或阻碍通行的标识。

伍德贝里在《世界文学家》中看到了“从柏拉图到歌德”梦想的实现，而由亚洲语言定义的世界经验图表则提供了一种不同的经验。受到欧洲文化影响之前的亚洲文学史表现一系列的世界秩序，每一种秩序都包含等级，每一种秩序都高举原则，这些原则源于扰乱所谓“轴心时代”的辩论。它提供不是一种而是多种选择，以取代当前关于什么构成全球文化的思考。仅仅描述它与当下文化沟通的模式的差异就是一个极大的挑战。让我们用确凿的证据取代“另一种思想体系的异域魅力……思考的绝对不可能”（福柯，页 14），有些人确实是这样做的，但也有人没有这样做。

（作者单位：美国耶鲁大学，译者单位：杭州师范大学外语学院）

参考文献：

1.Damrosch, David, et al. eds., *The Princeton Sourcebook in Comparative Literature*, Princeton: Princeton University Press, 2009.

2.Eckermann, Johann Peter. *Gespräche mit Goethe in den letzten Jahren seines Lebens* 1823-1832, Leipzig: Brockhaus, 1837.

3.Foucault, Michel. *The Order of Things: An Archaeology of the Human Sciences*, New York: Vintage Books,1970.

4.Hawking, Stephen. *A Brief History of Time*, New York: Bantam, 1988.

5.Huỳnh, Sanh Thông, tr., *The Tale of Kiêu: A bilingual edition of Nguyen Du's Truyên Kiêu*, New Haven: Yale University Press, 1987.

6.Marx, Karl and Engels, Friedrich. "Manifesto of the Communist Party" *Selected Works in One Volume*, pp.35-63, 1968, New York: International Publishers.

7.Ōki, Yasushi and Santangelo, Paolo. *Shan'ge, the 'Mountain Songs': Love Songs in Ming China*, Leiden:Brill, 2011.

8.Pastreich, Emanuel. *The Observable Mundane: Vernacular Chinese and the Emergence of a Literary Discourse on Popular Narrative in Edo Japan*, Seoul: Seoul National University Press, 2011.

9.Rorex, Robert A. and Fong, Wen. *Eighteen Songs of a Nomad Flute: The Story of Lady Wen-chi*, New York: Metropolitan Museum of Art, 1974.

10.Woodberry, George. ed., *Journal of Comparative Literature*, Volumn1, pp.3-9, 1903.

11.Zhaoguang, Ge. *Here in "China" I Dwell-Reconstructing Historical Discourses of China for Our Time*, Tr. Jesse Field and Qin Fang. Leiden: Brill, 2017.

费诺罗萨专题

刘勰《文心雕龙》、费诺罗萨《作为诗歌介质的汉语书写文字》和20世纪的先锋派

[西班牙]高遁(Sean Golden) 著 丁珂文 译

摘要： 埃兹拉·庞德(Ezra Pound)所编著的《作为诗歌介质的汉语书写文字》之手稿是20世纪初欧洲现代主义诗歌和意象派运动的里程碑。自此，庞德的这个版本就代表了厄内斯特·费诺罗萨(Ernest Fenollosa)的观点，也因其强调汉字的图形元素，而成为后来的汉学家争议的对象。最近，苏源熙(Haun Saussy)、石江山(Jonathan Stalling)和卢卡斯·克莱因(Lucas Klein)呈现了费诺罗萨手稿的完整版本，该版本表明费诺罗萨的关注点和庞德的解释之间存在差异，并使我们有机会溯源费诺罗萨的最初意图。"费诺罗萨·庞德"强调，汉字的图形元素是中国诗歌的一个组成部分。尽管有些汉学家对此提出了质疑，但刘勰(约466-520)所著的《文心雕龙》第39章已专门提及，该现象是中国诗歌创作的一种模式。对约翰·凯奇(John Cage)和杰克逊·麦克·洛(Jackson Mac Low)作品的案例研究表明，费诺罗萨对20世纪先锋派文学的影响远远超过了庞德的作品。

关键词： 费诺罗萨、汉字、刘勰、《文心雕龙》

专业使然，我对中国文学颇感兴趣。仅仅是提及费诺罗萨之名，我知道自己都会大做一番功课。正如我们早已习知的那样，费诺罗萨是一个激情的狂热者：他对汉语叹为观止，并大大高估了汉字系统中象形符号图的数量。他所看到的诸多图形与喻意，在一个冷静的古体字研究者眼中，可能只是语音相关的组合。这是费诺罗萨所犯的专业错误。——苏源熙(Saussy 2001, p.38)

机会使然，我一生中有一段时间直接受教于查尔斯·奥尔森(Charles Olson)和路易斯·祖克夫斯基(Louis Zukfsky)等人，他们都追捧庞德及其对费诺罗萨的解读。另外，我也直接得益于凯奇(John Cage)和艾伦·金斯伯格(Allen Ginsberg)引介的

禅宗佛教。根据庞德所编著的费诺罗萨的《作为诗歌介质的汉语书写文字》及其与叶芝合作的费诺罗萨之《能剧》改编本，都是现代主义者寻觅宇宙形式的试金石；凯奇的后现代主义随缘性探索则以缺乏固定的形式而著称。我未曾想到他们会来自于同一个源头。石江山也曾对这个偶然发现感到震惊：

2004 年夏末，我正在耶鲁大学贝内克图书馆的庞德档案馆翻阅保存在那里的费诺罗萨论文。突然，我惊奇地发现了费诺罗萨讲座的后半部分。……从来没有人提到过这个重要事实：庞德发表的文章只代表了费诺罗萨"作为诗歌介质的汉语书写文字"讲座的一半内容。……而这后半部分演讲……揭示出，费诺罗萨拥有更为丰富的古汉语（宇宙哲学的）诗学知识……显然，费诺罗萨不仅对汉语节律和诗歌理论了如指掌，而且通过遵循其认为处于新佛教教义核心的综合推动力量，他希望将中国宇宙学的关键概念更广泛地引入西方诗歌和西方社会。（Stalling 2010，pp.59-60）

在第一次阅读刘勰（约 466-520）的《文心雕龙》时，我也有过类似的惊异，并发现其用了整整一个章节来阐释书面汉字的图形因素在文学创作中发挥的作用。相比于费诺罗萨的文章，刘勰的阐述早了将近 15 个世纪。[1] 首先来看费诺罗萨所述（庞德版本）：

Man sees horse

人　見　馬

汉字符号不仅仅是任意为之，而是基于对大自然运行图景的生动速记。……第一字，人由两条腿支撑而立（"人"）。第二字，人的眼睛在空间中移动：眼睛下有跑动的双腿（"見"）。这一图景对眼睛和跑动的双腿进行了变形处理，虽然字形大胆，但却让人过目难忘。第三字，马由四条腿支撑而立（"馬"）。……这三个汉字都有腿形：它们是有动感的。（Fenollosa 2008，p. 80）

参看刘勰所述：

是以缀字属篇，必须拣择：一避诡异，二省联边，三权重出，四调单复。……联边者，半字同文者也。状貌山川，古今咸用，施于常文，则龃龉为瑕，如不获免，可至三接，三接之外，其字林乎！单复者，字形肥瘠者也。瘠字累句，则纤疏而行劣；肥字积文，则黯黕而篇暗。善酌字者，参伍单复，磊落如珠矣。凡此四条，虽文不必有，而体例不无。若值而莫悟，则非精解。（《文心雕龙》，练字第三十九，Ch.39）

此见之于施友忠（Vincent Y.-C. Shih）的英译：

In grouping words and composing a piece, a writer must be versed inthe choice of words: first of all, he must avoid what is odd and strange;second, he must avoid characters with the same radical; third, he must weigh carefully his repetitions; and fourth, he must be balanced in the use of the simple and complex forms [...] By characters of the sameradical is meant several characters in succession with one radical, that is, one half of each of their forms, in common. In the description of mountains and rivers, such a device has been used in all ages. But when applied to ordinary writing, the practice is a definite defect, because it offends our sensibilities. If it cannot be helped, it may be permissible for the number to grow to three in succession. Once it is allowed to go beyond three, is it not virtually a glossary?（Shih 1959, pp.211-212）

诚然，刘勰批评的是一种阿诺多·德·坎波斯（Haroldo de Campos）将之称为“构词习惯”的过分依赖现象，但他确又提到了一种现存的文学传统，而刘勰自己的文风中也常出现这种笔形双关情况，即在视觉上，而不是在语音层面上，将书面汉字的图形元素与它所代表的字义内容进行比照（Golden 1996, 1997）。

心既托声于言，言亦寄形于字，讽诵则绩在宫商，临文则能归字形矣。（《文心雕龙》，练字第三十九，Ch.39）

施友忠译为：

The sound of the mind （xin 心） is expressed in speech （yan 言）, and speech resides in characters （zi 字）: when reciting, we find beauty in kung and shang, that is, «the consonance of the speech»; and when we compose, our ability is made manifest by the forms （xing 形） of the characters （zi 字） which we choose. （Shih 1959, p. 211）

将此理论与费诺罗萨为莫里（Kainen Mori）中国诗歌讲座所作的笔记（庞德转录）相较（Qian 2002，p. 302）来看：

written word gives the thought
书面语引人思考
the sung word gives it body （spatial existence）
吟诵之文赋予形体（空间存在）
the tones define the body　　give the form of spatial
音调定义形体　　赋予空间形式
the measure gives form to the tones.　existence
标准赋予音调以形式。　　存在
the measure harmony to the tones.
音调和谐之标准。

如果这里指的是刘勰之作，则甚为相关。

费诺罗萨对动词之动态性的强调也是众所周知的：

这些文字早期采用图画形式……大量的表意词根都包含着动态词义。……真正的名词（也就是孤立的东西）在自然界中并不存在。所有的事物都只是终点，或者更确切地说是行动的交汇点、贯穿行动的横截面、快照。（Fenollosa 2008， p. 81）

费诺罗萨所言与刘勰的开篇语并没有什么不同：

易曰："鼓天下之动者存乎辞"。辞之所以能鼓天下者，乃道之文也。(《文心雕龙》，原道第一，Ch.1)

王兆杰等人的译文为：

"Language （ci 辞）" says the Book of Changes, in connection with the language of the hexagrams, "has in it the power of motivating actions (dong 动) in the world (Tianxia 天下)". Language （ci 辞） can activate the world when and if it is the harmonious language （wen 文）, the poetry, of the Way （dao 道）.（Wong 等人 1999，p.3）

在费诺罗萨的诗学中，庞德着重于将具体的图像并置作为一种产生视觉隐喻的方法，这正如石江山在天台宗将佛教术语视为表意文字的综合体现（Stalling 2009a, p. 26）。就此，坎波斯发现了从符号学意义上创作具体诗歌的可能性：

"表意字构成法"（费诺罗萨做了解读，并将其与隐喻并提）：使用物质图像来暗指非物质的关联，或者如艾森斯坦（Eisenstein）所说，是从图像思维通向了概念思维。……（然而，如雅格布森（Jakobson）所述，在恰当的隐喻中，第一含义和第二含义之间的意义层面上存在一个等式。在表意复合体中，视觉符号或字素符号在能指层面上也存在这样的隐喻等式，而其作为一种构词习惯，可视同雅格布森的文字游戏）。（De Campos 2007, p. 296）

古典诗歌中可以看到很多例子，都是连续使用了"偏旁相同的若干字"[2]。诗人刘长卿（726-788）打算去拜访隐士，他穿过萋萋芳草，发现通向隐士居所的路被芳草遮挡。此时他离自己的访地越来越近，大门更加清晰地进入了视野。诗人感到一身轻松，和屋内的隐士一样心净澄明。

fangcao bi xianmen
芳草閉閑門

在这句诗中，前两个字"芳草"的顶头字素"艹"是一个义旁，表示植物/草，它们合起来表示香料植物或芳草或芬芳的草地。最后三个字符"閉閑門"都包含"門"这个义旁，代表大门或一种带有合页的双扇门。第三个字"閉"表示关闭或闭合，最后两个字“閑門”形成一个复合意义的闭合门。因此，这句诗表面上的意思是芳草挡住了通往隐士家门口的道路，鲜有访客途经此路。然而，图形意象揭示一层隐藏的意思：一个人越接近隐士，就越趋于开悟。阻挡道路的障碍消失了，留有一扇空门通行。“空”是开悟的一步。形容“出家为僧”时有句俗语：遁入空门，意为穿过虚无之门。最后一个字“門”是一扇空门的图景。这些字的语义内容与其书写形式的字形或符号形态相离合，但两种意义却互为呼应（另见 Cheng 1982 and De Campos 2007）。

如果费诺罗萨知道[3]《文心雕龙》这本书会怎样呢？如果他的追随者知道完整版的《作为诗歌介质的汉语书写文字》又会怎么样？《文心雕龙》虽然表面上是一部正统的儒家经典，但实际上却浸透了道学、佛学等思想。其开篇结语均以《易经》为引。

人文之元，肇自太极，幽赞神明，易象惟先。（《文心雕龙》，原道第一，Ch.1）

黄兆杰等的译文为：

The origins (yuan 元) of human culture (renwen 人文) begin with theTaiji 太极；the deep explanation of this cosmological brightness (shenming 神明) is first presented in the images (xiang 象) of the Zhouyi 周易 .

位理定名，彰乎大衍之数，其为文用，四十九篇而已。(序志第五十，Ch.50)

黄兆杰等译为：

In sum the principles (li理) and names (ming 名) are given a fixed placeand permanence in components that are numbered with the magical number of the cosmos (shu 数)， though the Ch.s of substance amount to only forty-nine. (Wong et al.1999， p.188)

宇宙的幻数是五十，和《易经》用的蓍草杆数一致，其中一根留出，剩下四十九根。值得注意的是，刘勰这本书的结构反映了萨满教占卜的流程和宇宙系统的运行过程（Wong et al. 1999，p. 188）。

书写体字让世界富于形态，如刘勰称：

故能瞻言而见貌，即字而知时也。（《文心雕龙》，物色第四十六，Ch.46）

黄兆杰等的译文为：

The hope is to be able to see the face (mao 貌) in the words (yan 言), totrace the season (shi 时) through the written characters (zi 字). (Wong et al. 1999，p. 170)

刘勰通过多义性将宇宙的形态与语言 / 文字 / 文化的形态联系在了一起，并由此使文学形态和宇宙秩序相联。为了解释费诺罗萨对“文”的理解，石江山引用了宇文所安（Stephen Owen）对刘勰的评价：

“‘文’是一种审美模式，是某种潜在秩序的外在表现”；而“在人的身上，文的外向性并没有体现在肉体上；这里的‘文’是通过人的本质表征‘心’来体现的。写作是精神活动的外在表现形式，或者说是文学的本质形式。”宇文所安总结道：“因此，文学是一种泛化的表现过程，是一种完全体现的形式。”

刘勰的《文心雕龙》……恰如其分地构成了这一观点之基础。……刘勰在文末讨论了“文”与人类语言的关系：心生而言立，言立而文明，自然之道也从。蔡宗齐如此解释：有了语言，就会有文章，这是自然的道理，即事物的自然进程……我们可以看到，刘勰试图将宇宙之“文”与人类语言（特别是文学 / 诗歌）之“文”联系在一起。(Stalling 2010，p.65)

对于刘勰和费诺罗萨来说，由于他们都遵循《易经》，所以认为形态化的“文”固有地存在于相关宇宙学中。阿里加（Ariga）在研究费诺罗萨时参阅了道明（Michiaki Nemoto）（日本解读《易经》的权威人士）的观点……费诺罗萨……的有序流动状态理论得到了有力的支持；因为《易经》把“变化”解释为生成万物和阴阳世界的普遍原则（Chisolm 1962, pp. 218-219）。

石江山展示了费诺罗萨是如何从相关宇宙学的角度理解“文”的。在《作为诗歌介质的汉语书写文字》的最终稿中，费诺罗萨写道：

言语的全部微妙内容都建立在隐喻的基础之上。根据词源学，抽象词中包含着仍能体现直接行动意义的古老词根。……这和抵御防线具有相似之处，它有着一半抑制、一半向外挤压的生命力，制辖着山川支流与民族的延展。因此，一根神经、一根电线、一条道路和一家票据交换所，都只是不同的渠道，传递着自身的能量。这不仅仅是类比；也是结构的同一性……。

庞德删减了费诺罗萨的下一条、也是最重要的一条论述：精神世界和物质世界的结构定律是相同的。人性的成长与山松一样面临着压力和纠结。在费诺罗萨的普遍文学理论中，“文”被列为相关性的一部分，因此应该通过采用（如果不是呈现 / 引导）与其相关的结构来使其调和。（Stalling 2010，p. 67）

在费诺罗萨的诗论初稿所缺失的后半部分中，他在详细讨论中国古典诗歌韵律的背景下，大量阐释了禅宗和相关的宇宙观。“正如庞德和后续的庞德 / 费诺罗萨学者通常忽略的那样，费诺罗萨从不认为汉字是事物的图片，而是将其视为自然过程的快照或相互穿插的条束，这种区别具有非常重要的哲学含义。”（Stalling 2009a，p. 26）。费诺罗萨写道：

在拍摄一张动态海洋的瞬时照片时，我们可以定格波浪的当下形态，并称之为一种事物；然而这只是水在不断地波动。所以其他……明显更稳定的事物，只是生命物质的大周期波动的定格；当我们追溯其起源和终结时，它们都只是其他事物的一部分。自然界的这些基本进程并不简单；一波又一波，进程之下还有进程，系统之内还有系统；并且显然，始终如斯。（Stalling 2009a，p. 33）

对于石江山来说，费诺罗萨的诗学深受他在日本接受的禅宗训练的影响：

论证的核心不是能指和所指的完美同构（这是庞德解读费诺罗萨文章时最看重的因素之一），而是西方语言和逻辑把准确性误认为真理，把分类学误认为知识，把抽象概念误认为现实。……在费诺罗萨看来，我们必须寻求一种语言的开放性，并且

这种语言具有关联性和条件性，而不是一种由内容和特性封闭起来的语言。（Stalling 2010，p.31）

费诺罗萨应该很熟悉因陀罗网的隐喻，他的学生兼同事冈仓天心（Okakura Kakuzo）曾在《东方的理想》（*Ideals of the East*）中解释道：艺术就像因陀罗的宝网一样，可以反映出整个链条中的各个环节（Okakura 1904，p. 9）……因陀罗网被设想成一个巨大的织网或互联之网，每一个汇聚点上都有一颗宝石，映射着网络中的其他每一颗宝石（Stalling 2010，pp. 15-16）。有足够的证据表明，费诺罗萨熟知禅宗佛教的“華嚴”和“真言”流派以及他自己曾受训练的天台宗教义。至于他对刘勰著作的熟悉程度，则不甚明了。

目前还不清楚的是，费诺罗萨的天台宗或诗歌导师是否向他传授了日本高僧空海编撰的《文镜秘府论》，该书是现存最广泛的（并以宇宙学为导向的）中国古典诗体学的文本集合。事实上，费诺罗萨使用过“文章”一词（不仅仅是作为一个文学词汇使用，而是用作一个元批评术语，以及其普适性文学理论的中心术语），这使我相信他可能比较熟悉空海针对中国诗歌形式的阴阳宇宙根源论述……即使费诺罗萨没有接触到空海的诗体学集子，他的笔记中也有用《易经》符号编码的声调韵律来表示阴阳的汉语规则图。（Stalling 2010，p. 73）

《文镜秘府论》借鉴了《文心雕龙》，尤其是其对诗体的讨论，而该内容也是费诺罗萨诗学论文后半部分的主题。理查德 · W · 博德曼（Richard W. Bodman）翻译了《文镜秘府论》的部分内容。虽然没有出现刘勰对于汉字的图形讨论，但在博德曼的笔记中有一则相关的引注。当他解释诸如“急流、虚谷、瀑布、巨浪和洪水泛滥”这样的夸张词汇时，引用了刘勰的一段文句，从而首先引发了我对费诺罗萨使用的刘勰这句话的关注：

奔激潰潦，汩荡泥波，波澜浸盛，有年载矣。

这一行字作为句子没有意义，亦不像是引语；似乎是一组应当避免使用的夸饰之词。

《文心雕龙》在第三十九章中给出了如下建议：所谓“联边”，就是偏旁相同的字。描绘山川的形貌，古今作品都用联边字。（Vincent Shih，p.299；Bodman 1978，pp. 471-473）

《文心雕龙》的标题“雕龙”的意思是指雕刻龙形，这是一种包含高度写实主义的修饰语：龙被描绘得活灵活现，以至于作品完成后，它就会直冲云霄。宾尼恩（Laurence Binyon）大量引用了费诺罗萨的论述，他在自己的东亚艺术著作《龙的飞翔》(*The Flight of the Dragon*)中对此做过解读:“我们听说过画上的马被赋予活力，飞奔而出，壁上的画龙离墙而去，穿过天花板，腾空而起”（Binyon 1911, p. 20）。正是宾尼恩把东亚艺术引介给了庞德，并且，庞德曾为本书撰写过书评。费诺罗萨的妻子玛丽·费诺罗萨（Mary McNeil Fenollosa）曾出版过一本名为《龙画家》的小说（Fenollosa 1906）。在宾尼恩的促成下，玛丽把她丈夫的手稿送给了庞德。在1952年给庞德的一封信中，阿喀琉斯·方（Achilles Fang）的随口之言说明庞德应该很熟悉《文心雕龙》,“如果古根海姆基金会(Guggenheim)愿意资助，我明年会尝试翻译《文心雕龙》”（Qian 2008, p. 121）。方还曾在《时代文学副刊》上对施友忠的《文心雕龙》译本进行评论。因此，这表明庞德对《文心雕龙》很熟悉。即使没有玛丽·费诺罗萨，庞德也会对费诺罗萨的影响力进行充分研究，比如他对查尔斯·奥尔森（Charles Olson）的影响，以及通过奥尔森对美国诗歌先锋派的影响一样（“值得所有人研究的对象：……费诺罗萨！”）（Olson 1997, p. 188）。

如果认为费诺罗萨的影响仅限于20世纪的先锋派和庞德的编著，那就是没有完全了解费诺罗萨所做的贡献。他还对视觉艺术产生了重大影响，费诺罗萨是一位东亚艺术的收藏家；策划了若干展览；创作了相关主题的文章、书籍并进行公开讲座；与阿瑟·韦斯利·道（Arthur Wesley Dow）合作改革了工艺美术的教学方法；还通过他的日本同僚传播禅宗。费诺罗萨还与夏德（Friedrich Hirth）合作，在哥伦比亚大学创建了东亚研究项目，并于其后在该校任教多年（Chisolm 1963, p. 198）。就是在这所大学，铃木大拙（D.T. Suzuki）教授向凯奇（John Cage）、金斯伯格（Allen Ginsberg）和杰克逊·麦克·洛（Jackson Mac Low）等作家和艺术家传授了禅宗哲学。

在道氏三十年的教学过程中，有一大批艺术教师都成了费诺罗萨法则的拥护者……在哥伦比亚大学任教的十七年间，道一直使用的文本和参考资料也源于费诺罗萨的著作。……道和他的追随者使美国人的品味发生了转变……从包豪斯家具到蒙德里安式的图形和壁画，这种转变显现于现代设计的每个阶段。（Chisolm 1963, pp.179,193, 238）

在研究了中国和日本艺术、中国诗歌的韵律并从能剧剧场中学习了演唱文本之后，费诺罗萨对艺术中的结构与构成以及音乐中的谐音和泛音形成了自己的思想。因此，他将艺术表达视为“缘起”之体现、万物之相联、相关。

贯穿费诺罗萨的分析，我们可以从空间层面感知到“缘”，即空性的定义（一切皆无完全的自主性，因为所有的事物都是相互关联的），也可以从时间层面审视中观论（Madhyamika）（因果观、缘起观、因缘观）。（Stalling 2009a， p.32）

在 1896 年首版的诗歌理论《睡莲集》（*The Lotos*）中，费诺罗萨写道：

综合思维需倚赖深长的语言；丰富、鲜活、有深意、饱满的词语，核心处充盈着强烈的意义，就像一个原子核，腾起巨大的星云，向外无限辐射开来。这就是诗歌，通过连续字词的相互修饰，让一个词来表达尽可能多的思想和感情。……精巧的和谐之作在于弦外之音的微妙均衡。（Chisolm 1963， pp. 216-217， 225）

坎波斯从这种方法中受到启示：由于费诺罗萨能够在“图形 - 主位”层面上用汉字书写的诗歌，因此“谐律”在眼前舞蹈，并使所有的语义层面“着色生辉”，就像存在一根“起主导作用的和弦”一样（De Campos 2000， p. 42；笔者译）。

诗歌、戏剧、音乐和绘画都为费诺罗萨的诗学理论提供了隐喻的源泉：

我在画布上涂了一个红点。接下来，我又在红点旁边涂了一点绿色。这时，红色和绿色都立即发生了变化。两种颜色对比之下，红色已经燃烧，而绿色正像翡翠一样幽幽地发着光。这一种互动。……在这种情况下，我可能会继续创作，也就是说，寻找需要添加的颜色，每一种颜色的加入都会改变之前的所有互动，使其变得更好。……然而，如果这种奇妙的效果已经形成……比如已有十种颜色（适度的数量）列在了一起，以至于它们只是多重交叉，相互映射，那么就无一是原因，也无一是效果，因为所有皆为因，也皆为果。（Chisolm 1963，pp. 202-203）

费诺罗萨对 20 世纪先锋派写作和艺术的影响如同他对诗歌的定义，核心处充盈着强烈的意义，就像一个原子核，腾起巨大的星云，向外无限辐射开来。他的日本弟子井上円了（Enry ō Inoue）和冈仓觉三（Okakura Kakuzo）（又名冈仓天心 Okakura Tenshin）将禅宗传入了美国。冈仓天心的《茶经》和《东方的理想》都是早期用英语介绍禅宗的书籍，而费诺罗萨则在他的《中日艺术时代》（*Epochs of Chinese and Japanese Art*）中对禅宗进行了广泛的评论。

根据费诺罗萨的说法，禅宗老师的要让学生在头脑中建立自己对事物之间微妙关系的看法；构建一个包含新类别的有机网络。在大自然的个体对抗中，一个禅宗艺术家可能会关照所有生命之间的相互关系。（Chisolm 1963，p. 217）

铃木大拙（叶芝曾与之互通书信）和费诺罗萨相熟（Saussy 2008，p. 23）。他曾在哥伦比亚大学授课，并成为一代作家和艺术家了解禅宗的主要源头（费诺罗萨曾和夏德与阿瑟 · 韦斯利 · 道为哥伦比亚的相关课程做过贡献）。通过阿瑟 · 韦斯利 · 道，费诺罗萨的影响延伸到了包豪斯运动（Bauhaus Movement），而包豪斯学派与奥尔森和凯奇一起扎根在了黑山学院（Black Mountain College）：

1933 年，同样在包豪斯学派中有着长期教学经验的约瑟夫 · 艾伯斯（Josef Albers）开始在黑山学院教书……该学院是一个艺术教育的实验团体，在不同时期，其艺术家教师团体包括作曲家约翰 · 凯奇和有着庞德世血统的诗人查尔斯 · 奥尔森。……50 年代，奥尔森班级的阅读清单上就有费诺罗萨就表意文字撰写的文章……自然，其中并无直接联系，也非线性过程，但从共时的角度还是可以看到一个会聚的罗盘。（De Campos 2000, p.38；笔者译）

坎波斯用罗盘或风向图做比喻，费诺罗萨处在中心位置，掌控全局，万物汇聚，像辐条一样向外散射。

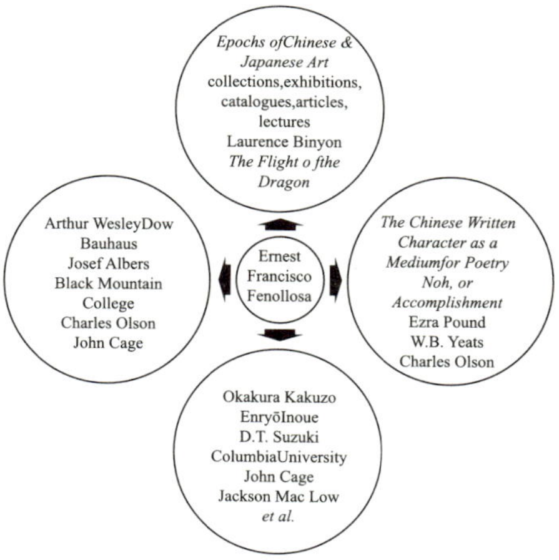

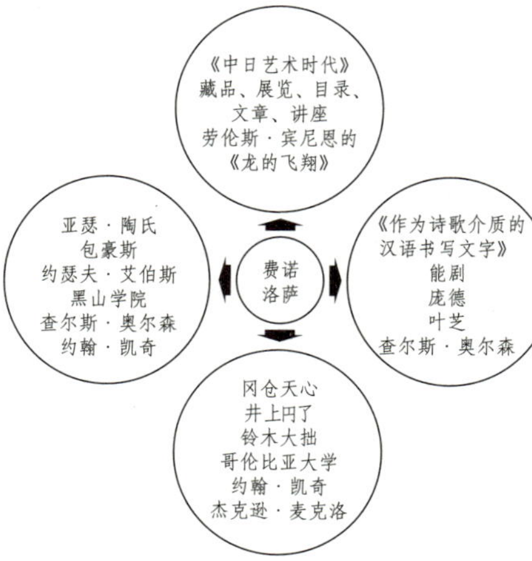

这从另一方面诠释了所有元素之间的相互联系与关联，与之相呼应，刘勰曾对中国古典文学特有的文本间性进行过相关解释。在列举了五位使用相同意象或隐喻的作家后，刘勰写道：

此并广寓极状， 而五家如一。

诸如此类，莫不相循，参伍因革，通变之数也。是以规略文统，宜宏大体。先博览以精阅，总纲纪而摄契；然后拓衢路，置关键，长辔远驭，从容按节，凭情以 会通，负气以适变，采如宛虹之奋鬐，光若长离之振翼，乃颖脱之文矣。（《文心雕龙》，通变第二十九，Ch.29）

此段译文也见于黄兆杰等：

The five writers of note who seem so uniform [···] must have drawn quite freely upon each other. [···] Crisscross preserving and transforming are the ways of continuity and change and so in seeking to master the tradition and scope of literature it is politic to enlarge on the essential features. You do well to read extensively and in detail to acquire an impression of overall structure and significant forms. Then you can go on your own thoroughfare, set up your turnpikes, and, long reins in hand, you gallop forth as far as you like and at your own speed. You meet the unbroken past on your own terms and live with change according to your own temperament.（Wong et al. 1999， p.112）

宇文所安使用了话语机器（discourse machine）的隐喻，来描述刘勰如何从一套独立于作者之外的规则和要求中生成自己的作品：《文心雕龙》启动了 5 世纪修辞学和分析技术的机器。刘勰的天赋在于，他能够得心应手地操纵这台语言机器（Owen 1992, p. 184）。

在这篇文章中，我倾向于认为刘勰的论证并不是在表达已经完全形成和固定的思想，而是一个阐述的过程。这个过程不是单一的：在许多情况下，我们可以发现两个参与者在争夺论述的控制权。其中一个参与者是刘勰，他是一个有信仰的人，一个接受过思想教育和常识教育的人。另一个主要参与者是平行论述的修辞，我称之为话语机器，这台机器按照自己的规则和要求生成话语。（Owen 2001，p. 175）

凯奇一次又一次地通过詹姆斯·乔伊斯（James Joyce）的《芬尼根的守灵夜》（*Finnegans Wake*），来启动另一种话语机器，从而按照自己的规则和要求产生话语。碰巧的是，乔伊斯也知道费诺罗萨的著作。在 1915 年写给乔伊斯的信中，庞德提到他在研究费诺罗萨的表意汉字理论，透露出乔伊斯也很熟悉费诺罗萨的信息（Golden 1976， p. 53）。乔伊斯记下了费诺罗萨的一些论述：“自然界中不存在真正的名词（费诺罗萨）：有真正的代词吗？语音理论并不健全：谨慎！”这几句话来自费诺罗萨文章的三个不同章节，这表明乔伊斯对整篇文章都很了解（Golden 1976，p. 85）。费诺罗萨曾写道：“真正的名词是一种孤立的东西，在自然界中是不存在的。……我们把名词和动词看作一个整体：运动中的事物，所以汉字就是这一概念的表达。”这一理念也出现在《芬尼根的守灵夜》中：“如果我们逐字审视，或许在动态的自然界中，并没有真正的名词。自然界中所有的事物都在变动之中”（Joyce 1939，p. 523; Golden 1976，pp. 90-91）。

出于对禅宗和《易经》的兴趣，凯奇选择在随缘状态下进行创作。（费诺罗萨认为艺术呈现的是对无限可能性的瞬时的、丰富的定序；Chisolm 1963， p. 247）。

用随缘法进行创作，本质上是相信“因果”……我所做的事情，我不希望归咎于禅宗，即使没有邂逅禅宗（参加了艾伦·沃茨和铃木大拙的讲座并阅读了他们的文献），我也会质疑我是否会做我所做的事情。（Cage 2009）

在四十年代后期，我通过实验（我走进了哈佛大学的一间密室）发现“沉默”超越了声学意义。它是思维的转折与转变。我把这一理论应用到了我的音乐创作当中，开始了无目的性的探索。为了贯彻始终，我通过《易经》的随缘法制定了一套复杂的作曲方法，用“提出问题”代替“做出选择”。（Cage 1990）

在“沿袭当中又有所改变”，通过基于“设计诗”（Mesostics，源于希腊语“mesos”的自造词，原意为“middle”，非离合诗：从中间向下排布，而不是沿着边缘向下排布）的随缘。

句法：排兵布阵（Norman Brown）。没有句法的语言：无军纪的语言。詹姆斯·乔伊斯＝新词；旧句法。对于古代汉字而言呢？全词：无特定功能的词。名词亦是动词、形容词、副词。英语能做什么？用作材料。（Cage 1979, p. 11）

布朗（N. O. Brown）说句法是排兵布阵，而梭罗（Thoreau）说当他听到一个句子时，他听到了行军的脚步声。由此，我开始专注于研究无句法、无军纪的语言。……我希望学习一些关于古代汉语的知识，并阅读《芬尼根的守灵夜》。……我随意打开了一页《芬尼根的守灵夜》（p. 356），开始寻找一个没有A的J，然后寻找下一个没有M的A，等等。……然后，我快翻到了书的结尾（迫不及待），因为我知道《芬尼根的守灵夜》的最后几页是多么诱人。

my lips went livid for from the Joy
of feAr
like alMost now.how?
how you said how you'd givE me
the keyS of me heart.
Just a whisk brisk sly spry sprink

spank sprint Of a thing
i pitY your oldseIf i was used to,
a Cloud.
in pEace （Cage 1979， p. 133-134）

我的嘴唇变得铁青从喜悦
的恐惧
就像现在这样。如何？
你如何说你会给我
开启我心的钥匙。
只是轻快的、狡黠的，敏捷的，洒脱的拂拭
全速冲向一事，
如果我之前曾可惜了原来的你，
一朵云，
安安静静。（Cage 1979， p. 133-134）

（译者注：原文每一行句子中的大写字母向下串联起来可以拼成JAMES JOYCE，即为詹姆斯·乔伊斯）

碰巧的是，当凯奇通过庞德的《诗章》（Cantos）写下他的禅宗的、相关联的、费诺罗萨式的观点时，他强调了反道教、反佛教的立场，这使庞德未能发表费诺罗萨著作中对本研究赋予启发的重要部分（Cage1982， p. 112）：

statE of bonZes empRess hAnged herself
sPark lights a milliOn strings calcUlated at sterliNg haD by
taozErs tho' bonZesses of iRon tAng
Princes in snOw trUe proviNce of greeD

出家的女皇自尽而亡

星火点亮了千千万万
刚强铿锵的僧侣如众
雪中的王子显露贪婪

（译者注：原文第一行句子中的大写字母可以拼成 EZRA，第二行可以拼成 POUND，合起来为 EZRA POUND，也就是埃兹拉·庞德；第三、四行亦然）

费诺罗萨对 20 世纪的先锋派产生了根本性的影响。在叶芝、庞德和乔伊斯之后的一代人中，奥尔森曾在庞德式语言和玛雅文字的图形中寻找费诺罗萨的字形灵感（Olson 1967，p. 7），麦克·洛也在腓尼基字母背后的图形中有过寻觅（Mac Low 1986）。但麦克·洛也参加了铃木的讲座，并转向了随缘法（Stalling 2009b）。坎波斯在其对费诺罗萨的解读中创建了具象诗歌的基础（De Campos 2009）；爱森斯坦则建立了蒙太奇的基础（Einstein 1929）。这种影响延续到了 21 世纪的先锋派。徐冰认为费诺罗萨所论述的东西就是"天书"（Spears 2012，徐冰 2012），"天书"是汉语图形元素组合而成的无意义字词，但他又通过费诺罗萨的理论创作了"地书"（徐冰，2014），"地书"展示了一种可能性，那就是完全通过图形符号来进行普遍的叙事并使人能够理解。他的方块字书法利用中国的书法元素来构造英文单词，以此还原费诺罗萨的理论（徐冰，1994），而石江山的"吟歌丽诗"则借助汉字的字音写出了同时保留汉语弦外音的英文文章，这也是受到了费诺罗萨的影响（Stalling 2011a，2011b）。约翰·凯莱（John Cayley）的程序设计学创造了一种话语机器，可以通过汉语文本的书写字符生成翻译版本（Cayley 2015）。

这些相关性可能并不构成因果关系，但以费诺罗萨（或许还有在他之前的刘勰）为中心，多种影响力量汇聚在了 20 世纪和 21 世纪的先锋写作和艺术上，将一片引人注目的星云（费诺罗萨的比喻）或"缘起"（pratītya-samutpāda）这朵蔷薇（坎波斯）联系起来，形成了万物之间的相互联系、相互关照，就好像费诺罗萨熟知刘勰一样，又好像他的追随者知道他那些未发表的作品一样。费诺罗萨曾预言东西方的融合，相比于庞德和奥尔森的作品，最为充分的融合可能会最终出现在如凯奇和麦克·洛这样的作家和艺术家的作品当中。

（作者单位：西班牙巴塞罗那自治大学，译者单位：北京语言大学中华文化研究院）

注释：

[1] 《文心雕龙》研究成果见 Liu1975，Owen 1992，Cai 2001；相关翻译请参见 Shih 1959，Owen 1992，Relinque 1995，Wong 等人 1999；汉语文本见刘勰 2014。

[2] 笔者注：1981 年，当我第一次向中国大学生教授费诺罗萨的论文时，学生们都惊讶于他对书面文字进行拆解的分析方法。虽然这与他们的识字方式截然不同，但学生们很快就从中国古典诗歌中找到了 "费诺罗萨式" 的例子。

[3] 笔者注：这些论文现已由苏源熙、石江山和克莱因进行转录、编辑和出版（对于费诺罗萨的全面讨论，请参见 Fenollosa 2008，Saussy 2008）。感谢苏源熙的书籍馈赠，并感谢石江山和钱兆明就这一主题进行了卓有成效的通信讨论。

参考文献：

1.Binyon, Laurence. *The Flight of the Dragon*. London: John Murray, 1911.

2.Bodman, Richard W. *Poetics and prosody in early mediaeval China: a study and translation of Kūkai's Bunkyō hifuron* [Doctoral dissertation], Cornell University, 1978.

3.Cage, John. *Silence: Lectures and Writings*. Middletown（CT）: Wesleyan University Press, 1961.

4.Cage, John. *Empty Words, Writings'73-'78*, Middletown（CT）: Wesleyan University Press, 1979, pp. 133-176.

5.Cage, John. *X: Writings'79-'82, Middletown*（CT）: Wesleyan University Press, 1982, pp. 109-116.

6.Cage, John."An Autobiographical Statement", 1990. Available at http://johncage.org/autobiographical_statement.html（2014-04-20）.

7.Cage, John. *The Third Mind: American Artists Contemplate Asia, 1860-1989*, Guggenheim Museum, 2009. Available at http://web.guggenheim.org/exhibitions/thirdmind/index.html （2014-04-20）.

8.Cai, Zongqi ed., *A Chinese Literary Mind. Culture, Creativity, and Rhetoric in Wenxin Diaolong*, Stanford，CA: Stanford University Press, 2001.

9.Cayley, John. "Last year's *'Feng xue su Furong shan'* by Liu Changqing（709-785）, newly microcollage-translated by John for 2015/16. Calligraphy by Gu Gan from the book Tangshi Shufa". Available at http://programmatology.shadoof.net/（2016-01-22）.

10.de Campos, Haroldo ed., "Ideograma, Anagrama, Diagrama: Uma Leitura da Fenollosa"in *Ideograma: Logica, Poesia, Linguagem*, Sao Paulo: Editora da Universidade de Sao Paulo, 2000, pp. 23-108.

11.de Campos, Haroldo eds., "Poetic Function and Ideogram/The Sinological Argument", in de Campos, Haroldo et al., *Novas: Selected Writings. Evanston*（IL）: Northwestern University Press, 2007, pp. 287-311.

12. Cheng, Francois. *L'écriture poétique chinoise*, Paris: Seuil, 1977.

13. Chisolm, Laurence W. *Fenollosa: The Far East and American Culture*, New Haven，CT: Yale University Press, 1963.

14. Eisenstein, Sergei. "Za kadrom"（"Beyond the Shot", or "The Cinematographic Principle andthe Ideogram"）in Kaufman O. Naum ed., *Iaponskoe kino*（*Japanese Cinema*）, Moskav: Tea-kino-pechat', 1929.

15. Fenollosa, Ernest F. *Epochs of Chinese and Japanese Art: An Outline History of East Asian De-sign*, 2 vols, London: Heinemann, 1912.

16. Fenollosa, Ernest F.; Pound, Ezra. *Noh, or Accomplishment: A Study of the Classical Stage of Japan*. London: Macmillan, 1916.

17. Fenollosa, Ernest F.; Pound, Ezra. *The Chinese Written Character as a Medium for Poetry: A Critical Edition*,

Haun Saussy et al. ed., New York: Fordham University Press, 2008.
18. Fenollosa, Mary. *The Dragon Painter*, Boston: Little, Brown & Company, 1906.
19. Joyce, James. *Finnegans Wake*, London: Faber & Faber, 1939.
20. Golden, Sean. *Bygmythster Finnegan: Etymology as Poetics in the Works of James Joyce* [Doctoral dissertation], University of Connecticut, 1976.
21. Golden, Sean. "No-Man's Land on the Common Borders of Linguistics, Philosophy & Sinology: Polysemy in the Translation of Ancient Chinese Texts", in *The Translator: Studies in Intercultural Communication*, 2（2）, 1996, pp.277-304.
22. Golden, Sean. "'Whose Morsel of Lips Will You Bite?' Some Reflections on the Role of Prosody and Genre as Non-Verbal Elements in the Translation of Poetry", in Potayos, Fernando ed., *Nonverbal Communication and Translation*, Amsterdam; Philadelphia: John Benjamins Company, 1997, pp. 217-245.
23. Liu, James J. Y. Chinese Theories of Literature, Chicago; London: University of Chicago Press, 1975.
24. Liu Xie 刘勰 . *Wenxin diaolong* 文心雕龙（*Literary Mind and Carving of Dragons*）, Available at http://ctext.org/wenxin-diaolong（2014-04-20）.
25. Mac Low, J. "The Presidents of the United States of America" in *Representative Works: 1938-1985*, New York:Roof Books, 1986, pp. 152-169.
26. Okakura, Kazuko. *The Ideals of the East, with Special Reference to the Art of Japan*, New York: Dutton, 1904.
27. Okakura, Kazuko. *The Book of Tea*, New York: Duffield, 1906.
28. Olson, Charles. *Human Universe and Other Essays*, New York: Grove Press, 1967.
29. Olson, Charles. *Collected Prose*, Berkeley: Los Angeles, CA: University of California Press, 1997.
30. Owen, Stephen. *Readings in Chinese Literary Thought*, Cambridge, MA; London: Harvard University Press, 1992.
31. Owen, Stephen. "Liu Xie and the Discourse Machine"in Cai Zongqi ed., *A Chinese Literary Mind, Culture, Creativity, and Rhetoric in Wenxin Diaolong*, Stanford，CA: Stanford University Press, 2001, pp. 175-191
32. Qian Zhaoming. "'Chinese Poetry: Prof. Mori's Lectures', Recast by Pound from Fenollosa's Fenollosa's Notes, Transcribed and Annotated by Zhaoming Qian", *Paideuma: A Journal Devoted to Ezra Pound Scholarship*, 31（1-3）, 2002, pp. 293-305.
33.Qian Zhaoming.Ezra Pound's Chinese Friends: Stories in Letters.New York; Oxford: OxfordUniversity Press,2008.
34.Relinque, Alicia.Liu Xie. El corazón de la literatura y el cincelado de dragones. Granada: Comares, 1995.35.Saussy, Haun. "The Prestige of Writing: 文 , Letter, Picture, Image, Ideography"in *Great Walls of Discourse and Other Adventures in Cultural China*, Cambridge（MA）: Harvard University Press, 2001, pp. 35-74.
36. Saussy, Haun. "Fenollosa Compounded: A Discrimination". In: Saussy, Haun et al. eds., *The Chinese Written Character as a Medium for Poetry: A Critical Edition*, New York: Fordham University Press, 2008, pp. 1-40.
37. Shih, Vincent Y. Liu Hsieh. *The Literary Mind and the Carving of Dragons*, New York: Columbia University Press, 1959.
38. Spears, Katherine ed., Tianshu 天书 : Passages in the Making of a Book. London: Bernard Quaritch Ltd, 2012.
39. Stalling, Jonathan. "The Emptiness of Patterned Flux: Ernest Fenollosa's Buddhist Essay 'The Chinese Written Character as a Medium for Poetry'"in Whalen-Bridge, J.; Storhoff, G. eds., *The Emergence of Buddhist American Literature*, Albany, NY: State University of New York, 2009a, pp. 21-44.
40. Stalling, Jonathan."'Listen and Relat: Buddhism, Daoism and Chance in the Poetry and Poet-ics of Jackson Ma-

cLow"in Whalen Bridge, J.; Storhoff, G. eds., *The Emergence of Buddhist American Literature*, 2009b, pp. 89-108.

41. Stalling, Jonathan. *Poetics of Emptiness: Transformations of Asian Thought in American Poetry*, New York: Fordham University Press, 2010.
42. Stalling, Jonathan. *Yingelishi* 吟歌丽诗 : Sinophonic English Poetry and Poetics, Denver, Counter-path Press, 2011a.
43. Stalling, Jonathan. *Yingelishi* 吟歌丽诗 : Chanted Songs Beautiful Poetry,2011b.Available at http://jona-than-stalling.com/yingelishi.html（2014-04-20）.
44. Wong, Siu-kit et al. Liu Xie. *The Book of Literary Design*, Hong Kong: Hong Kong University Press, 1999.
45. Xu Bing 徐冰 . *An Introduction to Square Word Calligraphy*, 1994. Available at http://cdm.reed.edu/cdm4/art-books/bing_square_calligraphy.php（2014-04-20）.
46. Xu Bing 徐冰 . *Book from the Ground: From Point to Point,* Cambridge（MA）, The MIT Press, 2014.
47. Xu Bing 徐冰 . *Passages in the Making of a Book*, 2012. Available at http://mappeditions.com/publications/pas-sages-in-the-makingof-a-book（2014-04-20）.

“手中的闪电啊，化作我的语言！”（*FW*483.15-16）[1]

——《芬尼根的守灵夜》与费诺罗萨的汉字论

[日本]山田久美子（Kumiko Yamada）著　祝力新 译

摘要：厄内斯特·费诺罗萨是最早向西方推广日本文化的学者之一。在费诺罗萨逝世后，经埃兹拉·庞德编辑的《作为诗歌介质的汉语书写文字》，在杂志《短评》1919年9月号至12月号上连载。詹姆斯·乔伊斯的《尤利西斯》中的《塞壬》和《库克罗普斯》两章，同一时期也在该刊中连载。由此可判断，乔伊斯借此阅读到了费诺罗萨的上述文章。在《短评》1919年10月号中连载的费诺罗萨撰写、庞德编辑的文章里，用三个醒目的汉字“人、見、馬”，代表一个简短的中文句子“Man sees horse”。费诺罗萨使用这样的意象，来解释空间和时间的元素是如何自然地被组合在汉字之中的，而这是英文所无法企及的。在乔伊斯的手稿中，发现了诸多对费诺罗萨著作的引用。笔者倾向于认为，在阅读费诺罗萨的文章之后，乔伊斯接纳了费诺罗萨的汉字论，并通过解构英语、融合超过62种其他国家语言，最终形成了《芬尼根的守灵夜》的创新性语言。本文考证乔伊斯对日语符号、语法和发音的引用，试图揭示他对非印欧语言的情结。

关键词：费诺罗萨、詹姆斯·乔伊斯、《芬尼根的守灵夜》、汉字论

一、序言

《芬尼根的守灵夜》（*Finnegans Wake*）是詹姆斯·乔伊斯（James Joyce, 1882-1941）的封笔之作。都柏林郊外沙佩利佐德的小酒馆主人汉弗利·钱普顿·壹耳微坷（Humphrey Chimpden Earwicker，简称HCE）梦到关于生命、死亡与复活的壮丽一夜。他的妻子安娜·利维娅·普鲁拉贝尔（Anna Livia Plurabelle，简称ALP）、双胞胎儿子山姆（Shem）和肖恩（Shaun）、女儿伊茜（Issy）在他的梦中先后登场。正当读者以为梦不过是HCE潜在意识的体现，梦中的登场人物却反复变幻不休，被解构得支离破碎的英语推行着梦的凌乱叙事。在第三部第三章之

中，睡梦中的肖恩化身为伊万（Yawn），接受四位老人的质询，以所谓“梦中梦”的场景，形形色色的登场人物借助肖恩的声音开始了各自的讲述。在这章之中，如“Washywatchywataywatashy! Oirasessheorebukujibun! Watacooshy lot!”（FW 484.26）等涉及日语以及汉字的内容，有几处可见。《芬尼根的守灵夜》的作品整体之中，涉及日语或谈及日本的内容则达到了 70 处以上[2]。这种从声音和意义两方面超越了语言的边界、将 62 种以上语言自由组合后创作出来的晦涩难懂的乔伊斯的叙事方式，被称作是“守灵夜之语”[3]。

关于《芬尼根的守灵夜》中涉及的日语，彼得 · 斯克拉巴内克（Petr Skrabánek）于 1985 年明确提及了乔伊斯撰写的记事《布法罗笔记》（*Buffalo Notebooks*），并以第三部第三章为中心做了详细研究[4]。斯科拉巴内克是一名神经内分泌学者，他在爱尔兰滞留期间得知苏联进攻了捷克斯洛伐克，因此他没有返回祖国捷克，而是留在了都柏林的马瑟医院工作。他从语法书上学习了日语，并对乔伊斯在作品之中的日语使用情况做了相关解读。斯科拉巴内克在美苏冷战时期流亡海外并拥有了外语经验，而乔伊斯离开当时作为英国殖民地的祖国爱尔兰、第一次世界大战期间在欧洲辗转生活，二者拥有了在个人体验上的交叠。众所周知，斯科拉巴内克对乔伊斯作品中对日语使用情况的研究，罗兰 · 麦克休（Roland McHugh）在《芬尼根的守灵夜注释》（*Annotations to "Finnegans Wake"*）的第二版之中做了引用。其后，以《布法罗笔记》为代表的、对乔伊斯手稿的解读工作逐渐推进，新的研究发现也不断涌现。可以想象，22 岁便离开故国爱尔兰，在的里雅斯特、苏黎世、巴黎等国际都市中流离的乔伊斯，邂逅了多种语言文化，并尤为关注欧语体系之外的语言。以此为背景，乔伊斯将英语进行解体，然后与多种语言结合后进行重新构筑，形成了《芬尼根的守灵夜》特有的叙事方式，即“守灵夜之语”。本文主要考察《芬尼根的守灵夜》中对厄内斯特 · 费诺罗萨（Ernest F. Fenollosa, 1846-1908）汉字论的几处引用与注释，以论证日语和汉字对乔伊斯的创作具体发挥了怎样的作用。

《芬尼根的守灵夜》对费诺罗萨汉字论的引用，有两处是已经得到考证的。其中一处包含了本文的标题。

Fierappel putting years on me! Nwo, nwo! This bolt in hand be my worder! I'll see you moved farther, blarneying Marcantonio! What cans such wretch to say to I or how have My to doom with him? （*FW* 483.15-21）

菲拉佩尔使我显老！不，不！手中的闪电就是我的语言！我会看到你走得更远，胡言乱语的马尔坎托尼奥！这样的坏蛋有什么资格对我说，或者我怎么和他有关系？

依据费诺罗萨的汉字论，“我”字可以拆解为“刃呈锯齿形的刀戈”，再将其进行英译，在引用的“Spear in hand = emphatic”一句中，作为武器的“spear”——“戈”就转换成为了“bolt”，即“粗大之矢”，这又进一步在《芬尼根的守灵夜》的场景之中，化作了轰鸣着的“闪电”。肖恩在谈及与之争斗无休的双胞胎弟弟山姆的时候，他便说道：“手中的闪电啊，化作我的语言！”他将语言视作保护自己的武器。那么这样的解读，就有了可能性。

2007 年扶濑幹生在《乔伊斯起源研究》（*Genetic Joyce Studies*）中发表了论文，指出在乔伊斯的《布法罗笔记》（*Buffalo Notebook* ）中，存留了对费诺罗萨汉字论中的日语汉字“我”的相关记录。他的这一学说，被麦克休所接纳并记入了《芬尼根的守灵夜注释》第三版之中[5]。在《布法罗笔记》30-74 页中，上半部分是乔伊斯的秘书拉斐尔夫人（Madame Raphael）的笔记，可以确认这些对费诺罗萨汉字论的引用内容是从其他笔记上转誊而来的。在《芬尼根的守灵夜》中，此部分内容中有使用过的条目都标记了“×”的记号。

Spear in hand = emphatic

five and a mouth = weak and defensive

conceal = selfish and private

cocoon sign and a mouth = egoistic

self sign = speaking of oneself[6]

《芬尼根的守灵夜》之中可判定从费诺罗萨汉字论中引用的内容，还有另外一处。

A pwopwo of haster meets waster and talking of plebiscites by a show of hands, whether declaratory or effective, in all seriousness, has it become to dawn in you yet that the deponent, the man from Saint Ives, may have been （one is reluctant to use the passive voiced) may be been as much sinned agasinst as sinning, for if we look at it verbally perhaps there is no true noun in active nature where every bally being — please read this mufto — is becoming in its own town eyeballs. Now the long form and the strong form and reform all together! (FW 523.5-13，笔者划线)

匆忙的人遇到废物和高举双手谈论公民投票，无论是宣言性还是有效性，严肃地说，你是否已经意识到，来自圣艾夫斯的那个男人，可能已经(一是不愿意使用被动语态)或许被判定有罪，因为如果我们从口头上看，或许没有真正的名词可以保持活跃的性质——请看这种耦合——正在成为自己城镇的眼球。现在，长形和强形一起变革！

划线部分是费诺罗萨汉字论的核心思想。在高田美一的日语译本中做出了如下的阐释：“真正的名词，即分离的事物，在自然界中是不存在的。事物只是行为的终点，或者更确切地说，它只不过是一个汇合点，一个切断动作的横截面，一个快照。此外，纯然的动词，也就是抽象的动作，在自然界中也是不可能存在的。眼睛将名词和动词视为一体，将其看作是行动中的对象、对象中的行动。汉语的概念恰恰揭示出了这一点”。[7] 费诺罗萨师从明治时期代表汉学家森槐南（1863-1911）学习中国诗歌时，不仅认识到了汉字是“象形文字”，同时也意识到汉字远远超越了印欧语法中的词性划分概念。因此，费诺罗萨考证了汉字作为诗歌介质发挥着更为有效的机能。本文旨在厘清费诺罗萨的汉字论与乔伊斯之间的联系，借以阐明汉字以及日语在“守灵夜之语”的形成中所发挥的作用。

二、费诺罗萨的汉字论

费诺罗萨于1878年来到日本，在东京大学执教。他将日本美术介绍给西方，由此闻名遐迩。1890年，他回到美国，并在波士顿美使馆担任日本美术部门负责人。费诺罗萨退休后与再婚妻子玛丽（Mary McNeil Fenollosa, 1865-1954）一道，于1896年再次来访日本，并停留了四个月之久[8]。

经考证，费诺罗萨与汉诗最早产生亲密接触的时期，是他此前在京都二条木屋町租房度日之时。费诺罗萨聘请了日本京都汉学家平井某作为自己的汉诗入门教师，以《王维诗集》为教材学习了汉诗[9]。此后，因费诺罗萨未在日本寻得满意的职位，1887年11月返回美国。1889年，他再次来到日本，在东京高等师范学院担任英文学的外聘讲师。

费诺罗萨在这所学校邂逅了从事能乐[10]研究的平田喜一。随后，由于收入无法维持生计，费诺罗萨被迫再次返回美国。1901年是费诺罗萨访问日本的最后一年，他在平田喜一和有贺长雄的陪同下，访问了森槐南在东京灵南坂的宅邸，并跟随其系统学习了汉诗。历时五个月，费诺罗萨记录下了22次听讲笔记，汇总为共3册的汉诗论文集。他于同年9月离开了日本，此后在美国主要依靠宣讲日本美术和为展览会的图鉴撰写解说文等谋生。1908年5月，他在妻子的陪伴下出访欧洲，为欧洲各地展览会撰写评论文章，并投稿给美国杂志。同年9月，费诺罗萨在伦敦突然离世。

费诺罗萨与世长辞后，留下了大量关于东方美术论、能乐论以及汉字论的原稿。根据其遗嘱，遗孀玛丽携带《东亚美术史纲》的打印稿来到日本，经曾随侍费诺罗萨的有贺长雄斡旋，会见了研究日本美术鉴定法的狩野有信，并对费诺罗萨原稿中的细节内容进行了校对[11]。上述经过，记载于1912年海涅曼（Heinemann）出版社发行的《东亚美术史纲》（*Epochs of Chinese & Japanese Art, an outline history of East Asiatic design*）的序文——《费诺罗萨遗孀刊行致辞》之中[12]。

一方面，玛丽于1912年在伦敦将费诺罗萨的能乐论以及汉字论的遗稿，交托给了诗人埃兹拉·庞德（Ezra Pound，1885-1972）。庞德马上着手展开对能乐论部分的解读，他向日本舞蹈家伊藤道郎求教了日本能乐的鉴赏知识，并最终完成了费诺罗萨遗稿中能乐中的谣曲的英译工作。谣曲《锦木》的英译本，首先刊发于1914年5月号的杂志《诗歌》（*Poetry*）上。随后，谣曲《羽衣》的英译文发表在杂志《季刊评论》（*Quarterly Review*）上。谣曲《熊坂》的英译本发表在杂志《戏剧：戏剧文学季刊》（*The Drama: A Quarterly Review of the Dramatic Literature*）1915年5月号上。1916年，题名为《日本传统戏剧——费诺罗萨手稿，庞德选编》（*Certain Noble Plays of Japan / from the Manuscripts of Ernest Fenollosa; Chosen and Finished by Ezra Pound*）的一书，经由夸拉出版社（The Cuala Press）发行，庞德委托曾担任自己秘书的诗人威廉·巴特勒·叶芝（William B. Yeats, 1865-1939）为该书做了序[13]。其后，《能乐成就——日本古典舞台研究》（"Noh" *or Accomplishment, a study of the classical stage of Japan*）在麦克米伦出版社（Macmillan）发行。1917年，该书的美国版在诺普夫出版社（Knopf）正式发行。乔伊斯给自己的老友——律师约翰·奎因（John Quinn, 1870-1924）寄赠了这本带有自己签名的书，署名时间为1917年6月29日[14]。

另一方面，费诺罗萨的汉字论遗稿经庞德之手编辑，于1919年9月至12月期间，以《作为诗歌介质的汉语书写文字》（The Chinese Written Character as a Medium for Poetry）为题，在《短评》（*The Little Review*）杂志上共分为四次连载。同一时期，诗人艾米·洛厄尔（Amy Lowell, 1874-1925）在《诗歌》（*Poetry*）发表了她对庞德的中国理解和日本认识的相关疑义。艾米受到天文学家、东方学者的哥哥珀西瓦尔·洛厄尔（Percival Lowell, 1855-1916）的影响，对东方文化有着自己的独到见解。可以想见，此前就关注汉诗、日本短歌和俳句的庞德，不仅向西方介绍了汉字和汉诗的成立，同时也对费诺罗萨汉字论中汉字将空间与时间进行自然融合的观点持有兴趣，并开始着手从事相关工作。

三、“手中的闪电啊，化作我的语言！”

同一时期，乔伊斯在庞德的斡旋下，开始在《短评》上连载自己的代表作《尤利西斯》的分章。1919 年 9 月号上发表了该作品的第 11 章《塞壬》，同年 11 月号以及 12 号上发表了第 12 章《库克罗普斯》。同刊登载的费诺罗萨汉字论的文章之中，最吸引人眼球的是 10 月号上发表的文章中标注了三个楷书体汉字“人、見、馬”。费诺罗萨在这三个汉字上标注了“Man Sees Horse”的英文，用以说明汉语的书写方法是空间与时间的自然融合，换言之，汉字有着英诗所没有的传达效果。

人	見	馬
Man	Sees	Horse

If we all knew what division of this mental horse-picture each of these signs stood for, we could communicate continuous thought to one another as easily by drawing them as by speaking words. We habitually employ the visible language of gesture in much this same manner.

But Chinese notation is something much more than arbitrary symbols. It is based upon a vivid shorthand picture of the operations of nature. In the algebraic figure and in the spoken word there is no natural connection between thing and sign: all depends upon sheer convention. But the Chinese method follows natural suggestion. First stands the man on his two legs. Second, his eye moves through space: a bold figure represented by running legs under an eye, a modified picture of an eye, a modified picture of running legs, but unforgettable once you have seen it.

Third stands the horse on his four legs.

The thought-picture is not only called up by these signs as well as by words, but far more vividly and concretely. Legs belong to all three characters; they are alive. The group holds something of the quality of a continuous moving picture.[15]

如果我们清楚每个符号对应我们心中的马的图像的具体哪个部位，那么我们相互之间就可以像语言传达一样，通过描绘图画去传达意思。这就如同在我们的习惯之中，肢体语言这种肉眼可见的语言，同样被人们日常使用着。

汉字的书写，超越了任意的符号，是一种基于自然各种作用的生动缩写。在代数或口语中，事物与记号之间没有天然的关系，而是纯粹的习惯。然而，汉语的书写遵循自然的法则。首先，人是双脚站立的。然后，人的双眼在空间中移动。“人”这个汉字，大胆地用双眼下行走的双脚的形状去表达。加以意象化的双眼的图像，与加以意象化的行走着的双脚的图像，使人见过一次就再也无法忘怀。

第三个汉字，是马用四脚站立。

这个意象图画超越了语言，更是通过鲜明的符号唤起了人们具象的思考。“脚”是上述三个汉字中共通的字，如此栩栩如生。而连缀在一起的汉字，则拥有了一组动画般的特质。（笔者译）[16]

可以想象，同一时期在《短评》上发表《尤利西斯》分章的乔伊斯，通过阅读到费诺罗萨汉字论的上述文章，便开始对表达自然运行规则的汉字感兴趣了。

前文所述乔伊斯的《布法罗笔记》中，记录了“Spear in hand = emphatic”的内容，则可以在费诺罗萨汉字论的文章之中找到对应。

Take, for example, the five forms of “I”. There is the sign of a “spear in the hand” = a very emphatic I; five and a mouth=a weak and defensive I, holding off a crowd by speaking; to conceal=a selfish and private I; self（the cocoon sign） and a mouth=an egoistic I, one who takes pleasure in his own speaking; the self presented is used only when one is speaking got one's self.[17]

在费诺罗萨的遗物之中，存有他在师从森槐南时期写下的中国汉诗听讲笔记。帮助费诺罗萨将森槐南的日语讲解翻译成英语的，是他在东京高等师范学校的同僚平田喜一，以及年轻的英文学研究家平田秃木。森槐南关于汉字起源的讲解，虽然与后世的汉字研究的新成果有所不同，但在费诺罗萨强而有力的阐释下则具有相当的信服力。上文之中费诺罗萨对汉字的英文解说，经高田的翻译如下。

比如说，“I（我）”有五个形式。“手中持枪 spear in the hand”“我（笔者）＝更有强力的‘我’”、“五与一个口 five and a mouth”“吾（笔者）＝弱小防卫的‘我’”、用语言无法接近的群集、“隐藏 to conceal”“己（笔者）＝自己的、個性的‘我’”、“自己（茧的记号）与口 self（the cocoon sign） and a mouth”“台（笔者）＝用自我主义的‘我’”来享受自己的语言的情况、“充分展示自身 the self presented”“予（笔者）”仅用于人在自问自答的时候[18]。

从表达第一人称代名词 I“我”的汉字的多样性，到关于汉字的认识论，乔伊斯对汉字有了深刻的感触。正因如此，他在《短评》上刊载《尤利西斯》分章之后又历经了20年的沉淀，将费诺罗萨汉字论的端绪用于改笔《芬尼根的守灵夜》，便可以想见了。

四、胜田孝兴访问乔伊斯与《日语口语语法》

乔伊斯的《布法罗笔记》第30页之中，在记录费诺罗萨汉字论的笔记的相同一页的下半部分，乔伊斯亲笔记录下了“ore boku / temaye / watai / watashi”[19]等几个词。这则内容被用于1938年11月至12月期间《芬尼根的守灵夜》出版前夕的最终阶段的改笔。众所周知，《芬尼根的守灵夜》第三部第三章中，罗列着日语中的“我”的多种表述，《布法罗笔记》第12页中也列有日语“我”的词语条目。

watakushi

[d?] ore（children）

boku（soldiers [ママ]

temaye（beggars）

watashi（［friends］）

watai（W）

washi

wattchi（rustic）

sessha（officer）

jibun（self［ママ］

oira（fam［ママ］

Tekurada[20]

此处乔伊斯参照的是威廉·乔治·阿斯顿（William George Aston，1841-1911）所著的《日语口语语法》（*A Grammar of the Japanese Spoken Language*，*1883*）[21]。《布法罗笔记》第 12 页中记录的时期是 1926 年 6 月到 8 月，爱尔兰文学研究家胜田孝兴访问当时正滞留巴黎的乔伊斯[22]。1926 年 7 月 26 日，胜田访问乔伊斯时写下了英文记录《乔伊斯访谈》（Interview with Joyce），该手稿后保留在胜田的亲眷手中。此外，从胜田给《英语青年》杂志的投稿判断，同年 2 月到 11 月期间，胜田曾数次前往巴黎，期间他可能曾多次拜访乔伊斯。这样存在多种可能：或许胜田向乔伊斯推荐了阿斯顿所著的日语语法书，并向乔伊斯做了关于日语语法的讲解；又或许乔伊斯将自己手中原本持有的阿斯顿的语法书，拿给胜田请教问题。同样，《布法罗笔记》第 12 页有一处署名“Takaoki Katta”[23]的部分，是乔伊斯亲笔写下的关于日语发音的记录。

Jap si ＝ shi

hu ＝ fu

wu ＝ u

[i] e ＝ ye[24]

阿斯顿所著《日语口语语法》的第一章《音节——发音》（Chapter 1：*The Syllabary- Pronunciation*）中，对表音文字有如下的记述。

It will be seen that there are a number of irregularities and repetitions in the above Table. These are owing to the circumstances that there are certain sounds which a Japanese cannot, or at any rate, does not pronounce. For si, he says shi, for hu, fu, for yi, wi, wu and we, i, i, u and ye, and so on. [25]

可见，上表中（日语的发音）有许多不规则和重复的现象。这是由于日本人无法发出某些（英语中的）声音。比如，日本人将 si 读成 shi，将 hu 读成 fu，将 yi、wi、wu、we，读成 i、i、u、ye 等等。

由此一来，1926 年期间，乔伊斯请教过胜田关于日语语法的问题，或者胜田提供给乔伊斯关于日语语法的笔记。在 12 年后的 1938 年，这些内容誊写到了《布法罗笔记》第 30 页，再用于修改《芬尼根的守灵夜》初稿。可以猜测，这是源于乔伊斯对日本人发音方式的兴趣。在《尤利西斯》第三部第三章中登场的爱尔兰教会的守护圣人——圣帕特里克操着一口带有日语口音的英语，就不能说是与乔伊斯研究日语语法一事毫无关联了。这段内容成为《尤利西斯》终章中圣帕特里克与德鲁伊特教僧侣展开争论的伏笔。

在胜田的《乔伊斯访谈》之中，还记录了乔伊斯曾问起：“听说日本有四个恐怖之物？”胜田回答乔伊斯道：“地震、雷电、火灾、老父亲”。关于《芬尼根的守灵夜》第三部第三章开篇的“jeeshee!!!!!!”（FW 475.2），麦克休将其诠释为日语的“自死”[26]一词，而在《布法罗笔记》第 11-13 页中则可见“Jishin Kaminari Kaji oyaji”[27]。后者或许更贴近真正的语源。《布法罗笔记》第 11-13 页的记录时间，是早在胜田访问乔伊斯之前的 1923 年 9 月至 11 月期间。此时期乔伊斯请教了其他通晓日语之人的可能性较高[28]。当时在巴黎，乔伊斯有几位密切接触的日本友人[29]。从可能读到费诺罗萨汉字论的 1919 年开始，到接受胜田访问的 1926 年，再到《芬尼根的守灵夜》出版的 1938 年为止，乔伊斯将日语中表达“我”的语言进行了内化吸收，《芬尼根的守灵夜》创作与日语产生深刻的联系，就不难于想象了。

五、语言观的转换

费诺罗萨例举了“人、見、馬”三个汉字，进而阐述出在汉字将“人看到马”这一行为全过程都活灵活现地表达了出来。高田译本（1982 年）中这样阐述道：“并没有明确表达，是看到马的人，还是被人看到的马。是人在看见马之前就已经计划过骑马这件事，还是人在试图抓住马的时候被马踢了一脚。”费诺罗萨阐述的是这个动态本身的真实性。随后，费诺罗萨又例举了“草木蓬勃生长嫩芽钻出之下的太阳＝春、作为树木记号的枝丫中投射出阳光＝東”，用于说明动态被嵌入汉字之中的意味。

汉字即是语言又是文字，从逻辑中心的语言观角度而言，这无疑是新奇的。将既存的实体加以表象化，重现并浓缩自然的运行与动作本身，这就是汉字及其思维方式。汉字从可替换的部首开始，通过将部首与部首的连接，产生动态，创造出表达状态的语句。可以想象，乔伊斯受此启发，发展出了独特的语言观，他从各种不同语言之中选出词语进行连接，然后创造出新的语言，这就是《芬尼根的守灵夜》的独特技巧与方法，也就是“守灵夜之语”的创作。

在乔伊斯之前就关注到了日语第一人称代词特异性的语言学者并不少见，在西方学者撰写的日语语法书之中，关于第一人称代名词的解释甚至用几页篇幅去做详细阐述。德国的语言哲学家威廉·冯·洪堡（(Wilhelm von Humboldt，1967-1835）是其中代表之一，他的弟弟亚历山大从墨西哥带回了西班牙传教士所撰写的日语语法书，其中记载了日语人称代名词的语法规则[30]。如使用“这位、那位、你”等表达空间的语言，作为第一人称、第二人称、第三人称代名词去指代的情况。日语中身份的上下与空间中所占据的位置产生联动，因此有的人称代名词，时而作为第一人称使用，时而作为第二人称使用，这样暧昧不清的情况也较为常见。日语人称代名词的游移不定、表达自我部分的游移不定，被西方语言认为可能会导致自我同一性的丧失。1929 年，洪堡在他的论文中论及了日语人称代名词的特异性，此后，他不再从事关于日语的研究了。

或许乔伊斯又依据阿斯顿的日语语法书，惊异地察觉到了说话人的性别与年龄、说话人与听话人之间的距离、说话人与听话人之间的上下级关系，都会导致日语所使用的第一人称代名词的变化。如“Temaye”、“Ware”[31] 等日语第一人称代名词，根据使用方法的不同，也可能不是指“我”，而是意指“你”。需要特别提及的是，大多数的西方语言学家认为非印欧语之中的这种特异性，是语言的不成熟或未开化所致。而费诺罗萨则在他的汉字论之中，论述了作为诗歌介质的汉字的优越性。这可能正是乔伊斯引用费诺罗萨汉字论，从而与不同文化产生接触，最终触发了文学的现代主义革新的最好例证。

更进一步而言，作为意义要素集合体的汉字的能量，与使用表音文字的英语，有着完全不同的想象力以及表达方式。或许可以这样说，正是由于深刻理解汉字的这一特性，乔伊斯才从英语的制约之中得以解放。《短评》杂志上刊登的费诺罗萨汉字论中，除了“人、見、馬”的三个汉字，也有其他几处流丽的楷书体汉字十分引人注目。乔伊斯将各个语言的意义要素进行了整合，从而创造出被称为“守灵夜之语”的新语言，恰是因为有了阅读费诺罗萨汉字论的体验。沉睡的伊万在梦中接受思维老人的质询，诸多登场人物借助伊万的声音去应答。在《芬尼根的守灵夜》第三部第三章的开篇部分的日语，以及基于费诺罗萨汉字论对《芬尼根的守灵夜》的改笔，都可以窥见乔伊斯初期创作阶段从英语中得以解放的一面。

（作者单位：日本立教大学；译者单位：中国传媒大学日语系）

注释：

[1] 本稿是 2013 年 5 月提交给爱尔兰国立都柏林大学（University College Dublin）的博士论文《詹姆斯·乔伊斯与东方：<芬尼根的守灵夜>中的超越东方主义》（*James Joyce and the East: Beyond Orientalism in Finnegans Wake*）中的第一章第七节、以及同年6月在日本詹姆斯乔伊斯协会第25届研讨会上的发言稿《<芬尼根的守灵夜>第三部第三章（474.1-485.7）》的改笔修订之作。译者注：“FW 483.15 – 16”的格式表示引文出处，其中“FW”为《芬尼根的守灵夜》(Finnegans Wake)的首字母缩写，小数点前的“486”表示原文页码，小数点后的“15-16”表示段落，即第 15 至第 16 段。

[2] James Joyce, *Finnegans Wake*, London: Faber, 1975. 笔者在翻译之时，同时也参考了以下日语译文：柳濑尚纪，《芬尼根的守灵夜》第 1 卷、第 2 卷，河出书房新社，1991 年、1993 年。宫田恭子编译，《芬尼根的守灵夜抄译》，集英社，2004 年。上文笔者译，再由译者从笔者的日语译文转译为汉语。下同。

[3] Roland McHugh. *Annotations to "Finnegans Wake"*, Third Edition, Baltimore: Johns Hopkins UP. 2006, xix-xx. 根据注释，该书中的出场语言可列举出 62 种。

[4] Petr Skrabánek. *Night Joyce of a Thousand Tiers: Studies in"Finnegans Wake"*, ed., Louis Armand & Ondrej Pilny, Prague: Litteraria Pragensia, 2002.

[5] Mikio Fuse. “Japanese in VI.B.12: Some Supplementary Notes”, *Genetic Joyce Studies7*, Spring 2007.

[6] The James Joyce Archives, No.36. *Finnegans Wake*, A Facsimile of Buffalo Notebooks VI.B.29-32. New York: Garland, 1978.

[7] 费诺罗萨:《作为诗歌介质的汉语书写文字——厄内斯特费诺罗萨、埃兹拉庞德艺术诗论》，高田美一译，1982 年版，页 13。

[8] 费诺罗萨首次来到日本是 1878 年（明治 11 年），他在东京大学文学部讲授政治学、理财学、哲学的同时，对日本美术寄予了极大的关心，为设立日本鉴画会奔走。费诺罗萨与他的学生冈仓觉三（又名冈仓天心）一道上书政府，倡议建立东京美术学院，在他们的努力下东京美术学院于 1889 年（明治 22 年）成立。期间，他搜集的日本美术藏品，遵守与波士顿美术馆的收藏约定，转售给了来到日本的波士顿富豪查尔斯·韦尔德（Charles Goddard Weld, 1857 – 1911）。1890 年，费诺罗萨返回美国，受聘波士顿美术馆日本美术部的顾问，后因与玛丽的再婚一事在波士顿社交界传出绯闻，他被迫辞去了美术馆的职务。退休后，他在美国各地开展关于日本美术的演讲，也尝试回到日本重新觅得职位，却因为时代的变化而

未得到所期望的职位。

[9] 山口静一：《费诺罗萨——为日本文化的宣扬奉献一生》（下册），1982 年版，页 97-98。根据该书中的注释部分，此时期的笔记的复印件被耶鲁大学贝内克珍本图书馆收藏。

[10] 译者注：能乐是日本代表性传统艺术形式之一。由演员佩戴面具扮演鬼魂、妇女、老人等形象，通过传统的程式化动作来表达细腻的情感与情节展开。其剧情内容多为“亡者之界”的超自然故事。

[11] 山田久美子：《狩野有信的明治时期——从奥画家到日本画教师》，《近代画说》第 9 期，明治美术学会，2000 年版。

[12] Mary Fenollosa. “Foreword by the Editor". *Ernest F. Fenollosa. Epochs of Chinese & Japanese Art, an Outline History of East Asiatic Design*. London: Heinemann, 1912, 1921.

[13] Miyake, et.al. ed., “A Guide to Ezra Pound and Ernest Fenollosa's‘Classic Noh Theatre of Japan’”, pp.443-444. Appendix “Publications of the Translations of Noh Plays by Fenollosa and Pound”.

[14] Richard Ellmann. *The Consciousness of Joyce*, London: Faber, 1977, p.124.

[15] Ernest F. Fenollosa. “The Chinese Written Character as a Medium for Poetry”, 2nd ed., Ezra Pound. *The Little Review 6.6,* October, 1919, pp.57-58.

[16] 费诺罗萨：《作为诗歌介质的汉语书写文字》，高田美一译，页 9-10。

[17] Fenollosa and Pound. “The Chinese Written Character as a Medium for Poetry” 3rd ed., Ezra Pound. *The Little Review* 6.7, November, 1919, p.56.

[18] 费诺罗萨：《作为诗歌介质的汉语书写文字》，高田美一译，页 29。

[19] 译者注：对应日语中的五种意为“我”的单词，即“ore ＝俺”“boku ＝僕”“temaye ＝てまえ”“watai ＝わたい”“watashi ＝わたし”.

[20] 译者注：此处为《布法罗笔记》上对日语“我”的表达语言的记录原文摘引，其中的英文、日文、符号均保持与原文一致，未作处理。对应的是“watakushi ＝わたくし”、“ore ＝俺”、“boku ＝僕”、“temaye ＝手前”、“watashi ＝私”、“watai ＝わたい”、“washi ＝わし”、“wattchi ＝わっち”、“sessha ＝拙者”、“jibun ＝自分”、“oira ＝おいら”、“Tekurada ＝てくらだ”，上述“我”的单词的用法，根据所使用人的年龄、身份、地位，以及被使用对象的不同而在意思上有微妙的差别，也包括日语方言中“我”的不同表述。

[21] William Aston. *A Grammar of the Japanese Spoken Language*. 扶瀬幹生将关于该书的研究成果发表在 Genetic Joyce Studies 第 7 期上。

[22] Yasuo Kumagai. “Takaoki Katta”, *Genetic Joyce Studies* 2, Spring, 2002.

[23] 译者注：即“胜田孝兴”的英文。

[24] *Buffalo Notebook* VI.B 12-111.

[25] William Aston. *A Grammar of the Japanese Spoken Language*, Yokohama: Lane, 1888. Reprinted by Ganesha Publishing and Oxford UP Japan, 1997, p.3.

[26] 译者注：“Jeeshee”在读音上接近日语的“自死（Jisshi）”一词，同时也接近日语的“地震（jisshin）”一词。

[27] 译者注：即日语“Jishin 地震、Kaminari 雷电、Kaji 火灾、oyaji 老父亲”。

[28] University of Buffalo, *The James Joyce Collection. VI.B. Notebooks*（1922-1938）.VI.B.11. September-November 1923. (http://library.buffalo.edu/pl/collections/jamesjoyce/catalog/vi.htm). Reproduced in *JJA* 31.140-225.

[29] Kumiko Yamada. “Yasushi Tanaka and Joyce's Encounters with Japan in Paris”, 2002.

[30] 龟山健吉：《语言与世界——威廉·冯·洪堡研究》，法政大学出版局，2000 年版。第六章中龟山指出洪堡参照的日语语法书如下。P. Oyanguren. *Arte de la lengua Japona*, divico en quatro libros segun el arte

de Nebrixa, 1738. P. Rodriguez. *Elements de la Grammaire Japonaise*, par le P. Rodriquez, trans., M. C. 1825. Landresse, Diego Collado. *Ars Grammaticae Iaponicae Linguae*, 1632.

[31] 译者注："Temaye = 手前""Ware = われ"。

参考文献：

1. Aston, W. *A Grammar of the Japanese Spoken Language*, Yokohama: Lane, 1888. Reprinted by Ganesha Publishing and Oxford UP Japan, 1997.
2. Ellmann, R. The *Consciousness of Joyce*. London: Faber, 1977.
3. 厄内斯特·费诺罗萨：《东亚美术史纲》，有贺长雄编译，大阪创元社，1928 年版。（原著：Fenollosa, E. F. *Epochs of Chinese & Japanese Art, an outline history of East Asiatic design*. London: Heinemann, 1912）
4. 厄内斯特·费诺罗萨：《作为诗歌介质的汉语书写文字——厄内斯特·费诺罗萨、埃兹拉·庞德艺术诗论》，高田美一译，东京美术出版，1982 年版。（原著：Fenollosa, E. F. "The Chinese Written Character as a Medium for Poetry", ed., Ezra Pound, *The Little Review*. Vol.VI, nos. 5-8. September to December, 1919）
5. Fuse, M. "Japanese in VI.B.12: Some Supplementary Notes", *Genetic Joyce Studies 7*, Spring, 2007.
4. 詹姆斯·乔伊斯：《芬尼根的守灵夜》全二卷，柳濑尚纪译，河出书房新社，1991、1993 年版。（原著：Joyce, J. *Finnegans Wake*. London: Faber, 1939, 1975）
5. 詹姆斯·乔伊斯：《芬尼根的守灵夜抄译》，宫田恭子编译，集英社，2004 年版。（原著：Joyce, J. Finnegans Wake. London: Faber, 1975）
6. Joyce, J. "The James Joyce Archives. 31. Finnegans Wake", *A Facsimile of Buffalo Notebooks VI.B.9-12*. New York: Garland, 1978.
7. Joyce, J. "The James Joyce Archives. 36. Finnegans Wake" *A Facsimile of Buffalo Notebooks VI.B.29–32*. New York: Garland, 1978.
8. 龟山健吉：《语言与世界——威廉·冯·洪堡研究》，法政大学出版局，2000 年版。
9. Kumagai, Y. "Takaoki Katta（VI.B.12: 113）", *Genetic Joyce Studies 2*, Spring, 2002.
10. McHugh, R. *Annotations to "Finnegans Wake"* 3rd edition, Baltimore: Johns Hopkins UP, 2006.
11. Miyake, A., Kodama, S., & Teele, N. eds., "A Guide to Ezra Pound and Ernest Fenollosa's "Classic Noh Theatre of Japan'". Orono: "The National Poetry Foundation", *U of Maine and The Ezra Pound Society of Japan*, Shiga U.
12. Skrabánek, P. "Night Joyce of a Thousand Tiers: Studies in 'Finnegans Wake'", Louis Armand & Ondrej Pilny eds., Prague: Litteraria Pragensia, 2002.
13. 山口静一：《费诺罗萨——为日本文化的宣扬奉献一生》（上、下卷），1982 年版。
14. 山田久美子：《狩野有信的明治时期——从奥画家到日本画教师》，《近代画说》第 9 期，明治美术学会，2000 年，页 148-167。
15. Yamada, K. "Yasushi Tanaka and Joyce's Encounters with Japan in Paris", *Journal of Irish Studies* 19, pp.151-161.

翻译史与翻译理论

中英诗歌中的“香草”传统，兼谈诗歌翻译：以“兰”和“Violet”为例

[美国]吴伏生

摘要：中英诗歌均有以香草譬喻美德的象征传统。本文特以中英传统诗歌中经常使用的经典意象“兰”和“violet”（通译为“紫罗兰”）为例，通过对具体诗歌文本的分析，指出它们在各自传统中均象征谦逊退让的美德。为此，虽然“兰”与“violet”在植物学上并非同一物种，但却构成了翻译理论中所谓“动态对等”(dynamic equivalence)关系。为此，在中英诗歌翻译中，应当用它们互译，因为诗歌翻译所追求的不是科学事实上的对等，而是要表现和传达相同的诗意效果与审美经验。

关键词：香草传统 隐喻 象征 兰 “violet”（紫罗兰） 诗歌翻译 诗意效果

引 言

本文中所谓“香草”传统，是指诗人借助自然界的花草来体现和象征人类的情操。这一说法始自汉代的王逸，《楚辞章句：离骚经序》中说过：“《离骚》之文，依《诗》取兴，引类譬谕。故善鸟香草以配忠贞，恶禽臭物以比谗佞……”[1]也就是说，屈原在《离骚》诗中采用“善鸟香草”来匹配“忠贞”品德，“恶禽臭物”比附“谗佞”小人，乃是“引类譬谕”，亦即比喻象征的一种艺术手法。英国诗歌中虽然没有类似的提法，但用花草来象征道德精神与节操，也是一种司空见惯的现象。本文将集中讨论中英诗歌香草意象中的一个突出例子，即汉诗中的“兰”和英诗中的“violet”（通常译作“紫罗兰”），然后就诗歌翻译的特点及其花草名称互译这一议题发表一些意见。

一

在中国古典诗歌中，香草传统始自楚辞。《九歌》中的一些篇章在描绘巫术活动和仪式时大量采用各种花草植物的意象，对其进行衬托与渲染。在《离骚》诗中，这些意象又被诗人进一步赋予了隐喻和象征意义。具体到“兰”这一意象，它在《离骚》

诗中共出现十二次。在开首部分，屈原先是叙述自己高贵的身世，以及被先父所赐予的“嘉名”。然后笔锋一转，开始描述他本人的道德修身历程：

纷吾既有此内美兮，又重之以修能。
扈江离与辟芷兮，纫秋兰以为佩。[2]

诗人告诉我们，他先天具有的“内美”需要通过培养外在的“修能”亦即“茂才”方能发扬光大[3]，以确保持久不衰；其方法，便是采摘和佩戴“江离”、“辟芷”和“秋兰”这些“香草”植物。[4] 在这样的表述中，采摘佩戴香草这一行为被明确地赋予了道德修身的象征意义。类似的句子在《离骚》中还有：

余既滋兰之九畹兮，又树蕙之百亩。
……
时暧暧其将罢兮，结幽兰而延伫。

不仅如此，上述第二例中的“幽兰”一语还进一步状写了屈原生不逢时，横遭贬弃，使得自己的美德与才华无从施展，只好隐身而退，洁身自好的处境与选择。《楚辞补注》的编者洪兴祖此处特引刘次庄注，对“幽兰”做了如下解说：“兰，喻君子。言其处于深林幽涧之中，而芬芳郁烈之不可掩。”[5] 亦即说，“幽”居深林山涧的兰花虽难得为人所见，但其芳香郁烈的气味仍然令人在远处感到其存在；同样，隐身而退的君子之高风亮节也不容忽视，终究会被世人所发现和欣赏。在《离骚》的另一段，屈原还将“幽兰”这一香草与其他“臭物”植物相对比，以此将自己与那些趋竞无行之徒区分开来：“户服艾以盈要兮，谓幽兰其不可佩”。此处之“艾”，王逸注为“非芳草”，为此，这两行所要表述的，乃是“君亲爱谗佞，憎远忠直而不肯近也”，[6] 也就是君主轻信小人而疏远君子。正如“幽兰”代表“忠直”，“艾”或“白蒿”则是“谗佞”的象征。人主选择佩戴后者，而对前者不屑一顾，乃是混淆黑白，本末倒置。至此，中国诗歌中的香草传统便在正反两方面被勾勒出来。

由于屈原和楚辞在中国诗歌中的经典地位，在中国诗歌中，“兰”这一香草物象也便成为美德的隐喻或代称。后代诗人在做诗时一般都充分意识到这一点。如陶渊明的《饮酒》组诗中的下面这首：

幽兰生前庭，含薰待清风。
清风脱然至，见别萧艾中。
行行失故路，任道或能通。
觉悟当念还，鸟尽废良弓。[7]

诗中“幽兰”、“萧艾”这两组物象自然令读者想起屈原和《离骚》，不过陶渊明在利用这些传统隐喻象征的同时，也根据自己的经历对之做了适当更改。在《离骚》中，“幽兰”代表被从朝廷谪放的屈原，处于“深林幽涧”之中。而在陶渊明此诗中，“幽兰”却被移植到“前庭”，令人感到龃龉不通，因为“幽”的本意，便是“隐”；“前庭”则并非幽隐之地，而是炫耀之所。但是，“幽兰生前庭”一行所产生的这种看似矛盾的效果，也正是陶渊明要在此诗中所要表达的意义：如同屈原那样，自己身为“幽兰”，本应隐居山林，可如今却被迫现身朝廷。虽然借助“脱然”而至的“清风”，他可凭借其薰香之气“见别”于那些“萧艾”小人，但如此屈身仕途毕竟与己有违，乃是“行行失故路”。虽然此道“或能通”，但根据历史上“鸟尽废良弓”的教训，现在已是“觉悟当念还”的时刻了。陶渊明便是如此借助《离骚》所建立的香草传统，通过“幽兰”这一物象对自己的经历和志向做出了象征性描述。

在《离骚》中，“兰”字除了被用作名词，表征独立的意象，还常被用作形容词，用来描绘修饰另一种物象。在这种用法中，“兰”的上述象征意义往往仍然在发挥作用。例如，诗人在叙述自己上下求索的征程时说道：“步余马于兰皋兮，驰椒丘且焉止息”。表面上，这两句无非是说诗人在水边和山丘暂且止息，但是，由于“皋”、“丘”分别被“兰”、“椒”两种香草所修饰，它们便被赋予了相关的象征意义。为此，《文选》五臣注解释这两行说，“行息依兰椒，不忘芳香以自洁也”[8]；亦即是说，诗人即使在途中暂息之刻，仍不忘洁身自好。“兰“的这一用法也在后来成为一种传统和规范，影响深远，在后代诗歌中屡见不鲜。如嵇康下面这段诗：

息徒兰圃，秣马华山。
流磻平皋，垂纶长川。

目送归鸿，手挥五弦。
俯仰自得，游心太玄。[9]

此处的“兰圃”、“华（花）山”显然出自前面《离骚》那两行中的“兰皋”和“椒丘”，其象征意义也正与嵇康此诗超然物外的主题相吻合。当然，在后代诗歌中，随着人们的不断模仿，“兰”这一意象逐渐规范化，它不时也会脱离其最初的语境和洁身自好的母题，被用来装点门面，下面便是中古诗歌中的几个例子：

涉江采芙蓉，兰泽多芳草。（《古诗十九首》其六）
朝发鸾台，夕宿兰渚。（曹植《应诏》）
得托芳兰苑，列植高山足。（刘桢《失题》）
长鸣戏云中，时下息兰池。（嵇康《五言赠秀才诗》）
感激生忧思，萱草树兰房。（阮籍《咏怀诗》其二）

上述各例虽然语境不尽相同，但都采用了“兰”作为修饰语，其目的便是要借助楚辞的香草传统来为诗中的景物增添几分清高优雅的素质和印象。由此可见，早在魏晋时期，“兰”便已成为一个具有相对稳定意义的意象和所谓“诗歌用语”（poetic diction），总是能够在谙熟传统的读者心中产生相关的联想和意义。

二

与汉诗相比，英诗并没有形成一个固定的香草传统。但是早在古希腊诗歌中，violet（紫罗兰）便与百合（lily）和玫瑰（rose）成为三种最受青睐的主要花卉，用来表现爱情。[10] 到了中世纪，它们开始被用于基督教各种仪式，并因此逐渐获得了宗教象征意义。玫瑰以其鲜红之色象征对基督的热爱，百合因其纯洁白净与圣母玛利亚结下了不解之缘，位居第三的紫罗兰则因其“色彩、体貌和香气传达出谦逊退让的品质”[11]。下面我们将会看到，紫罗兰后来成为英国诗人乐于吟咏的花卉，其“谦逊退让”（humility, modesty）的品质也被视为一种美德，并最终与诗人洁身自好但却生不逢时的感受和经历联系起来，成为一种道德精神的象征。

先让我们看一个紫罗兰在宗教上的象征意义。下面是17世纪英国天主教诗人亨

利 · 霍金斯 (Henry Hawkins, 1577–1646) 所作的一首诗：

In Heaven the humble Angels God beheld:
And on the earth, with Angels paralel'd,
The lowlie Virgin view'd; her modest eye,
Submissive count'nance, thoughts that did relye
On him, that would exalt an humble wight,
And make his mother, Alma, ne're in sight,
With vertues, fragrant odours, round beset,
Close to the earth lay like the Violet,
Which shrowded with its leaves, in covert lyes,
Found sooner by the sent, then by the eyes.
Such was the Virgin rays'd to be Heavens Queene,
Who on the earth neglected, was not seene.[12]

谦卑的天使在天堂目见上帝，
在尘世间，她们看到平起平坐
的卑下圣女；她的谦逊目光，
恭顺面容和思想，要依赖上帝
方可使一平凡百姓得以升天，
并令其近在眼前的母亲，艾尔玛，
为各种美德、香气所环绕覆盖，
好像栖身于尘世当中的紫罗兰，
被它的枝叶掩盖，隐身而卧，
先由香气为人所知，方被目见。
正是由此圣女被升为天堂女王，
可在尘世间她却被人漠视忽略。

诗人将“圣女”（Virgin）即圣母玛利亚比作紫罗兰。与高居天堂的上帝相比，她屈身尘世，虽然默默地协助上帝在人间播撒福祉，拯救众生，但却被人“忽略漠视”

（neglected, was not seene）。此处，诗人对紫罗兰 / 圣女的描绘颇令人想起《离骚》中的幽兰，尤其是说紫罗兰“被它的枝叶掩盖，隐身而卧，/ 经其香气为人所知，不被目见” (Which shrowded with its leaves, in covert lyes,/ Found sooner by the sent, then by the eyes)，更是与《楚辞补注》所引对幽兰的注释不谋而合：“言其处于深林幽涧之中，而芬芳郁烈之不可掩。” 由于表面谦逊退让，幽兰 / 君子和紫罗兰 / 圣女的内在美德与气质只有通过其浓郁的香气隐约地得以表现。一般来说，语言艺术表现往往强调视觉意象及其作用，因为视觉在各种感官经验中效果最直截了当，即所谓形象鲜明，一目了然。相比之下，其他感官经验则间接曲折，甚至隐晦模糊。但是，上述两位中西文人都特别赞赏幽兰和紫罗兰的芬芳气味及其嗅觉效果，并把它与视觉印象相对比，以此称颂它们那与众不同、超尘脱俗的美德。

霍金斯这首诗用紫罗兰比附圣母玛利亚，因而宗教意味很浓。在后代诗人笔下，紫罗兰逐渐被世俗化，用来象征尘世人间的品德。虽然如此，其基本象征意义，即谦逊退让，并未改变。下面便是著名浪漫主义诗人华兹华斯（William Wordsworth, 1770–1850）所作的一首诗：

She dwelt among the untrodden ways
Beside the springs of Dove,
A Maid whom there were none to praise
And very few to love:

A violet by a mossy stone
Half hidden from the eye!
—Fair as a star, when only one
Is shining in the sky.

She lived unknown, and few could know
When Lucy ceased to be;
But she is in her grave, and, oh,
The difference to me![13]

她身处无人问津之路，
在达维河水旁边，
一位少女，无人称颂
也没有几人爱怜。

一朵青苔石边的紫罗兰，
一半躲避人们的双眼！
——美如天上的星朵
当她独自烁光闪闪。

她生无人知，露丝死后
也无人前往吊唁。
但她如今已经入土，
啊！这让我情何以堪！

此处之少女露丝（Lucy）已经完全没有了任何宗教神圣的光环，诗人也没有提到她所具有的特殊品质与美德。从诗中，我们得知她隐居独处，与世无争，因而鲜为人知。但对诗人而言，她则美如天上的一颗明星，昭然若揭，其死亡陨落令他失魂落魄，苦不堪言。诗人把这样一位人物比作“一朵青苔石边的紫罗兰”(A violet by a mossy stone)，便是要通过紫罗兰这一意象来进一步体现她的上述品质。不难看出，此处紫罗兰的传统象征意义，即谦逊退让 (humility, modesty)，仍然是诗人所要赞美的主要内容。

至此，上述英国两位诗人都是通过紫罗兰来体现和象征在他们看来值得称道的品德；但他们尚未像中国诗人那样，用幽兰自况，把紫罗兰看作自我的隐喻和象征。走出这一步的，是另一位著名浪漫主义诗人雪莱（P. B. Sheley, 1792–1822）。下面便是他所作的《一朵凋落的紫罗兰》（On a Faded Violet）一诗：

THE ODOUR from the flower is gone
Which like thy kisses breathed on me;

The colour from the flower is flown
Which glowed of thee and only thee!

A shrivelled, lifeless, vacant form,
It lies on my abandoned breast,
And mocks the heart which yet is warm,
With cold and silent rest.

I weep,—my tears revive it not!
I sigh,—it breathes no more on me;
Its mute and uncomplaining lot
Is such as mine should be.[14]

花中的香气已经消失
像你呼吸给我的亲吻。
花中的颜色已被吹掉
它曾散发着你，只有你！

一个萎缩、僵硬的空壳，
它躺在我被弃的胸前，
嘲讽余温尚存的心，
凭藉那冷默的止息。

我哭——泪水不能令它复活！
我叹——它不再向我呼吸。
它那无声无怨的命运
与我自己的正相类似。

诗人在第一章中连续利用拟人手法，把凋落的紫罗兰比作自己丧失的所爱。第二章明确提出诗人“被弃”(abandoned)之后生不如死的感受。在第三章中，诗人面对已经凋落/死去的紫罗兰/所爱绝望地哭泣、叹息，并直接把紫罗兰那“无声无怨的命运”（mute and uncomplaining lot）与自己的命运直接进行了对比（such as mine should be）。

不难看出，雪莱此诗在几个方面因袭了过去诗歌对紫罗兰的艺术表现。在第一章首行，诗 人便强调其“香气”(odour)，以便向读者显示他对紫罗兰这一特殊品质和魅力的赏识与钟爱。[15] 这自然令人想起霍金斯那首诗中的一句，即紫罗兰“经其香气为人所知，不被目见”（Found sooner by the sent, then by the eyes）。此外，雪莱用“无声无怨”（mute and uncomplaining）来描述紫罗兰的命运，也沿用了其“谦逊退让”的传统美德。前面已经提到，雪莱此诗的最大特色便是他直接把紫罗兰作为本人的自况。此外，这首诗还带有明显感伤甚至自怜的特征。第三章中“我哭”（I weep）、“我叹”（I sigh）两句也不禁令中国读者联想起《离骚》中“长太息以掩涕兮”那一行，只不过屈原如此感受乃是因为“哀民生之多艰”；相比之下，雪莱此处所哀叹的，似乎更多是个人的损失与挫折。虽然如此，在艺术表现上，此处的紫罗兰已经与《离骚》中的幽兰并无二致了。

此外，正如“兰”不时被中国诗人用来装点门面，英国诗人也往往借助紫罗兰美化诗中的情感和经验。例如维多利亚时期大诗人丁尼生(Alfred Tennyson, 1809–1892)《美丽女人之梦》(A Dream of Fair Women) 一诗中的下面一章：

> The smell of violets, hidden in the green,
> Pour'd back into my empty soul and frame
> The Times when I remember to have been
> Joyful and free from blame.[16]
> 隐身绿丛，紫罗兰的香气
> 向我空虚的灵肉注入
> 那些记忆犹新的时刻
> 欢乐欣然，无可挑剔。

此处紫罗兰这一意象的功能不过是唤起诗人对过去“欢乐欣然，无可挑剔”(Joyful and free from blame) 时期的美好回忆。至于它的传统象征意义，与此处的语境和意义并无太多关联。

三

上述文字表明，“兰”与“violet”这两种香草在中英诗歌中具有类似的象征意义和诗学功能。因此，在英汉、汉英诗歌翻译中，用它们彼此互译似乎是顺理成章的事情，但事实并非如此。这是因为不少译者只是按照字典的定义去翻译，或是为这两种香草寻找植物学或是科学上的对应词汇。后者在对“兰”的英译中尤其突出。下面我们要从诗歌翻译的角度对这两种翻译策略和方法做一分析。

当代翻译理论家尤金·耐达（Eugene Nida, 1914-2011）曾提出按照如下三个方面来区分不同类型的翻译：首先要看原文所要传达的是什么旨意，其次要看作者、以及其代理人译者的目的，最后要看翻译的对象。[17] 众所周知，诗歌是一种独特的文本，其目的往往不是直接传达一种信息，而是间接表达曲折的思想与情感。因此，诗歌所采用的媒介与用于一般交流的语言不尽相同，具有隐约、象征的特点，更加强调曲折[18] 含蓄。这也就意味着，诗歌翻译的目的不是对原文意义或信息的直接传达和转换，而是如何把原诗的情感和意境在译文中体现出来。至于诗歌翻译的对象，则可分为两种。一种是文学读者，其阅读的目的是诗歌欣赏；另一种是学术读者，其阅读的目的是学术研究。虽然这两类读者的不同要求会导致不同的诗歌翻译，即前者强调自然流畅，后者重视准确忠实，但明智的选择应是二者兼顾，因为优秀的诗歌，一定是既优美动听，又含义深远。为此，只有在翻译中努力再现上述两个方面，才不会使原文在译文中过多流失。

耐达还把翻译分成两种基本类型，它们分别基于两种不同的“对等”(equivalence)原则，即“形式对等”（formal equivalence）和“动态对等”（dynamic equivalence）。前者主张在翻译原文的信息时，必须在“形式”(form)和“内容”(content)上都要与原文“对应”（correspondence），如“诗歌对应诗歌，句子对应句子，概念对应概念”，以便使得“译语中的信息尽量与原语中的不同因素相吻合”。[19] 与此相反，“动态对等”翻译所追求的，则是在“效果”（effect）上与原文对应。耐达指出：

> 在这种翻译中，所追求的不是用译语信息去匹配原语信息，而是一种动态关系，即在译语中接受者与信息之间的关系，应与原语中接受者与信息之间的关系基本相同。[20]

也就是说，动态翻译的目标，是要在译文中创造出与原文相同的效果，让译语读者在阅读译文时经历到原语读者阅读原文时的同样感受。换言之，便是要再现原文中的“意义生成模式”（mode of signification）。[21] 不难看出，在上述两种翻译类型中，形式对等不妨用于语言之间一般信息的传达与转换，而动态对等则更适于诗歌翻译，因为诗歌翻译的目的，乃是在译语中重新创造原诗的审美经验，令读者感受到与原诗相同的诗意效果。

具体到本文中“兰”与“violet”这两个实例，由于它们分别凝聚了中英诗歌中深远的象征意义和创作规范，因此在译语中再现这些意义、规范及其效果便成为当务之急。让我们先看英诗汉译的情形。

在汉语中，由于 violet 的通用译语“紫罗兰”一词中包含“兰”字，因此多少能够在诗歌读者心中引起与之相关的联想。这样一来，由《楚辞》所建立的香草传统便在他的阅读过程中直接或间接地发挥作用，使得他对某一诗篇的理解相对而言比较深刻全面。如前面所引过的那首华兹华斯诗中的如下一节：

A violet by a mossy stone
Half hidden from the eye!
—Fair as a star, when only one
Is shining in the sky.

以下是郭沫若的翻译：

苔藓石旁的一株紫罗兰，
半藏着没有被人看见！
美丽得如天上的星点，
一颗唯一的星清辉闪闪。[22]

对中国读者来说，“苔藓石旁的紫罗兰”之所以是个充满诗意的意象，其重要原因，便是“兰”字的在场。看到它，中国读者便能够借助它在汉诗中的象征意义来理解和欣赏诗中清雅高洁、超然物外的精神境界。但是，在汉语中紫罗兰毕竟是个外来语，因此在这一组合中，“兰”字在中国诗歌传统中所代表的香草传统和象征意义尚未全部体现出来。倘若用中国诗人所喜爱的“幽兰”来代替它，那么“兰”字的诗意潜能便被全部释放出来，使得中国读者在阅读这首诗时能够得到与英国读者相同的感受：

一朵青苔石边的幽兰，
一半避开人们的双眼！
——美如天上的星朵
当她独自烁光闪闪。[23]

在翻译理论中，这种策略和方法被称为“归化”（domestication），因为它把一种异国现象转换成为译语读者所熟知的本土文化。这也是动态翻译的一个重要特征之一。

与此相比，如何在汉诗英译中翻译“兰”要更加困难与复杂。首先，英语中被用来翻译“兰”的几个字，如“orchid”，“thoroughwort”，“eupatorium”等，都与“兰”的诗意功能没有对应关系。Orchid 作为一种珍贵美丽的花卉固然能够在英语读者心中唤起一种美感，但由于它是个相对较新的词汇，[24] 从未在传统英诗当中使用过，因而缺少诗意功能和深远含义，当然也就无法在英语读者中再现“兰”在原诗当中的效果。虽然如此，orchid 乃是不少译者的首选，尤其是那些注重译文之文学与诗歌特点的译者。下面便是对《离骚》中“扈江离与辟芷兮，纫秋兰以为佩”两行的几例翻译：

I dressed in selinea and shady angelica,
And twined autumn orchids to make a garland.[25]
（我身穿 selinea 与幽暗的 angelica，
把秋 orchids 编成一个花环。）
……
picking river and rare angelica to wear,
twisting autumn orchids for a belt.[26]
（采摘穿戴珍稀的江 angelica，
把秋 orchids 编成一个佩带。）

……

I wore mantles of river rush   and remote angelica,

strung autumn orchids   to hang from my sash.[27]

（我身穿江 rush 与幽 angelica 蓑衣，

把秋 orchids 编在我的佩带之上。）

如果说 orchid 不足以在译文中充分再现“兰”在原文中的诗意效果，那么 thoroughwort 和 eupatorium 便没有什么诗意效果可言了，因为它们完全是植物学上的专业名词，几乎从未在英诗当中被采用，在日常用语中也极少提及，因而对英语读者来说充其量只是个抽象甚至陌生的科学术语。用它们来翻译“兰”，目的便只是为它在译语中寻找一个学术上的对应词，而不是让译语读者获得与原诗相同的审美感受。美国学者 Paul Kroll 在其《古汉语学生字典》(*A Student's Dictionary of Classical and Medieval Chinese*) 中，便用“thoroughwort, agrimony, eupatorium” 解释“兰”；以此同时，他也指出“兰”在文学上具有“纯洁、正直”的象征意义。[28]但是，采用 thoroughwort 或 eupatorium 来翻译汉诗中“兰”这一意象的译者似乎并未意识到，英语读者根本不能从上述两个术语中联想到这种象征意义。下面便让我们看几个例子：

纗幽兰之秋华兮，又缀之以江蓠。（张衡《思玄赋》）

I tie on the autumn blossoms of the thoroughwort,

Fasten to it the fragrant gracilary.[29]

（我戴上 thoroughwort 之秋华，

将其系在芬芳的 gracilary 之上。）

幽兰不可佩，朱草为谁荣。（阮籍《咏怀诗》其四十五）

The hidden eupatorium may not be strung from the waist,

for whom does the crimson plant bloom?

（隐藏的 eupatorium 不可系腰，

朱红之草为谁开放？）

……

登彼列仙岨，采此秋兰芳。（阮籍《咏怀诗》其三十五）

I would climb those great hills of the Undying,

and pick there blooms of autumn eupatorium.[30]

（我要攀登那巍峨的不死之丘，

在那采摘秋 eupatorium 的花朵。）

对中国读者而言，“幽兰”、“秋兰”以及上述三例的句式与内容都直接出自楚辞；其意义的生成也完全依赖楚辞中的香草传统。但是，由于译文用 thoroughwort 和 eupatorium 来翻译“兰”，一般英语读者无法从中领会到其中的深意，使得译者只有通过注脚的方式来弥补这一缺憾。由此产生的阅读经验与审美感受，自然与原诗相差甚远。在原诗中，读者通过“兰”这一具体物象直接体验其所具备的客观与象征意义，而在译文中，thoroughwort 与 eupatorium 这样的陌生字眼则先是令读者茫然无措，然后被迫借助译者的注脚间接认识它所代表的意义。在这种转换中，具体的审美感受变成了抽象的认识过程，原诗中的艺术形象在译文中变成了科学术语，其中的流失，自是不言而喻。当代批评家本雅明 (Walter Benjamin) 曾经指出，在诗歌翻译中“忠实地翻译个别字眼永远不会充分再造它们在原文中的意义”；不仅如此，这样过于刻板的形式翻译还会“阻碍对（原文）意义的转换”。[31] 上述对“兰”字的翻译正可说明这一点。

当然，翻译中的流失本是不可避免，但此处用 eupatorium 来翻译“兰”无疑加剧了这一过程。可以设想，如果改用 violet 来翻译“兰”，那些熟悉英诗传统的读者便可相对直接体会到原诗的境界，因为如上所述，violet 在英诗中是一个具有类似象征意义与规范的香草意象。或许有人会说，严格地讲 violet 和“兰”不是同一植物，它们之间并不存在事实上的对等关系，因此不能互译。但是，必须再次强调，诗歌翻译的目的，应是在译文中再现原文的诗意经验和效果，而不是建立译文与原文之间的事实关联。因此，在诗歌翻译中，尤其是在翻译那些凝聚了某一诗歌传统规范的重要艺术形象时，译者所依据的，便不应只是辞书与学术，还要依靠自己对原语与译语文学的知识与理解。这无疑是一种更高的要求，但却应是每一位诗歌译者所追求的目标。[32]

结语

中英诗歌同样具有历史悠久的香草传统，其突出代表，便是“兰”与“violet”。虽然按照植物学的定义它们并非同一种植物，却在各自传统中分别具有同样的象征意义，凝聚了类似的审美经验，形成了翻译理论上所谓的“动态对等”关系。为此，在英汉、汉英诗歌翻译中，用“兰”与 violet 互译，可以帮助读者相对直接地在译文中感受、领略到原文中的意境和含义。这也便是诗歌翻译的特色与宗旨：它所追求的，不是建立译文与原文之间的事实与信息对等，而是尽量在译文中再现原文的诗意效果。如前所述，这是一种更高境界的翻译。当然，在诗歌翻译中，像“兰”与“violet”这样对应的例子毕竟是少数。为此，本文的分析也只是针对一个具体案例。翻译理论家乔治·斯坦纳 (George Steiner) 曾经指出，翻译是一门“精确艺术”，而不是实证科学；因此，在翻译实践中，我们所能归纳出的，至多只是对于某些具体实例的解决方案，而不是具有普遍指导作用的方法准则。[33] 具体到“兰”和“violet”，由于它们在中英诗歌传统中是凝聚了深远意义的原型意象和象征，因此有必要对它们予以特殊处理。倘若我们只是按照常规做法，为它们寻找事实或科学上的对应术语，便会极大地削弱甚至阻碍诗意与审美经验的传达。在诗歌翻译中，这无疑将是个很大的缺憾。

（作者单位：美国犹他大学）

注释：

[1] 参见洪兴祖，《楚辞补注》，北京：中华书局 1983 年版，页 2-3。
[2] 《楚辞补注》，页 4。
[3] 有关“修能”的解释，参见游国恩，《离骚纂义》，北京：中华书局 1980 年版，页 25-26。
[4] 王逸在注解这两句时指出这些植物皆为“香草”。
[5] 同上，页 30。
[6] 同上，页 36。
[7] 袁行霈撰，《陶渊明集笺注》，北京：中华书局 1980 年版，页 274。
[8] 《楚辞补注》，页 17。
[9] 《兄秀才公穆入军赠诗十九首》其十五，载于韩格平注译，《竹林七贤诗文全集译注》，长春：中华书局 1980 年版，页 288。
[10] 参见 Beverly Seaton, *The Language of Flowers*, A History, Charlottesville: University Press of Virginia, 1995, p. 42.
[11] 同上，pp. 43-44. 引号中原文：“The third great symbolic flower of the Middle Ages is the violet, its color, stature, and fragrance communicating the qualities of humility and modesty.”
[12] Henry Hawkins, Partheneia Sacra, 引自 Seaton, *The Language of Flowers*, p. 46.

[13] 参见 *William Wordsworth: The Poems*, Vol. One, London: Penguin, 1977, p. 366.

[14] 参见 *The Poems of Shelley* (London: Oxford University Press, 1961), pp. 553-54.

[15] 雪莱在另外一首诗中对紫罗兰做过同样的描绘："香气，当甜美的紫罗兰病倒，在它们所焕发的感官中存活" (Odours, when sweet violets sicken,/ Live within the sense they quicken)。参见 "TO ——"，*The Poems of Shelley*，p. 639.

[16] 参见 *The Poetic and Dramatic Works of Alfred Lord Tennyson*, Boston: Houghton, Mifflin and Company, 1898, p. 54.

[17] 参见其 "Principles of Correspondence" 一文，载于 Lawrence Venuti, ed., *The Translation Studies Reader, second edition, New York and London: Routledge, 2004,* pp. 153-67. 此处相关原文："Differences in translation can generally be accounted by three basic factors in translating: (1) the nature of the message, (2) the purpose or purposes of the author, and by proxy, of the translator, and (3) the type of audience."

[18] 有关诗歌语言与一般交流语言的区别，参见高友工《中国文化中的抒情传统》一文，载于其《美典：中国文学研究论集》，北京：三联书店 2008 年版，页 90-142。

[19] 同上，p. 156；相关原文："Formal equivalence focuses attention on the message itself, in both form and content. In such a translation one is concerned with such correspondences as poetry to poetry, sentence to sentence, and concept to concept. Viewed from this formal orientation, one is concerned that the message in the receptor language should match as closely as possible the different elements in the source language."

[20] 同上。原文 : In such a translation one is not so concerned with matching the receptor-language message with the source-language message, but with the dynamic relationship, that the relationship between receptor and message should be substantially the same as that which existed between the original receptors and the message.

[21] Walter Benjamin, "The Task of the Translator: An Introduction to the Translation of Baudelaire's Tableux Parisiens," translated into English by Harry Zohn, 载于 Lawrence Venuti, ed., *The Translation Studies Reader*, second edition, New York and London: Routledge, 2004, p. 80.

[22] 参见郭沫若，《英诗译稿》，New York and London: Routledge, 2004, 页 127。

[23] 此为本文作者译文。

[24] 根据 *Merriam-Webster Dictionary*, 英语 orchid 源自拉丁语 orchideae 和 orchidaceae，只是在十九世纪中期 (1845 年) 才被采用。

[25] David Hawkes, *The Songs of the South: An Anthology of Ancient Chinese Poems by Qu Yuan and Other Poets*, New York: Penguin Books, 1985, p. 68.

[26] Burton Watson, *The Columbia Book of Chinese Poetry: From Early Times to the Thirteenth Century*, New York: Columbia University Press, 1984, p. 54.

[27] Stephen Owen, *An Anthology of Chinese Literature: Beginning to 1911* , New York: W. W. Norton & Company, 1996.

[28] Paul Kroll, *A Student's Dictionary of Classical and Medieval Chinese*, Leiden: Brill, 2015, p. 252；相关原文 : "(lit.) often symbolic of purity of character, redolent integrity." Kroll 还认为在翻译中古诗歌时采用 orchid 并不准确，因为在宋朝以前，"兰总是指 Eupatorium，而非 orchid"。

[29] David Knechtges, *Wen xuan, or Selections of Refined Literature*, Vol. Three, Princeton: Princeton University Press, 1996, p. 107.

[30] 参见 Stephen Owen and Wendy Swartz, trans., *The Poetry of Ruan Ji and Xi Kang*, Boston/ Berlin: Walter de Gruyter Inc., 2017, pp. 55, 123. 侯思孟 (Donald Holzman) 用 orchid 翻译上述二例中的"兰"。参见其 *Poetry and Politics: The Life and Works of Juan Chi* (A. D. 210–263) , London: Cambridge University Press, 1976, pp. 160, 208.

[31] 参见其“The Task of the Translator: An Introduction to the Translation of Baudelaire's *Tableux Parisiens*,” translated into English by Harry Zohn, 载于 Lawrence Venuti, ed., *The Translation Studies Reader*, second edition , New York and London: Routlege, 2004, p. 80. 原文：“Fidelity in the translation of individual words can almost never fully reproduce the meaning they have in the original··· it is self-evident how greatly fidelity in reproducing the form impedes the rendering of the sense.”

[32] 应该指出，我们对某些习语的翻译早已采用了这一做法。例如汉语中的“断肠”一词，通译为“heart-broken”，并未因“肠”与“heart”（心）非同一器官而引起异议。同样，英语 to kill two birds with one stone（一石两鸟）一般译成“一箭双雕”，也是将效果置于事实对应之上。

[33] 参见 George Steiner, *After Babel: Aspects of Language and Translation*, Oxford: Oxford University Press, 1975, pp. 294, 295. 相关原文：“In Wittgenstein's terms we will look at “solution”, often inspired and crucially helpful to our understanding of languages and the history of feeling, but we shall not be looking at a universal, an axiomatic or externally verifiable “method of solution.” “What we are dealing with is not a science, but an exact art.”

《三字经》在俄罗斯的译介阐释

张　冰

摘要：本文从“失去出版机会的第一个《三字经》俄语译本”，散文体的“俄罗斯出版的第一个《三字经》俄语译本”，以及“作为中国思想文化简明百科全书的俄译《三字经》”三个方面，探讨了中国古代蒙学读本、传统启蒙教材《三字经》在俄罗斯的译介和阐释历程，以期深化中国古代典籍域外翻译阐释的发生发展研究，开掘典籍域外翻译传播对于异域了解、认识中国精神文化的意义和价值。

关键词：《三字经》　俄罗斯汉学　典籍翻译

“熟读《三字经》，可知千古事。”

世传宋代王应麟所作《三字经》是和《百家姓》《千字文》一样流传中华、影响至今的中国古代蒙学读本、传统启蒙教材。俄国传教士团学生及其成员在北京采用了中国世代相传的传统启蒙教育方法，以《三字经》为汉语识字课本，这些因素深深影响到了《三字经》在俄罗斯的翻译传播、俄罗斯的汉语教育和俄罗斯对中国思想文化的认知阐释。

一、失去出版机会的第一个《三字经》俄语译本

1729年，12岁的罗索欣（Илларион Россохин，1707-1761）在伊尔库茨克蒙语学校学习了三年后，作为第二届俄国东正教使团成员来到中国，成为最出色地掌握了满语和汉语的使团学生，并着手翻译汉语和满语资料，包括《三字经》和《八旗通志》等书籍。1741年罗索欣回国后，开始了圣彼得堡皇家科学院满汉语翻译和中文教学工作的生涯，开办了汉语学校，用自己翻译的《三字经》《千字文》进行汉语教学，这也是俄罗斯的第一个《三字经》俄语译本，可惜目前发现的只是名为“三字经或劝谕三字书（Сан-дзы-гин или нравоучительных речей трисловная книга，27页，18世纪中叶的笔迹）”和“中文书《三字经》，即三字劝谕，包含简史”（Китайская книга

Сан-дзы-гин, то есть трисловное нравоучение, содержащее в себе краткую историю, 46 页）[1] 的两份手稿，用三种语言写成，每页的一面是汉语、满语文字和俄语注音，另一面上是俄语译文 [2]，存于俄罗斯科学院图书馆手稿部，未有机会刊印，难以发挥它的文化传播价值和作用。

罗索欣不仅用自己翻译的《三字经》《千字文》进行中文教学，还指导他的学生沃尔科夫（Яков Волков，1728-？）首次在俄罗斯翻译了中国典籍《四书》（Книга Сышу, или Шан лун пюу, китайского кунфудзыского закону философическия разныя разсуждения），尽管是摘译，“沃尔科夫的手稿《四书》只有残缺（16 章）的《论语》译本”[3]。

1745 年，罗索欣在向科学院上交的已完成译稿清单中，就列出有《中国名师道德箴言》《三字经》《哲学问答》《孝经》等 16 种著作。[4] 此外，他完成的翻译还包括有 1750 年，《亲征溯漠方略》（五卷）；1756 年，《资治通鉴纲目》；1761 年，《八旗通志》（八旗通志初集）（罗索欣翻译时将其分为 16 卷，翻译了其中的 5 卷，即，第 1-3，6，7 卷）等总计约三十种各种题材内容的满、汉语著作。然而当时俄罗斯科学院的现状是，科学院首位汉学院士巴耶尔在罗索欣回国前三年已经去世，负责其工作的米勒（Герард Фридрих Миллер，1705-1783）院士和费舍尔（Иоганн Эбергард Фишер，1697-1771）院士尽管对中国历史地理等充满兴趣，肯定了罗索欣工作努力、成果丰硕，但是他们只是利用索罗欣的翻译成果及其提供的知识信息，既无法领导罗索欣的工作也无法发现索罗欣工作的巨大价值；他们根本不关心罗索欣译作的出版事宜，甚至压制罗索欣译作的出版。这两位历史学院士也和科学院的其他院士一样，都不懂中文，对中国知之甚少，和外务委员会一样轻视中文，致使北京传教士团的另一位学生伊万 · 贝科夫（И.Быков）在中国学成后，被外务委员会拒绝接收，“因为他学的这两种语言没有交涉事务，用不上这两种语言”；科学院也不接收他，理由是“在汉语和满语这个学科，科学院用不着两名教师，科学院没有这个必要”。[5] 这种情况下，特别令人遗憾的是，罗索欣被当成一名普通翻译，薪水微薄，他完成的庞大的译作手稿在其有生之年基本上都没有出版，“他的所有译作都被放进了档案馆”[6]，其中大部分存藏于圣彼得堡的科学院档案馆和图书馆，以及圣彼得堡的萨尔蒂科夫 - 谢德林国立公共图书馆手稿部，少部分手稿在莫斯科和喀山。

首位俄罗斯汉学家罗索欣完成的《三字经》的第一个俄语译本就这样失去了正式

出版的机会。

二、 俄罗斯出版的第一个《三字经》俄语译本

在中国学习生活了 11 年（1744—1755）的第三、第四届北京传教士团随团学生、18 世纪俄国最大的汉学家列昂季耶夫（А. Л. Леонтьев，1716-1786）也翻译了《三字经》，它和《名贤集》译本合编为中文识字读本《三字经、名贤集合刊本》，于 1779 年由彼得堡皇家科学院印刷所出版。列昂季耶夫的翻译是散文诗歌韵体形式，俄语译文两行一组，每行俄语尽量符合中文每一句的内容，但为了适于俄语表达和脚韵的需要，也有变通，如，“窦燕山，有义方。”“教五子，名俱扬。”“为人子，方少时。”译成俄语时都浓缩为一行，[7] 译文总计 338 行，并配有简单的注释。

列昂季耶夫翻译的《三字经》是俄罗斯首次出版的《三字经》俄译本，特点鲜明，其一，是译者强调的不同以往的散文翻译形式。列昂季耶夫在该书首页便将《三字经》原文称为“诗体”，将他的译文称为“散文体”。这当然和叶卡捷琳娜时代伴随欧洲文学体裁观念影响，俄国散文开始大发展有关。其二，简略的语言，朗朗上口的散文韵体表述，通俗易懂地将中华民族五千年的历史、传统的道德风习和思想文化呈现出来，某种程度上迎合了 18 世纪末俄国对“真实中国”认知的期盼，书出版后很快引起俄国思想知识界的关注，1880 年的《圣彼得堡通报》上曾刊登有长达四页的书评 [8]。

《三字经》全书仅千余字，却是中华民族五千年历史文化、思想精神的缩影。无论是其涵盖中国传统文化的文史哲、天文地理、人伦义理、忠孝节义等广博的内容，还是简练、便于记诵的三言韵语句式，通俗上口的文体形式，所承载的文化精髓、文化价值，其他中文典籍都难以匹敌。但是列昂季耶夫的注释太简单了，只有以下 17 个，第 10 个还被遗漏了。（1）昔孟母，“孟”：孟子，是孔子之后不久出现的杰出的哲学家；（2）能温席，“席”：坐垫、席子；（3）匏土革：掏空瓤的瓜壳、畜皮；（4）至四书，“四书”：四位哲学家的著作；（5）群弟子，“弟子”：孔门弟子；（6）孟子者，孟子：哲学家；（7）乃孔伋，“孔”：孔子；（8）乃曾子，“曾子”：孔子的弟子；（9）我周公，“周公”：古代高官显贵的名字；（10）书中未见这个注释，可能是印刷遗漏了；（11）自羲农，“羲农”：指第一位大公伏羲和第二位大公神农，伏羲比耶稣早出生了 3472 年；（12）号三皇，“三皇”：三位帝王；（13）号二帝，“二帝”：两位皇帝；（14）称三王，“三王”：三位君王；（15）嬴秦氏，始兼并：他修造了著名的长城；（16）王莽篡，

“篡”：僭称王；（17）昔仲尼，“仲尼”：孔子。[9]

列昂季耶夫主要针对人物等做的简单注释，难以充分地反映出《三字经》中包含的大量典故、成语故事等等深刻的内容，何况还有差误和不确切之处。譬如：列昂季耶夫将“孔伋”这个人名的姓“孔”和名“伋”之间以逗号分隔（Писана Куном, Гием）[10]，使人误认为是两个人，然后他只是解释“孔”（Кун）为“孔子”，更让人误解这是“孔子”和“伋”了，实际上“孔伋”是一个人，指孔子的嫡孙。

三、作为中国思想文化简明百科全书的俄译《三字经》

半个世纪后，1829 年，比丘林（Никита Яковлевич Бичурин，1777—1853）再次把《三字经》翻译成俄文，并以单行本形式出版。他不仅为其译本配上了汉语原文，名为《汉俄对照三字经》[11]，而且译文准确，讲求韵脚修辞，将原文三字译为一句，四句为一段，形式严谨，易读上口，还撰写了“序言”和上百条内容详细的注释。

比丘林在“序言”中称《三字经》为“简明儿童百科全书”，他说：“该书讲述的是中国人的全部哲学思辨，并解释了令欧洲人感到奇怪的概念和表达方式，因此可以作为我们阅读那些中文译作的指南，这就是它的出版目的！”[12]显然，比丘林给予《三字经》的思想文化知识价值以高度的肯定，在包括俄罗斯人在内的欧洲人还难以了解中国、中国人、中国人的思想文化之时，他以译代著，翻译出版这本中国思想文化知识大全是为了引导俄罗斯人读懂其他中文译著，学习、查检中国历史文化史实资料，是为了俄罗斯人能够了解中国，了解中国文化，同时，“该书字句简短，但意义丰满；词语朴素，但思想深刻。该书确实值得青少年们学习”。[13]

因此，不仅是表达译者本人对中文原作的理解，更是为了让俄罗斯读者了解中国，比丘林的石版印刷《汉俄对照三字经》附有 103 个充满了社会思想文化内容的注释，主要有：

（1）关于各类历史典故和其中蕴含的做人做事道理，如：

对“昔孟母，择邻处”的释义：“妈妈的教导应该以爱为基础，不是刻意地灌输。在以养育儿子而闻名的古代圣贤的母亲们中，哲学家孟子的母亲最为有名。孟子名轲，字子舆，出生于邹城（山东省兖州府[14]的邹县城），战国时期人。孟子的父亲孟孙激早逝，母亲仉氏居住的地方离屠宰场很近，孟子童年时常常在这里玩耍，从屠夫那里学会宰杀牲畜。母亲说：我的儿子不该住在这里，将家搬到城外，墓地附近。孟子玩的游戏便是学着大人哭嚎、办丧事。母亲又说：我的儿子也不该住在这里，又把家搬到了学校附近。孟子整天学习礼仪，揖让进退。母亲说：这里可以教我儿子，就留在这里生活了。正如常言所说：择友而交，择邻而居。孔子说：里仁为美。择不处仁，焉得知？这就是选择邻居的最好的规则！注：中国城市里有专门的牲畜屠宰场。公共墓地很少，通常每个家族，甚至每个大户人家都有私人墓地。”[15]

对“披蒲编，削竹简。彼无书，且知勉”的释义：“这里举的是没有书却渴望学习的人的例子。直到汉代（即公元前 2 世纪）之前，只是名门大户人家里才有书籍，也只有通过抄录得到这些书籍。此外，那时还没有纸，只能在帛、羊皮纸和竹简上写书，因此，穷人和不富裕的人没有办法有书。汉朝时，有个叫路温舒的人在大湖边放羊。他采来蒲草编成蒲席，将借来的《书经》抄在上面，开始学习。50 岁的公孙弘给别人养猪。严寒时节，他在竹林里用刀削切绿色的竹皮，借来《春秋》抄在上面，学懂了。正是因为这样，两位哲学家在当时成名并官至大臣职位。处于贫穷底层的他们，渴望学习，没有书，费力抄书。但是现在，有机会找书，有机会编书的学生们，却忽略了其中最好的书，也没有表现出对学习的渴望：他们不是自己在耽误自己吗？”[16]

（2）关于中国传统的思想伦理道德规范，如：

对“曰仁义，礼智信。此五常，不容紊。”的释义：“这里讲的是五种通常的德行‘五常’。其中之一为‘仁’（человеколюбие）。仁是人自身，是内心美德。慷慨和温和，怜悯和同情心构成了这种美德。第二是‘义’（справедливость）。义是内心的责任。始终不渝与坚定，果断与勇气构成了义。第三是‘礼’（обряд）。礼是礼节，是内心的准则。规矩和得体，服从和尊重构成了礼。第四是‘智’（знание）。智就是知道的能力，是心灵的提炼。洞察力和理解力，审慎和专注构成智。第五是‘信’（верность）。信是仁爱之心。真实和坦率，仁慈与友好构成信。仁、义、礼、智和信是五种常见的德行，日常普通人的行为准则或规矩，因此不能紊乱。注：德行是遵循本性所为的一种能力。发展此类能力被认为是善。仁是对近人的爱，但对上帝而言，这个词意味着恩慈。”[17]

（3）关于中国文化的经典书目，如：

对“诗书易，礼春秋，号六经，当讲求”的释义：“这里讲的是六部圣书的排序。《易经》——变化之书；《书经》——历史文献集；《诗经》——诗歌集；《春秋》——春与秋；《周礼》——周朝的礼节；《礼记》——礼仪笔记，它们构成了《六经》，即六部圣书，应该向学生进行详细地讲解。《周礼》曾经列入《六经》，现在被排除，剩下了《五经》。注：‘经’的意思就是指‘基，基础’，因此，与其相关的书也就是我们的典籍和圣书。现在这些书在中国都是经典。”[18]

此外，比丘林还对中国各朝各代世系，盛衰因由等进行了详尽地解释，如：对“魏蜀吴，争汉鼎，号三国，迄两晋”的释义[19]，他用了几乎五页的篇幅。先说明“两汉之后是三国历史时期。何谓三国？魏、蜀、吴”，详述曹操的“挟天子以令诸侯”，曹操名震天下，曹丕称帝，刘备称帝，孙权称帝……三国鼎立之势，以及魏、蜀、吴政权更替，各持续时间等史实。然后，讲到西晋结束三国时期，司马氏家族，匈奴人灭亡西晋，东晋十六国时的诸国混战……

比丘林的释义内容也包括许多中国文化特有的现象常识。如：“夜晚，大熊星座的斗柄一年四季会明显地朝向四方。春天向东，夏天向南，秋天向西，冬天向北。因此中国人将一年四季归属于天地四方：春为东，夏为南，秋为西，冬为北。称田里的春播是东方的农活。中国人称大熊星座为北斗，意思是‘北方的斗（量具）’。这种称呼源自星座的样子像个喷壶，所以它的尾部称为‘斗柄’，也就是‘手柄’。”[20]

比丘林的《汉俄对照三字经》，俄语译文与汉语原文对照的排版形式，为初学汉语的俄国学生提供了便利，成为喀山大学、彼得堡大学等多个俄国学校和学习汉语的人的汉语和汉学启蒙教材；也备受各界人士关注，《汉俄对照三字经》面世后，当时的俄国报刊，如，1829 年的《北方蜜蜂》（*Северная пчела*）杂志、《莫斯科电讯》（*Московский Телеграф*），1830 年的《雅典娜》（*Атеней*）杂志、《文学报》（*Литературная газета*）等都相继发表书评报道，向俄国读者推荐此书。[21]

1830 年第 1 期《文学报》的书评援引书中“序言”，详细介绍并高度评价了这部中国“儿童百科全书”的价值意义，包括比丘林采用的汉俄对照形式，认为：“俄国读者对于中国的青少年教育观念和教育法则当然会充满兴趣。这本书能够完全满足他们的好奇心。”[22] 因此，这篇书评特意摘录了《三字经》汉语原文开篇的前十二句俄语译文：“人之初，性本善。性相近，习相远。苟不教，性乃迁。教之道，贵以专。昔孟母，择邻处。子不学，断机杼。”完整地转引了学者、东方学家比丘林通俗详尽的讲解，即，孟子的母亲重视孩子教育，三次迁居，选择良好的环境养育孟子；以织布为例，教育孩子“不能偷懒，半途而废”，最终培养出哲学家孟子的故事。指出：比丘林为原书中“每四句组成的一段至少做出一个自己个人的类似的注解，很多段还会有几个这样的注解。亚金夫神父加注的解释都非常有趣，因为能够让我们明白一切的真实意义，这些都是中国人不需要向自己的同胞进行解释的。”[23]

19 世纪初是俄国文化复兴时期，教育问题在国内民族主义思想、法国大革命的影响下受到各界关注，亚历山大一世推行了一系列带有自由主义色彩的国民教育改革，知识界积极探讨发达国家的教育传统和经验，主张教育优先。具体教育问题的讨论中，“19 世纪 20 年代末期，俄国教育界激烈争论过环境与教育的关系”[24]，此时，比丘林的俄译本《三字经》应运而生，既可以见出俄国社会思想现实的需求，也显示出中国精神文化对俄国国民思想教育产生的推波助澜的影响，特别是以比丘林为代表的本土汉学家已经成为中国文化传播主体在中国典籍翻译传播中的重要作用。

此时，任职于外交部的“中国通”比丘林，“很快开始出现在了彼得堡上流社会，穿着自己以前的半僧侣式的衣服，讲着一口规范的法语和英语，通晓远东历史。在这里，他备受关注，得到庇护和支持”。“同时，他成了《莫斯科电讯》《莫斯科通报》（*Московский вестник*）和其他报刊受欢迎的撰稿人，势必会引起普希金的注意。”他已经“成为著名学者。瞧，他在学界多么受人尊敬！所有的文豪都把他当成了自己人。他与普希金熟识，是他家里的常客”。[25]1829 年，普希金收到了签有“亚历山大 · 谢尔盖耶维奇 · 普希金惠存，译者赠”的《汉俄对照三字经》，“对学者比丘林给予了高度评价，并竭尽所能地宣传他的著作”[26]。《汉俄对照三字经》成为在俄罗斯影响力最大的《三字经》俄译本。

比丘林为中国典籍的俄文翻译阐释奠定了扎实的基础，为中国精神文化在俄罗斯的传播做出了奠基性的贡献。

（作者单位：北京大学俄罗斯文化研究所。本文为国家社科基金重大项目“多卷本《中国文化域外传播百年史（1807—1949）》”的阶段性成果，项目编号：17ZDA195）

注释：

[1] 这份手稿第 46 页上写的“罗锁馨翻”，更加证明了罗索欣的译者身份。См. Чэнь Шэннань. О первом переводе книги «Сань цзы цзин» на русский язык. Вестник СПбГУ. Язык и литература. 2019 Т. 16. Вып. 2.С.323.

[2] Таранович В. П.Иларион Россохин и его труды по китаеведению//Советское востоковедение. III. Издательство академии наук СССР Москв 1945 ленинград. С.235.

[3] [俄] 科雅琼：《< 大学 > 在俄罗斯的命运》，张冰译，《国际比较文学》2020 年第 3 期，页 509。

[4] П. Е. 斯卡奇科夫：《俄罗斯汉学史》，В. С. 米亚斯尼科夫编，柳若梅译，北京：社会科学文献出版社 2011 年版，页 59-60。

[5] 同上，页 81。

[6] 同上，页 66。

[7] "По сему, у дуяншаня обитала наука справедливости,//И ею явились пять отроков препрославленных...//Во младости будь любовен к учителю и к другу".См. Леонтиев Алексей, пер. Букварь китайской, состоящей из двух китайских книжек, служит у китайцев для начального обучения малолетних детей основанием. Писан в стихах и содержит в себе много китайских пословиц. Перевел с китайского и манчжурского на российский язык прозою надворный советник Алексей Леонтиев. — СПб., при имп. Акад. наук, 1779. С .6.

[8] Р е ц . : «СПб. вестник», 1780, 6, II, С. 369-372.См. Скачков П.Е. Библиография Китая / Ответственный редактор А.Г.Яковлев. М.: ИВЛ, 1960. С .542.

[9] См. Леонтиев Алексей, пер. Букварь китайской, состоящей из двух китайских книжек, служит у китайцев для начального обучения малолетних детей основанием. Писан в стихах и содержит в себе много китайских пословиц. Перевел с китайского и манчжурского на российский язык прозою надворный советник Алексей Леонтиев. — СПб., при имп. Акад. наук, 1779.С.5-18.

[10] Там же,С.11.

[11] Сань цзы цзин, или Троесловие с китайским литографированным текстом, Пер. с кит. монахом Иакинфом. СПб., 1829.

[12] Саньцзы-цзин, или троесловие с литографированным китайским текстом. Пер. с кит. монахом Иакинфом. — СПб., тип. Х. Гинца, 1829, С.1.

[13] Саньцзы-цзин, или троесловие с литографированным китайским текстом. Пер. с кит. монахом Иакинфом. — СПб., тип. Х. Гинца, 1829, С.1.

[14] 邹城清代时隶属于山东省兖州府。

[15] Саньцзы-цзин, или троесловие с литографированным китайским текстом. Пер. с кит. монахом Иакинфом. — СПб., тип. Х. Гинца, 1829, с.30.

[16] Саньцзы-цзин, или троесловие с литографированным китайским текстом. Пер. с кит. монахом Иакинфом. — СПб., тип. Х. Гинца, 1829, с.76-77.

[17] Саньцзы-цзин, или троесловие с литографированным китайским текстом. Пер. с кит. монахом Иакинфом. — СПб., тип. Х. Гинца, 1829, с.37-38.

[18] Саньцзы-цзин, или троесловие с литографированным китайским текстом. Пер. с кит. монахом Иакинфом. — СПб., тип. Х. Гинца, 1829, с.48.

[19] Саньцзы-цзин, или троесловие с литографированным китайским текстом. Пер. с кит. монахом Иакинфом. — СПб., тип. Х. Гинца, 1829, с.63-67.

[20] Саньцзы-цзин, или троесловие с литографированным китайским текстом. Пер. с кит. монахом Иакинфом. — СПб., тип. Х. Гинца, 1829, с.35.

[21] См.Скачков П.Е. Библиография Китая / Ответственный редактор А.Г.Яковлев. М.: ИВЛ, 1960.С.472.

[22] «Литературная газета», 1830, ч. I, 1, с.5-6;https://philolog.petrsu.ru/filolog/litgas.html（дата обращения：10.09.2020）

[23] Там же.

[24] 蔡鸿生：《俄罗斯馆纪事》（增订本），北京：中华书局 2006 年版，页 96。

[25] Алексей М.П.-А.С.Пушкин и китай.// А.С.Пушкин и Сибирь. Москва—Иркутск, 1937.с.129,130.

[26] Чжан Хунъянь. Переводы «Сань-Цзы-Цзин» и их влияние в России. Иностранные языки в высшей школе. 2018, 1(44): 95.

一位神秘的《诗经》译者：V. W. X.

[中国香港]张万民

摘要： 在19世纪后期至20世纪初，除了理雅各、詹宁斯、阿连壁的《诗经》全译，还出现了很多《诗经》选译。其中，选译《诗经》作品数量最多的，是一位以V.W.X.为笔名的神秘译者，他在当时香港的《中国评论》上发表了74首《诗经》作品译文。不仅这些《诗经》译文被人遗忘，译者的真实身份也少有人知。V.W.X.的《诗经》英译，虽然有明显的缺陷，但是也有特殊的意义和价值。在19世纪《诗经》英译史以及中国诗歌英译史上，应该重新研究这些几乎被遗忘的译者与译文。

关键词： 19世纪　《诗经》英译　V.W.X.

在19世纪后期至20世纪初期，除了理雅各（James Legge，1815~1897）、詹宁斯（William Jennings，1847-1927）、阿连璧（Clement F. R. Allen，1844~1920）的《诗经》全译本之外，还出现了很多《诗经》选译，散见于当时香港、上海等地的各种刊物。其中，选译《诗经》作品数量最多的，是一位神秘的以V. W. X.为笔名的译者，他在当时香港的《中国评论》上总共发表了74首《诗经》作品译文，几乎译出了《诗经·国风》的半数诗歌。[1]

这位V. W. X.及其《诗经》译文，几乎已被历史遗忘。以笔者目前所见，还没有学者研究过V. W. X.的《诗经》译文。绝大部分的中国古典文学作品西译选辑，都没有收录V. W. X.的译文。可能只有刘绍铭（Joseph S. M. Lau，1934-）、闵福德（John Minford，1946-），才算是V. W. X.的隔代知音。刘、闵二人主编的《含英咀华集》，是一本广泛搜集各种西译的中国文学作品选集。此书收录六十首《诗经》作品，涵盖了三百年间各种不同的翻译。如《周南·关雎》一诗，收录译文达20余种，包括18世纪法国耶稣会士孙璋（Alexandre de la Charme，1695-1767）的拉丁文翻译，19世纪理雅各、阿连璧、詹宁斯的英译，20世纪法国汉学家葛兰言（Marcel Granet，1884-1940）的法译，以及韦利（Arthur Waley，1889-1966）、高本汉（Bernhard Karlgren，

1889-1978）、白英（Robert Payne, 1911-1983）、庞德（Ezra Pound，1885-1972）、杨宪益夫妇、叶维廉、华兹生（Burton Waston，1925-2017）等人的英译。此书的特别之处，就是注意到 V. W. X. 的《诗经》译文，共收录其十二首译诗，包括《周南》中的《关雎》《樛木》《桃夭》《汝坟》，《召南》中的《采蘋》《甘棠》《羔羊》《摽有梅》，《鄘风》中的《柏舟》《墙有茨》《桑中》，《卫风》中的《竹竿》。这十二首译诗，除了《关雎》《甘棠》同时收录他人的译文之外，其余十首作品只收录 V. W. X. 一人的译文，可见编者对其译文的重视。[2]

不仅 V. W. X. 的《诗经》译文被人遗忘，他的真实身份也很少有人知晓。康达维（David Knechtges）主编的《中国古代与早期中古时期的文学：研究手册》介绍《楚辞》英译时，提到 V. W. X. 翻译的《离骚》，并指出这位译者就是英国汉学家庄延龄，但康达维在介绍《诗经》时却完全没有提及 V. W. X. 的译文。[3]

国内外研究庄延龄的论著，大多只讨论他的中国方言研究或是他与翟理斯的关系，而对于他是否用过 V. W. X. 的笔名，却无人提及。庄延龄的译著、还有以 V. W. X. 为笔名的译著，主要发表于《中国评论》，一些考察《中国评论》的学者十分关注庄延龄，但他们都没有探索过庄延龄是否曾以 V. W. X. 的笔名翻译过《诗经》《楚辞》。段怀清在统计《中国评论》上发表的中国诗歌翻译时，将庄延龄与 V. W. X. 作为两位不同作者分开罗列。他列举在《中国评论》发文两篇以上的重要作者时，似乎忘了 V. W. X. 的存在。[4] 王国强在统计《中国评论》的作者群时，也是将庄延龄与 V. W. X. 作为两位不同作者分开罗列，他甚至在统计《中国评论》上的中国典籍英译时，不小心将这位译者的名字误拼为 X. Y. Z.。[5] 这些研究者，都没有考证过 V. W. X. 其人是谁，也没有研究过 V. W. X. 的译文。于是，V. W. X. 就像是一个神秘符号，只是重复出现在各种《中国评论》统计资料或是目录之中。

目前无法找到确凿的线索证明 V. W. X. 的身份，我们暂时接受康达维关于 V. W. X. 就是庄延龄的说法。庄延龄（Edward Harper Parker, 1849-1926）出生于英国利物浦，曾跟随伦敦大学国王学院的中文教授苏谋斯（James Summers，1828-1891）学习汉语。他于 1869 年来华，初为英国驻北京公使馆的翻译，后相继在天津、汉口、福州、广州、镇江等地的英国领事馆任职，1883 至 1885 年署理温州的英国领事馆领事，因其出色的工作而被短期派驻朝鲜的英国领事馆，回到中国后历任琼州等地领事馆的领事。庄延龄 1895 年退休回国，曾任利物浦大学中文讲师，

1901 年转任曼彻斯特大学中文教授。他的研究领域涉及中国的历史、宗教、文学、语言，尤以调查和研究中国方言（包括福州方言、温州方言、广州方言）而为人称道，被人称为研究中国方言的最高权威，翟理斯（Herbert Allen Giles，1845~1935）因此邀请他为《华英字典》标注方言读音。庄延龄还将很多中国作品译为英文，发表在《中国评论》上，包括《史记》《汉书》《后汉书》等史书的篇章选译，以及一些唐诗的选译，甚至还翻译过《佩文韵府》。如果庄延龄确是 V. W. X.，那么他为何翻译《诗经》《楚辞》作品时，没有用其本名，而是用了 V. W. X. 的笔名，暂时无法知道原因。

庄延龄
（Edward Harper Parker）

在《中国评论》第 7 卷第 1 期（1878 年），V. W. X. 翻译了 5 首《诗经》作品，分别是《周南》中的《关雎》《卷耳》《桃夭》《汉广》《汝坟》。在《中国评论》第 7 卷第 2 期（1878 年），V. W. X. 翻译了 7 首《诗经》作品，分别是《召南》中的《采蘋》《甘棠》《行露》《摽有梅》《野有死麕》，以及《邶风》中《柏舟》《谷风》。在《中国评论》第 7 卷第 3 期（1878 年），V. W. X. 翻译了 9 首《诗经》作品，分别是《周南》中的《葛覃》《樛木》《螽斯》《兔罝》《芣苢》《麟之趾》，以及《召南》中的《鹊巢》《采蘩》《草虫》。在《中国评论》第 7 卷第 4 期（1879 年），V. W. X. 翻译了 16 首《诗经》作品，分别是《召南》中的《羔羊》《殷其雷》《小星》《江有汜》《何彼襛矣》《驺虞》，以及《邶风》中的《绿衣》《燕燕》《日月》《终风》《击鼓》《式微》《旄丘》《北风》《静女》《新台》。在《中国评论》第 7 卷第 6 期（1879 年），V. W. X. 翻译了 13 首《诗经》作品，分别是《邶风》中的《凯风》《雄雉》《匏有苦叶》《简兮》《泉水》《北门》《二子乘舟》，以及《鄘风》中的《柏舟》《墙有茨》《君子偕老》《桑中》《鹑之奔奔》《定之方中》，另补译了之前漏排的《邶风 · 柏舟》的最后一章。在《中国评论》第 8 卷第 1 期（1879 年），V. W. X. 翻译了 11 首《诗经》作品，分别是《鄘风》中的《蝃蝀》《相鼠》《干旄》《载驰》，以及《卫风》中的《淇奥》《考槃》《硕人》《氓》《竹竿》《芄兰》《河广》。在《中国评论》第 8 卷第 3 期（1879 年），V. W. X. 翻译了 13 首《诗经》作品，分别是《卫风》中的《伯兮》《有狐》《木瓜》，以及《王风》中的《黍离》《君子于役》《君子阳阳》《扬之水》《中谷有蓷》

《兔爰》《葛藟》《采葛》《大车》《丘中有麻》。

由以上统计可知，V. W. X. 或庄延龄已在十五《国风》中完整地译出了前6个，包括：《周南》合计 11 篇、《召南》合计 14 篇、《邶风》合计 19 篇、《鄘风》合计 10 篇、《卫风》合计 10 篇、《王风》合计 10 篇。

在 1878 年发表的第一篇译文中，V W. X. 宣称自己翻译《诗经》的原则，是尽可能提供一个完全的直译（literal translation）。他说：

> 这些文字可谓是《诗经》歌谣最有可能的直译。原诗的每一行，在译文中都只是用一行文字来再现，并且每一行译文都遵照原诗的字面意义。译文试图准确地传达出原诗每一个字所表现的幽默、欢欣或绝望。如此雄心，也许很难实现，但是译者相信《诗经》中有真正的诗歌，因此他尽力用它们本来的简朴的形式，将它们呈现在外国批评家的审美的耳朵中。[6]

可见，V. W. X. 坚持用准确的直译，是源自他对《诗经》审美特质的认识。他非常欣赏《诗经》的简朴之美，希望用简朴的直译来再现原诗的美感，从而在西方的文学批评界为《诗经》挣得其应有的地位。不过，V. W. X. 将简朴的直译发展到了极致，有些诗句的译文字数比原文还要少，这样不仅会漏译了原文的重要信息，有时还会令英语世界的读者一头雾水、无法理解诗歌的意思。阿连璧就曾尖锐地讽刺 V. W. X. 的《诗经》译文，说它变成了一堆“可怕的术语”，还说 V. W. X. 是为了精确性而牺牲了一切。[7] 这些缺陷，可能就是 V. W. X. 的《诗经》英译长期被人遗忘的原因。

尽管有这些缺陷，V. W. X. 的《诗经》英译依然有值得我们进一步去研究的价值。其实，从 19 世纪后期开始，英语世界有很多译者都希望以简朴、精炼的语言来再现《诗经》之美，他们的焦点已经从《诗经》的道德价值转到了《诗经》的审美价值。V. W. X. 的《诗经》译文，就是这种思潮的产物。

詹宁斯的《诗经》英译本，曾试图改变理雅各《诗经》英译那种学者式的凝重风格，常常采用简练、生动的语言，再现原诗的简朴之美。詹宁斯在《王风 · 黍离》的译文中，很多句子都保持在四个字，较好地再现了原诗简练的风貌。[8] 到了 V. W. X. 的译文，则把这种简练推到了极端：

《王风·黍离》	V. W. X. 译文
彼黍离离，	Through the hanging millet,
彼稷之苗。	And early grain,
行迈靡靡，	I wander pensive,
中心摇摇。	In throbbing pain:
知我者，	Those ones who know me,
谓我心忧；	See I am sad;
不知我者，	Those ones who know not
谓我何求。	Think I am mad.
悠悠苍天，	Great Heaven! alas!
此何人哉！	What brought this pass?
彼黍离离，	Through the hanging millet,
彼稷之穗。	And thriving grain,
行迈靡靡，	I wander pensive,
中心如醉。	In numbing pain:
知我者，	Those ones who know me
谓我心忧；	See I am sad;
不知我者，	Those ones who know not
谓我何求。	Think I am mad.
悠悠苍天，	Great Heaven! alas!
此何人哉。	What brought this pass?
彼黍离离，	Through the hanging millet,
彼稷之实。	And ripened grain,
行迈靡靡，	I wander pensive,
中心如噎。	In choking pain:
知我者，	Those ones who know me
谓我心忧；	See I am sad;
不知我者，	Those ones who know not
谓我何求。	Think I am mad.
悠悠苍天，	Great Heaven! alas!
此何人哉！	What brought this pass? [9]

在《王风·黍离》中，每章十句，其中九句都是四言句，还有一句是三言句，这是《诗经》中非常典型的四言诗，也非常典型地体现了《诗经》的简朴之美。但是，到了 V. W. X. 的译文中，所用的句子甚至比詹宁斯的译文还要短，每章十句中竟然有五句都是用了三个字来翻译。

当然，V. W. X. 的译文中也有长句，如《召南·行露》次章中的“谁谓雀无角，何以穿我屋？谁谓女无家，何以速我狱？”这被 V. W. X. 译为：

Do the fowl now-a-days wear a horn?
when the men in our rooms intrude.
Has your suit been repulsed with scorn?
when you prison me up so rude.[10]

这样的长句，在 V. W. X. 的译文中，虽然不算是稀见，但确实不是其主要风格。他的大部分译文，都是依照原诗的字面意义，而采用了最简练的语言形式。V. W. X. 不仅注重译文的简练，也很注重译文的诗歌美感，并试图再现原诗的拟声词等艺术形式特征。如《周南·螽斯》：

《周南·螽斯》	V. W. X. 译文
螽斯羽， 诜诜兮， 宜尔子孙， 振振兮！	The locust winged, What swarms, what peace! So may your seed Ever increase!
螽斯羽， 薨薨兮， 宜尔子孙， 绳绳兮！	The locust winged, What buzz, what burr! So may your seed Ever endure!
螽斯羽， 揖揖兮， 宜尔子孙， 蛰蛰兮！	The locust winged, How thick they fly! So may your seed E'er multiply! [11]

在这首诗的译文中，V. W. X. 用了 What swarms, what peace 这样的句子来翻译“诜诜兮”，用 What buzz, what burr 来翻译“薨薨兮”，十分传神。同时期的理雅各的译文、阿连璧的译文，都没有如此生动地传达出原诗的神韵。可能只有詹宁斯的译文，比较接近 V. W. X. 译文的简洁和生动。詹宁斯译文如下：

THE LOCUSTS.
How do the locusts crowd—
A fluttering throng!
May thy descendants be

Thus vast, thus strong!

How do the locusts' wings
In motion sound!
May thy descendants show,
Like them, no bound!

How do the locusts all
Together cluster!
May thy descendants too
In such wise muster![12]

到了20世纪，高本汉（Bernhard Karlgren，1889-1978）的《诗经》英译本与韦利（Arthur Waley，1889-1966）的《诗经》英译本成为流传最广的两种《诗经》译本。高本汉的译文，在高度追求字面意义的直译方面与V. W. X.是一致的，他在字词意义理解的准确性上远远超过V. W. X.，但是他的译文忽略了《诗经》的审美特质，是一种非常散文化的译文，比如《周南·螽斯》的译文就缺乏V. W. X.译文的那种美感。韦利的译文，则十分追求诗歌语言节奏的美感，这一点其实与V. W. X.的译文风格十分相似，在《周南·螽斯》的译文上，韦利也生动地再现了诗中的拟声词，传达出原诗的神韵。韦利的译文如下：

The locusts' wings say 'throng, throng';
Well may your sons and grandsons
Be a host innumerable.

The locusts' wings say 'bind, bind';
Well may your sons and grandsons
Continue in an endless line.

The locusts' wings say 'join, join';
Well may your sons and grandsons
Be forever at one.[13]

我们可以看到，韦利的译文将原诗每章四句的结构，缩减成了每章三句。从这一点来说，似乎 V. W. X. 的译文略胜过韦利的译文。不过，V. W. X. 为了用最简练的语言再现原诗的字面意义，也会缩减原诗的句子数量，如《周南 · 汉广》，其译文如下：

《周南 · 汉广》	V. W. X. 译文
南有乔木， 不可休思。 汉有游女， 不可求思。 汉之广矣，不可泳思。 江之永矣，不可方思。	South, towers one tree, Here rest not ye! The maid of Hang Is not for thee! Ye dare not breast the river Hang! Ye dare not raft the Yang-tsz-kiang!
翘翘错薪， 言刈其楚。 之子于归， 言秣其马。 汉之广矣，不可泳思。 江之永矣，不可方思。	In the stately wood Ay! cut the gorse! As the bride wends home Feed the bridegroom's horse! Ye dare not breast the river Hang! Ye dare not raft the Yang-tsz-kiang!
翘翘错薪， 言刈其蒌。 之子于归， 言秣其驹。 汉之广矣，不可泳思。 江之永矣，不可方思。	In the stately wood Ay! clip the weed! As the bride wends home Ply the lucky steed. Ye dare not breast the river Hang! Ye dare not raft the Yang-tsz Kiang.[14]

这首诗每一章的最后四句："汉之广矣，不可泳思。江之永矣，不可方思"，都被简化成两句。在这里，可以看到 V. W. X. 那种简练译风的缺点，那就是将简练推到极致之后，有时会牺牲了诗句本来的意义与神韵。《汉广》每章最后四句中的"广"字、"永"字，在译文中都没有呈现出来，最后四句那种一唱三叹的情感，在译文中也几乎消失殆尽。相比之下，韦利的译文就很好地再现出原文的意义与神韵。《周南 · 汉广》每章最后四句的韦利译文如下：

Oh, the Han it is so broad,
One cannot swim it,
And the Kiang, it is so rough
One cannot boat it![15]

不过，V. W. X. 毕竟不是一个忽视诗歌美感的译者，在“言刈其楚”、“言刈其蒌”这两句中，“言”字是语助词，按照他的极度简练原则，本不需要译出，但他却用了一个感叹词 Ah 字来翻译这个语组词。相比之下，同样追求最大限度地再现字面意义的高本汉，在译文中完全没有考虑过这个“言”字。[16]

如上所述，V. W. X. 那种极度简练的翻译风格，常常会漏译原文中一些重要字词。此外，他有时也会采用传统注疏的解释，来代替原诗的字面意义，以达到简练的目的。如《周南 · 汝坟》的翻译：

《周南 · 汝坟》	V. W. X. 译文
遵彼汝坟， 伐其条枚。 未见君子， 惄如调饥。	Along Yew's banks As the brush I clove, Ah! where my lord? Sad, hungered love!
遵彼汝坟， 伐其条肄。 既见君子， 不我遐弃。	Along Yew's banks As the stumps I cut, Lo! here my lord! He forgets me not!
鲂鱼赪尾， 王室如毁。 虽则如毁， 父母孔迩。	As the bream-tails flush So Court passions fly, Let them seethe away! Our Saviour's nigh![17]

此诗首章最后一句“惄如调饥”中的“调”，《毛传》认为即“朝”字，是早上的意思，但是 V. W. X. 的译文并没有反映出这个字的意思。其中原因，可能是为了简练之故，也有可能因为V .W. X. 只是依赖朱熹的注释，没有注意到“调”字有早上之意。[18]相比之下，韦利和高本汉的译文都将“调饥”译成 morning hunger，是用了《毛传》以来通行的解释。[19] 此诗末章最后一句“父母孔迩”中的“父母”，被 V. W. X. 译为 Our Saviour（我们的拯救者），看来他是完全用了朱熹的“父母，指文王也”的解释。

由上可见，V. W. X. 的《诗经》英译，虽然有着明显的缺陷，但是也有着特殊的意义和价值。我们应该在 19 世纪《诗经》英译史以及中国诗歌英译史上，努力钩沉和重新研究这些几乎已被遗忘的译者与译文。

（作者单位：香港城市大学中文及历史学系）

注释:

[1] V. W. X., "The Ballads of the *Shi-king,*" *The China Review, or Notes & Queries on the Far East* 7.1 (1878): 51-52; 7.2 (1878): 115-117; 7.3 (1878): 176-177; 7.4 (1879): 229-232; 7.6 (1879): 367-370; 8.1 (1879): 27-31; 8.3 (1879): 143-145.

[2] John Minford and Joseph S. M. Lau ed., *Classical Chinese Literature: An Anthology of Translations, Volume 1: from Antiquity to the Tang Dynasty,* New York: Columbia University Press; Hong Kong: Chinese University Press, 2000, pp.69-149.

[3] David R. Knechtges and Taiping Chang, eds., *Ancient and Early Medieval Chinese Literature: A Reference Guide*, Part One, Leiden, Netherlands: Brill, 2010, p.147. 康达维在私人通信中告诉笔者，是他的老师卫德明（Helmut Wilhelm）跟他说过 V. W. X. 就是庄延龄。

[4] 段怀清、周伶俐：《〈中国评论〉与晚清中英文学交流》，广州：广东人民出版社 2006 年版，页 104-105、页 48-51。

[5] 王国强：《〈中国评论〉（1872-1901）与西方汉学》，上海：上海书店 2010 年版，页 57-58、页 87。

[6] V. W. X., "The Ballads of the Shi-king," *The China Review, or Notes & Queries on the Far East* 7.1 (1878): 51.

[7] Clement F. R. Allen, "The Chinese Book of the Odes for English Readers," *Journal of the Royal Asiatic Society of Great Britain & Ireland* 16.4 (Oct., 1884): 456; Clement F. R. Allen tr., *The Book of Chinese Poetry: Being the Collection of Ballads, Sagas, Hymns, and Other Pieces Known as the Shih Ching or Classic of Poetry*, London: Kegan Paul, Trench, Trübner & Co., 1891, p.xxi.

[8] William Jennings tr., *The Shi King: the Old "Poetry Classic" of the Chinese*, London: G. Routledge and Sons, 1891, pp.90-91.

[9] V. W. X., "The Ballads of the Shi-king," *The China Review, or Notes & Queries on the Far East* 8.3 (1879): 144.

[10] Ibid., 115.

[11] Ibid., 176.

[12] William Jennings tr., *The Shi King*, p.39.

[13] Arthure Waley tr., *The Book of Songs: The Ancient Chinese Classic of Poetry*, London: Allen & Unwin, 1954, p.173.

[14] V. W. X., "The Ballads of the Shi-king," *The China Review, or Notes & Queries on the Far East* 7.1 (1878): 52.

[15] Arthure Waley tr., *The Book of Songs*, p.82.

[16] Bernhard Karlgren tr., *The Book of Odes*, Stockholm: Museum of Far Eastern Antiquities, 1950, p.6.

[17] V. W. X., "The Ballads of the *Shi-king,*" *The China Review, or Notes & Queries on the Far East* 7.1 (1878): 52.

[18] 朱熹注曰："调，一作'輖'，重也。"见朱熹：《诗集传》，赵长征点校，北京：中华书局 2017 年版，页 10。

[19] Arthure Waley tr., *The Book of Songs*, p.152; Bernhard Karlgren tr., *The Book of Odes*, p.7.

躬行：儒家思想光照下的西方翻译目的论（Skopostheorie）

［中国台湾］张上冠

摘要： 西方“翻译目的论”和中国的“射礼”存在某种值得深思的譬喻关系。以“目的决定/合理化手段”为原则/假设的“翻译目的论”过度重视翻译的功能及其功利效果，从而忽略了译者对于原作者、原文和原读者的伦理考虑。中国的“射礼”强调射者必须服膺“求正诸己”、“反求诸己”和“射不主皮”等儒家礼教原则，俾以达成“以礼观德”的理想，反而象征性地完善了翻译伦理。翻译的目的不应局限于目标的达成，而是更应让译者展现其“志”，并在翻译之前、中、后学习且表现儒家所追求的“仁”的伦理。

关键词： 翻译目的论　射礼　绎志　仁之道

文，莫吾犹人也。躬行君子，则吾未之有得。
《论语·述而》

真见实践，深探圣域，千载绝学，始有指归。
《宋史. 卷四二. 理宗本纪二》

中华文化源远流长，古人的智慧如源源不绝的活水，总是给后代的子孙在渴望云霓之时带来及时之雨，圣贤的教诲也如皓月明星，在我们感到混沌蒙昧之时散发启明之光。上述这个说法虽然不免有文化沙文主义之嫌，但传统文化若能历经时间淘洗而仍具阐明之功，古圣先贤所遗传的经典我们恐怕也无法不予以重视，特别是当我们从事中西文化比较的时候，传统所赋予我们的知识基础不但是比较行为的动力来源，更是让比较的议题得以充分被讨论的必要条件，因为不同的文化传统涵蓄了值得彼此反思的差异性，而差异性正可让彼此相互光照以求问题的开展。本篇论文以此认识为前题，希望从比较文化，特别是伦理的角度，来重新审视莱思(Katharina Rheiss)和费米尔(Hans Vermeer) 的翻译“目的论”（Skopostheroie/ Skopos Theory）。

西方翻译目的论（Skopostheorie）的“目的”skopos 一词源自希腊文 σκοπός，意思是 mark for shooting at/mark to shoot at，用中文来翻译大约是“目的”或“目标”一词，譬如射箭的“靶”，是个投/射的目标。就主体和客体（作为另一个主体）的关系而言，skopos 暗示了主体对其所面向的客体所做的主观的支配行为，就像一位射箭者和箭靶的关系：射中目标靶心。换句话说，对目的论者而言，射箭的目的就是射中目标，无论目标指的是箭靶或任何事物，而射箭者只要事先预设/确定所欲射的对象，射箭者可以使用任何射箭之法来执行任务，只要射中目标这个终极目的能够达成即可。诺德（Christiane Nord）下面这段话概要地说明了目的论者的翻译策略：

> Each text is produced for a given purpose and should serve this purpose. The skopos rule thus reads as follows: translate/interpret/speak/write in a way that enables your text/translation to function in the situation it is used and with the people who want to use it and precisely in the way they want it to function. (Cited and translated by Nord 1997: 29)

对我而言，翻译目的论和射箭之间存在一个譬喻的关系：译者先确定目的/标再决定手段就像是射箭者先画靶再射箭，而两者的行为准则都建筑在“目的决定/合理化手段”（the end justifies the means）（Nord 1997）这句“格言”上。在我看来，手段和目标之间的问题不在于适当的方法可否达成适当的结果（或者反过来说，结果的适当可否证明方法的适当），而是在于“适当的”其实已经透过修辞转换成了一个（没有实质作用的）形容词，因为这种“适当的”是假想的且先验的，其合理性是被事先赋予而非通过“合理”作为动词来真实地被理解。比方说，我们常讲“条条大路通罗马”，但如果真是如此，那么我们问哪条路是适当的路就无意义，因为既然都通往罗马当然全都适当。然而事实告诉我们并非所有的路都通往罗马，而除非路真的能通往罗马，否则有些路是会让人迷路的。此外能够通往罗马的路可能也不是真正的路，而有些可以通往罗马的路不见得人人都知道。就算知道，也不见得人人都能走，而即使上了路，也不见得能顺利抵达罗马。换句话说，翻译不能只从目的和手段着眼，因为变数太多，译者要考虑的因素也太多，而手段和译文合理与否不能只由译者、翻译委托者和译文读者来决定，原作者、原文、原读者——纵使我们无法确定其原始真实为何——仍然是翻译行为的共同相关者。翻译作为瞬息万变的当下的行为，除了必须面对不可知的未来，同时也必须面对不确定的过去。

翻译者所面对的对象因为是另一个主体，所以光从译者的目的、翻译手段和结果来考虑并不适当，因为既为相对主体，它就不是单纯的客体。任何主体的存在除了主体自我的表现之外还包括由他者作为另一个主体对此相对主体所做的观察。译者若是只把原文透过翻译手段来处理成译文读者可以接受的译文，这种翻译只是满足了译者、译文的读者以及译文所处的情境，但原文作为“另一个”（an-other）主体并无机会自我表现或开展自我；因此如何让译者经由翻译的行为展现自我的理解，但同时也让原文 speaks for itself 并且让原作者透过原文显现自身也就成了一个难解的问题。从翻译伦理的角度来看，翻译者首先要注意的是养成一种反观自省的态度，也就是必须随时意识到对象的(相对)主体性以及自身的有限性。Skopos 和 scope 有字源的关系，因此有 border，boundary，limit，range，horizon 等意思。这也就是说，skopos 本身暗示了限制，就如同一个人无论眼 / 目光如何清亮明晰，眼睛仍然无法看尽 / 遍事物，因为眼睛自存内在的限制：眼睛无法看见眼睛自身，自己反而是在他者的眼中出现。由于他者和自己呈现了某种 mise en abyme(置于深渊)的关系，我们显然必须意识到一个事实：我们作为观看者同时也是身为被观看者。这个反省意味着几件事：首先，我们总是可以不断地讨论 the scope of the scope of the scope of...，因此没有哪种 scope 是具有视野的终极性并俾使观看者得以一览无遗这个世界。其次，无论是以肉眼（naked eyes）或是凭借工具（-scope），观看者从来都无法让被观看者在被观看之下 / 中 / 后呈现那个“明白无误的真实”（“naked truth”）。此外，观看者所欲求的真实总是在伽达默尔（Hans-Georg Gadamer）所提出的“偏见”（prejudice）下的产物 (Gadamer 2000)，而他 / 她从这个“赤裸的”真实所获得的满足，用个比喻来说，有时或许类似某种 (fe) male gaze 下所产生的快(感)(淫)乐 (jouissance?)，彷佛真实 / 相 / 理的出现条件是必须将附着其上的一切假饰、伪装、隐藏、模糊、粉饰、朦胧予以剥除 / 光后方能达成。最后，这种以追求真实 / 相 / 理为名的观看实际上是建立在一个假设：真实 / 相 / 理必须(被)追求同时也一定可以获致。如此一来，被观看者其实像是曝露在观看者某种“非礼的”、“有色的”凝视底下，无所闪躲，更没有拒绝被“观光”的权利。而本应作为另一个主体出现的对象在此情况下被假想为赤身露体，其主体(性)则在观看者某种 scopophilia 的观看心态下沦丧为似乎可以一眼“被”看光的裸体，而此主体全然没有抗议的权力和空间。

翻译伦理如果是从主体和主体的相互关系来考虑，传统儒家所倡导的“仁”或许可以提供我们一些启发。“仁”，简单来说，就是二 / 两人之间的关系，或者说是“你我之间”的相互关系。碍于论文方向和篇幅，我们无法在此阔论儒家对“仁”的详尽看法，但是我们可以举其概要，以《礼记 · 射义》的记载来探讨翻译目的论所涉及的伦理问题。我们先从《射义》里的两段有关“射者”和“射”的文字开始：其一，“故射者，进退周还必中礼，内志正，外体直，然后持弓矢审固；持弓矢审固，然后可以言中，此可以观德行矣”。其二，“射者，仁之道也。射求正诸己，己正然后发，发而不中，则不怨胜己者，反求诸己而已矣”。在我看来，作为“仁之道”的“射”除了是对“己”的规范，即“正诸己”，之外，还涉及了“己”和“胜己者”之间关系的说明及要求。“正诸己”是个严谨的过程：中礼、志正、体直、审固，无论从内到外，射者皆须循礼自持才能言中，而射中目标并非“射”的目的，而是对于礼的考虑，此即，观德。就如《射义》里的另一个文句所明示的：“《诗》云：发彼有的，以祈尔爵。”“祈，求也；求中以辞爵也。酒者，所以养老也，所以养病也；求中以辞爵者，辞养也。”射中目标是为了“辞爵”，以免喝了供养老人或病人的酒。显然在中华文化传统中，射礼的意义是藉射的行为来观察射者的德性，而现代的弓道或弓术的真正目的其实也是如此：

> 真正的弓道没有目的，也没有企图！……你所执着的意志便是你的障碍。……射手最终瞄准的并非靶，而是他自己。……在瞄准的一刹那，射中他自己。（余觉中译，欧根 · 海瑞格，《学箭悟禅录》，Eugene Herrigel，Zen in the Art of Archery）

射中标靶只是一种象征。倘若射者不求正诸己，即便射中靶心也非有德之人。以射作为“仁之道”可以说明前头所说的“二 / 两人之间”或“你我之间”的亲密关系，而“反求诸己”一句则让人想到前头所提出的“反观自省的态度”。如果我们继续阅读《射义》，其中文句和文句之间所产生的某种 intratextuality （文本内互涉）更可让我们深刻理解“射”和“射者”的意义。“射之为言者绎也，或曰舍也。绎者，各绎己之志也。

故心平体正，持弓矢审固；持弓矢审固，则射中矣。”要解释这句话，且让我援引理雅各（James Legge）的英译以及当代的某个白话翻译作为对照：

To shoot means to draw out to the end, and some say to lodge in the exact point. That drawing out to the end means every one unfolding his own idea; hence, with the mind even-balanced and the body correctly poised, (the archer) holds his bow and arrow skillfully and firmly. When he so holds them, he will hit the mark. (Legge 1966)

所谓射，就是寻绎的意思，或者说是释放的意思。所谓寻绎，就是寻绎自己志向之所在。所以在射箭的时候，如果心平气和，身体端正，就可以把弓矢拿得紧、瞄得准；把弓矢拿得紧、瞄得准，自然就射中目标了。(佚名 https://xueshigu.com/zh-tw/qi/guoxue/ex9v8x.html)

这两个翻译，或精准来说，这两“种”翻译——即雅各布森所提出的语际（interlingual）和语内（intralingual）翻译（Jakobson 1992）——对于原文的处理不尽相同，特别是在“绎”和“舍”两字上。然而当我们再审视一下双方对“绎己之志”的翻译时，双方的诠释差异其实可为互补：“every one unfolding his own idea”可以说就是“言志”或“明志”，意味对志的表达，而“寻绎自己志向之所在”是“立志”和“行志”，表示对志的确立以便将其“释放”出来（予以实 / 执行）。Unfolding（打开、掀开、展开……）己志，寻（追寻、追求、追逐……），绎（开展、衍生、发扬……）己志，可是如果自己无法清楚己志为何，又如何 unfold？同理，如果自己无法清楚己志为何，又如何寻觅？两位译者翻译及 / 即解释虽不相同，但两者皆点出明白己志为何又该如何行志实在是个棘手的问题。因此，当古人将“射”用“绎”志及“舍”志合起来解释时，我们可以说“射”从一开始就涉及射者的动机、目的、方法、目标，而这一切按照《礼记 · 射义》所载全都指向礼和德，然而礼和德不单和自己有关，更涉及他者（作为另一个主体）。也正因如此，我们如果将射者和译者做个模拟，射义 / 礼的问题顿时转化为翻译伦理的问题，而翻译伦理的问题就更多了一重复杂性，因为译者不但要面对如何绎 / 舍己志的困扰同时也要响应原作者之己志为何以及其志之所向的诸多疑难。

“志”可以解释为 intention，这也是 skopos: goal，purpose 其字源所衍生的意义。Skopostheorie 的关键问题就在于论者只从译者的意图而非同时从原作者的意图来考虑翻译的行为。在翻译目的论的论者心中，翻译只须将原文按译者一己之志予以处理，只要委托翻译者和“意图 / 想象的读者”（intended reader）在译文所在的“想象的情境”（imagined situation）中接受这个翻译的结果，译者就算改变原文的本义甚至扭曲原作者的本意都可被认为并非不合理。此外因为译者所欲实现的，从头到尾始终还是一己意图表现的意义（intended meaning），而意义一旦如此出现，翻译实际上成了译者各说各话的行为，于是“各绎己之志”的先决条件，即对“求正诸己”的要求，成了空话，而翻译的好坏也随之失去了判断的标准。孔子曰：“射者何以射？何以听？循声而发，发而不失正鹄者，其唯贤者乎！若夫不肖之人，则彼将安能以中？”译者若是比喻为射者，他 / 她能否成为译之贤者或者只是个不肖之人，其中的差别就在于“求正诸己”这个对德和礼的要求是否能够完成。孔子又曰：“君子无所争，必也射乎！揖让而升，下而饮，其争也君子。”就翻译而言，译者该重视的是对自己的规范，要求自己在翻译前、翻译中、甚至翻译后都一直秉持译之君子的身份，将翻译视为礼和德的具体实践表现，而非只看见译文能否适当作用（function）。

孔子曰：“射不主皮，为力不同科，古之道也”（《论语 · 八佾》）。孔子在春秋时代认为“射不主皮”是“古之道”，这点对现代人而言实在有值得深思之处。如前所言，“射”是个“从礼观德”的仪式，射中靶心实非射礼的重点，“故射者非矢不中也，学射者不治矢也”（《淮南子》），即使射中，“射不主皮”的主张更彰显“射”和“礼”之不可分。“尔爱其羊，我爱其礼”，儒家一直是以礼为其学说的中心。同理，当我们将“射”和“译”做个模拟，翻译的目的，译者其志之所向，就不会仅仅是达成目标而已，反而是翻译伦理的完善。这个伦理的基础虽说来自“求正诸己”，但是因为伦理是人与人之关系的建立和维持（这就是“仁”的 / 即“核心”的价值），所以伦理的完成并非只是个人之事而是群体的行为（每个人不是都应该求正诸己吗？）换言之，伦理永远和他者有关，而此“他者”是个复数，涉及过去、现在与未来所有的存在 / 有。就这个意义而言，翻译目的论的主张显得过于重视一时的功利，尤其在面对原作者、原文、原读者和原来的情境上更让人觉得现实而寡情。原作者和译者，如德里达（Jacques Derrida）所言，是“相互亏欠的”（indebted to each other, Derrida 1985），原文和译文是一体的两面或互为镜象对照，原读者和后来的读者有相互对应的关系，而原来的情境和任何的情境则有历史性的联结：没有什么是 outside history itself。翻译可以视其为“绎己之志”的行为，但是这个“志”的“结果”，某种看似最终的完成或圆满，其实是持续变化的过程，就如同开花结果，在生机活跃的情况下，是恒常发生的事，纵使结果没有一次是和前次或下次完全一样。职是之故，每次“志”的演绎，我们或许可以说，都是“同志”的演义，意义的延异 / 衍义，象征所有参与翻译的“有志一同者”在历史意义 / 意义历史中共同努力的结果。“同志”当然不是指每个人的想法、做法与志之所向全然相同，而是指大家做的是同一件事情或表达“共同的兴趣”（homonoia: concord, Derrida 1993）。从翻译的角度来看，这就表示译者无论是谁，其动机、目的、手段、目标、结果为何，翻译者都在从事翻译的工作，翻译是大家共同的志业。如果比喻不算离谱，我们可以说翻译像是在把玩万花筒（kleido-scope），译者则如观者；有趣的是无论译者如何翻转，万花筒内永远是五光十色，色彩斑斓，光华乱射，美不胜收。翻译目的论或许是面可拆解 / 穿的西洋镜（张上冠 2021），但万花筒也是某种西洋镜，而我们从事翻译理论者如何观看西方翻译理论的西洋镜和万花筒就端看我们如何体现东方中国儒家的仁之道了。

后　记：

本文部分内容曾发表于天津外国语大学《“文明互鉴·文明互译”百家谈》第三十六期：“儒学应在译论建构中发挥作用”（蔡新乐教授主持）。本文虽是重新撰稿以发挥论点，但为遵守学术规范且避免自我抄袭之嫌，特此声明。

（作者单位：台湾东吴大学英文系）

参考文献：

1. Derrida, Jacques. “Des Tours de Babel” in Joseph Graham ed., *Difference in Translation*, Ithaca & London: Cornell UP, 1985.
2. —— “Politics of Friendship,” American Imago, vol. 50, No.3, Baltimore: The Johns Hopkins UP, 1993.
3. Gadamer, Hans-Georg. *Truth and Method.* Trans. Garret Barden & John Cumming, New York: Crossroad, 1985.
4. Herrigel, Eugene. *Zen in the Art of Archery*,Trans. R. F. C. Hull. New York: Vintage, 1999.
5. Jakobson, Roman. “On Linguistic Aspects of Translation,” in Rainer Schulte & John Biguenet eds., *Theories of Translation: An Anthology of Essays from Dryden to Derrida*, Chicago & London: The University of Chicago P, 1992.

6. Legge, James. *The Sacred Books of China: The Li Ki*, Deli: Motilal Barnasidass Publishing House, 1966.

7. Nord, Christiane. *Translation as a Purposeful Activity: Functionalist Approaches Explained*, Manchester: St. Jerome Publishing, 1997.

8. 王梦鸥：《礼记今注今译》，台北：台湾商务印书馆 2009 年版。

9. 朱熹：《论语集注》《四书章句集注》，北京：中华书局 2012 版。

10. 何宁：《淮南子集释》，北京：中华书局 1998 年版。

11. 余觉中：《学箭悟禅录》，安徽：黄山书社 2011 年版。

12. 柯维骐：《宋史新编》，上海：上海古籍出版社 1995 年版。

13. 孙希旦：《礼记集解》，北京：中华书局 2014 年版。

14. 张上冠:《西洋镜: “翻译目的论” (Skopos Theory) 的目的 / 标问题》,《东吴外语学报》, 台北: 东吴大学, 2021。

15. 杨伯峻：《论语译注》，北京：中华书局 1980 年版。

网络资料 https://xueshigu.com/zh-tw/qi/guoxue/ex9v8x.html

汉学论稿

中国绘画艺术对于波斯绘画的影响

——以波斯画家西亚赫 · 卡拉姆早期画作中的中国元素为例

[伊朗]纳思霖 · 达斯坦(Nasrin Dastan)

摘要： 中波两国都是文明古国，其语言与文化等对周边国家与地区有着深刻的影响。历史资料表明，中波两国在科学技术、艺术文化等方面均保持着友好而长久的交流，并有相互学习的良好传统。就波斯绘画而言，总体上当然具有自己独立的风格，但有些时期的画家作品也会有一些中国绘画的元素，本文研究的西亚赫 · 卡拉姆即是其中较为突出的一例，他是一位杰出的波斯中世纪画家，在访问中国明朝期间，便吸收了中国绘画艺术的一些元素并将其融合到自己的作品中。本文拟就该画家的身份做一考订，并对其画作中的上述特点进行详细的论述。

关键词： 波斯绘画　西亚赫 · 卡拉姆　吉约索尔 · 丁　《沙哈鲁遣使中国记》　波斯帖木儿王朝

一

丝绸之路是一条商业通道，更是古代跨文化交流的主要途径。早在公元前 2 世纪，波斯就与中国有了外交往来，[1] 是最早和中国建立关系的国家之一。波斯既是陆上丝绸之路最重要途经国之一，又是海上丝绸之路的途经国之一。随着时间的推移，中波两国的交往领域逐步增加，延伸到经济贸易、艺术文化等多个方面。两国的文化交流在唐宋两代经历了前所未有的发展，一方面，不同的宗教与科技成果等经过不同的族群而传入中国，另一方面，中国的工艺与艺术等也传入波斯，丰富了波斯的文化。至蒙元时代，由于横跨亚洲大陆的蒙古帝国的兴起，波斯帖木儿王朝和中国明朝的交流更为频繁。穆罕默德 · 西亚赫 · 卡拉姆便是生活在了帖木儿王朝时期一位波斯的杰出画家，他的作品富有强烈的表现力，体现出深厚的绘画功底，从其图像所具的奇异的、富有魅力的创造性来看，无论在波斯绘画史还是在世界绘画史上均有着特殊的历史地位。

艺术史家对西亚赫 · 卡拉姆的研究，都十分关注他的身份来源与作品属性，而两者又有某种相关性。根据已有的研究，一些学者认为他是突厥人，而其他一些学者则认为他是回鹘人；有学者认为他参与了沙哈鲁时期《先知登宵书》（*Merājnāmeh*）[2] 的插图绘制，另一些学者则认为西亚赫 · 卡拉姆的作品与河外地区的游牧生活相关，学者们的意见并不是很统一。但总体而言，都倾向于将他的创作分为三个时期：第一时期为帖木儿王朝时期的创作，第二时期，他的画风体现出了河外地区、中亚地区一带的风格，第三是卡布昌（Ghabchān）风格时期。[3]

伊朗艺术研究学者奥詹德（Yaghūb Ājhand）教授曾提出一个假设：根据有的史料记载，在公元 1419 年的帖木儿王朝沙哈鲁时期，曾派出一个外交使团出访中国，随行的有宫廷画家西亚赫 · 卡拉姆和吉约索尔 · 丁（Qiyas al-din），后者奉旨将旅途中的所见所闻写成游记。该使团旅居之处是蒙古人从突厥人手中夺取的一个地区。但通过对《沙哈鲁遣使中国记》等史料的分析，大概能确认吉约索尔 · 丁与西亚赫 · 卡拉姆实际上是同一人。西亚赫 · 卡拉姆是吉约索尔 · 丁的笔名，指的是善用黑色钢笔的画家，亦可指其画作。

土耳其的伊斯坦布尔托普卡帕博物馆有三个站点，其中收藏有西亚赫 · 卡拉姆签了字的一些绘画作品，这些签字也可能是后来才添加在作品上的。其画作与波斯绘画的典型风格不大相同，有其独特的艺术风格。比如，画家描绘了恶魔、黑人、奴隶等内容。在其画作当中，看不到山水和自然景色，深色的人物似乎都在演绎戏剧性或仪式性的动作。除了奥詹德的观点之外，也有学者认为西亚赫 · 卡拉姆是吉约索尔 · 丁的托钵僧，而不是吉约索尔 · 丁本人。

奥詹德教授通过对比吉约索尔 · 丁游记中的各种主题及信息和西亚赫 · 卡拉姆的美术作品，在某种程度上间接地证明了自己的这一假设。“吉约索尔 · 丁”这个名字在一些历史和艺术文献中也被提到过，但在帖木儿王朝时期的文献中看得出西亚赫 · 卡拉姆其实是他的“号”。他在白松格尔 · 米尔扎（Baysunghur Mirza）[4] 时期被派往中国，既是画家又兼任使节，在任期结束后回到赫拉特之后定居在了大不里士，除了作画之外，他还从事写作。据之，奥詹德认为被白松格尔 · 米尔扎派遣到中国的画家兼使节吉约索尔 · 丁就是大不里士的画家穆罕默德 · 吉约索尔 · 丁，他同其他几位画家在公元 1407 年年末一起进入赫拉特的图书馆工作，是白松格尔的艺术工坊众画家中的一位。奥詹德的考证，为我们识别西亚赫 · 卡拉姆的身份提供了重要的依据。

美国著名的艺术史学家波普（Arthur Upham Pope）和英国艺术史学家葛雷（Basil

Gray）都认为吉约索尔 · 丁是帖木儿王朝时期的宫廷画家。吉约索尔 · 丁在公元 1419 年随政治和商业代表团前往中国，作为白松格尔 · 米尔扎的专门派的使节，他主要负责编写了一部游记。他写成的游记被很多波斯文史料引用。该游记中的内容与伊斯坦布尔 托普卡帕博物馆所收藏的画作大致相同。

进一步研究表明，吉约索尔 · 丁是画师阿卜杜拉希（Abd al-Hayy）的弟子之一，他在 15 世纪初和其他几位艺术家一起进入赫拉特宫廷，做宫廷画家。不久后，吉约索尔 · 丁随波斯团访问了中国明朝并写成了《沙哈鲁遣使中国记》这一游记。游记中的描述及其插图，可能是供给波斯国王沙哈鲁做参考的。帖木儿王朝灭亡之后，吉约索尔 · 丁的作品被转移到波斯西北部的大不里士，收藏在萨法维皇家图书馆。公元 1514 年，土耳其的奥斯曼帝国在 “查尔迪兰战役” (Battle of Chaldiran) 中打败了萨法维波斯，随后把波斯皇家图书馆中的珍贵作品又搬到土耳其伊斯坦布尔。除了带有西亚赫 · 卡拉姆签字的画作之外，还有风格相同并带有 “穆罕默德 · 伊本 · 马哈茂德 · 沙赫 · 海亚姆” (Mohammad Ibn Mahmmud Shah Khayyam) 的签字之画，收藏在伊斯坦布尔和德国柏林。

那么大不里士的画家穆罕默德 · 吉约索尔 · 丁会不会就是穆罕默德 · 海亚姆？就藏于土耳其伊斯坦布尔和德国博物馆中的几幅画来看，穆罕默德 · 海亚姆的绘画技法与风格类似西亚赫 · 卡拉姆，即用铅笔或黑色的炭笔构图，他的某些作品又像是临摹了画家阿卜杜拉希的作品。[5] 为对之有进一步的认识，有必要提到西亚赫 · 卡拉姆的一幅描绘铁拐李和刘海的画。(参见图 1)

起初，画家阿卜杜拉希在被帖木儿从巴格达派到撒马尔罕之前为大不里士的札剌亦儿（Jalāyer）王朝宫廷服务，并在巴格达居住了一段时间。画家吉约索尔 · 丁是阿卜杜拉希在大不里士的徒弟，他临摹了老师的一些作品。

图 1：《铁拐李和刘海》，摘自《绘图纪事录》（*Moraghgha'Tasvirsazi*），西亚赫 · 卡拉姆作品，公元 15 世纪初，大不里士，收藏于土耳其伊斯坦布尔托普卡帕博物馆。

在当时有一种师徒相传的传统，即学生为了提高技艺而往往会模仿老师的作品。从这些逻辑线索可以推知，西亚赫 · 卡拉姆应当就是阿卜杜拉希的弟子吉约索尔 · 丁 · 穆罕默德或者穆罕默德 · 海亚姆。当初，他模仿了画师阿卜杜拉希的作品，其中包括《中国和尚图》，并签了字“最年轻的仆人：穆罕默德 · 海亚姆”。因此可知，他是一名宫廷画家。

吉约索尔 · 丁关于中国见闻的游记后被收录在帖木儿王朝时期著名的历史学家哈菲兹 · 阿布鲁（Hafez Abrū）[6] 的《历史精选》（*Zubda al-Tawarikh*）中。阿布鲁另有《王朝历史全集》一书，共四册，第一到第三册的内容包括了蒙古人统治时期的历史事件，第四册的内容则包含了从伊利汗王朝最后一位君主不赛因（Abū Saīd）之死一直到公元 1426 年的历史。那本带插图的游记，也被编成纪事录，收藏于皇家图书馆。随着时代的变迁，这本纪事录流入了位于大不里士的白羊王朝宫廷 [7]，随后又落入萨法维王朝主要建立者伊斯玛仪一世手中，收藏于大不里士的萨法维王朝皇家图书馆内。最后，在公元 1514 年的战争中图书馆遭到洗劫，如今，该纪事录的大部分收藏于土耳其伊斯坦布尔托普卡帕博物馆。

目前关于吉约索尔 · 丁最重要的信息来源于他的中国游记。公元 1419 年，帖木儿王朝的君主沙哈鲁为了加强与中国的友谊和繁荣双边贸易，第三次派出了使团。在这之前的公元 1412 年，明朝派出的一个官方使团也到达过赫拉特，目的同样是为了促

图 2-1、图 2-2：颜辉作品，轴绢 191.3 × 79.6，摘自《中国美术史全集——元代绘画》

进两国间的贸易和确保通路的安全。在那次出访中，中国商人随身携带了一幅中国画，画作上绘有由中国画家所作的沙哈鲁的一位将领赠予中国皇帝的一匹马。据说这幅画上还有两位马倌，画中的马倌从两边牵住了马的缰绳。

根据哈菲兹·阿布鲁的叙述，沙哈鲁所派往中国的使团成员包括政府官员和商人以及他们的随从。吉约索尔·丁本人既非政府官员，也不是商人，为什么他会随团前往？

显然，这样的原因必须从由中国皇帝赠送给沙哈鲁的那幅作为礼物的中国画中寻找。中国皇帝通过此举展示了中国画家们的艺术水准，因此白松格尔为了做出回应，挑选了吉约索尔·丁这样的艺术家，命令他从离开赫拉特起到返回赫拉特止，每天记录下沿途的所见所闻。可能选择吉约索尔·丁的另一个原因是因为他在政治上没有任何偏向，而最重要的一点或许正是因为他本身是位画家，在书面记录旅途的同时又可以用绘画来描摹中国之行的经历。同时，白松格尔也当然想借此机会向中国皇帝表明，在自己的宫廷中同样有杰出的画家。也正是这一点，使得奥詹德教授的上述假说更为可信，即吉约索尔·丁正是那位在中国之行的间隙将自己的所见所闻画下来，在今天以西亚赫·卡拉姆闻名的画家。通过比较游记中的某些信息和西亚赫·卡拉姆的画作，可以发现文字记载和其画作有很多的对应之处，得出的推论便是两种作品均出自同一人之手，前者用的是文字记录，后者则是用绘画。

二

沙哈鲁的使团于公元 1419 年被派往中国，并于公元 1422 年回到赫拉特，历经两年两个月。吉约索尔·丁在自己的游记中提到，他们来到了一座城，那里有一座佛寺，寺周围布满了大大小小的佛像，寺门上可以看到二鬼相斗的图像。在西亚赫·卡拉姆的画中也多次重复出现魔鬼的形象，画中它们动作各不相同，比如就有两个相互打斗的魔鬼，其中一个掐住了另一个的脖子，正在用匕首进行攻击。（见图 3）

这些魔鬼的不同动作包括：有的在锯木、劫持人，有的用木头驱赶驴（其中一个拉住了驴尾巴），有的站立着倚在一根拐杖上（其尾部向龙一样盘在腿上），有的在拉胡琴（另一个在向它递酒杯致意），有的抱着一匹马，有的正与其他魔鬼摔角……这些画作的每一幅都有它特殊的宗教和社会的涵义，有可能西亚赫·卡拉姆是临摹了某些寺庙的壁画创作出来的。吉约索尔·丁在自己的游记中还写到，他们曾穿过沙漠来到一处有很多野生狮子和牛的地方。野牛中的一头向骑马人发起了攻击，将其掀下鞍，并用角将骑手顶死，该骑手被牛顶了很长时间。同样，在西亚赫·卡拉姆的一幅画中也可看见一头狮子和一头牛正在相互攻击（图 5）。必须指出的是，帖木儿王朝时期从西域带往中国的贡物中就有不少狮子。[8]

吉约索尔·丁还写道，在某地的居民举行庆祝仪式，邀请客人们参加。庆祝仪式中，人们用厚纸板做成各种动物模样的面具带上，跳起舞来，在作者

图 3：《正在相互攻击的魔鬼》，24×22，西亚赫·卡拉姆作品，公元 15 世纪初

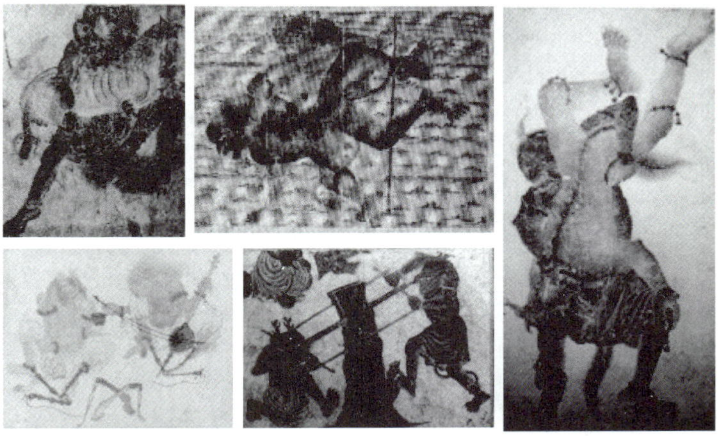

图 4-1 至图 4-5：西亚赫·卡拉姆作品中各种不同动作的魔鬼形象，作品收藏于托普卡帕博物馆

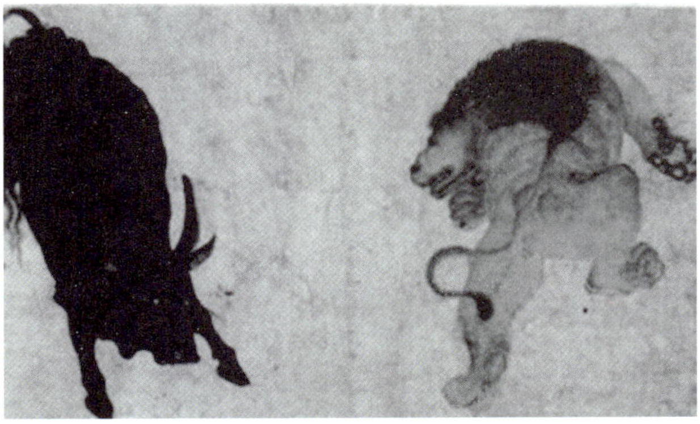

图 5：《狮子与牛相互攻击》，14×25，公元 15 世纪，收藏于托普卡帕博物馆

看来仿佛是真的动物在面前跳舞。在西亚赫·卡拉姆的画中可以见到很多类似的场景，魔鬼们边跳舞边拉胡琴，做出各种古怪的动作。

图 6：《正在跳舞和跺脚的妖魔们》22×48，西亚赫·卡拉姆作品，收藏于托普卡帕博物馆

西亚赫·卡拉姆的其他画作中表现了诸如狼、虎、豹、山羊等动物的各种状态。（图 7）而在吉约索尔·丁的游记中也有很多关于城市中寺庙的壁画的记载，提到僧侣们的拜佛修行，虎、豹、龙等动物形象，各种树木以及佛寺和佛塔等。

在西亚赫·卡拉姆的画作中有一种图案，由两条盘踞于树间的龙和在它们上方飞翔的凤凰组成（图 8）。吉约索尔·丁则在游记中描述到，自己曾在中国皇帝三角形的宝座上见过这种类似的装饰图案，同时，在一些华盖的锦缎上也织有四条龙相戏的图案，而类似这种样式的图案同样可以在西亚赫·卡拉姆的画中看见（参见图 9、10、11），几条龙相互缠绕在一起，与天使们在缠斗。

在其他的画中，我们还可以看见欢庆之夜燃放烟火的场景。在其中一幅（图 12）中，两个人在做着旋转烟火的动作，中央烟火周围的蜡烛向外喷射着火星，旋转着像是太阳一般。在另一幅图（图 13）中，一个人物在向另一个撒出火星状的东西。这些也在吉约索尔·丁的游记中提到，据惯例，在中国庆典时往往是要点七昼夜灯的。

图 7：《动物的研究》，西亚赫·卡拉姆作品，公元 15 世纪，收藏于托普卡帕博物馆

根据他的记载，庆典之夜男孩女孩们要跳舞欢庆，身穿锦缎织的服装，手拿或者头戴纸制或丝绸料制作的花草，这样的场景可以在图 14 中见到。

在西亚赫·卡拉姆的画中，有两幅

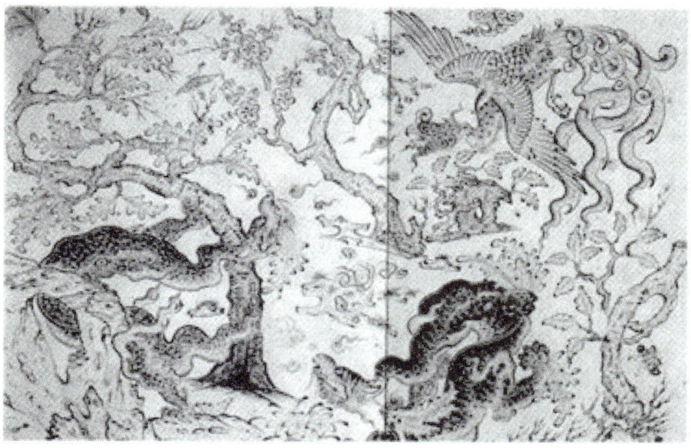

图 8：《龙凤图》

图 9：《两只神话动物的争斗》

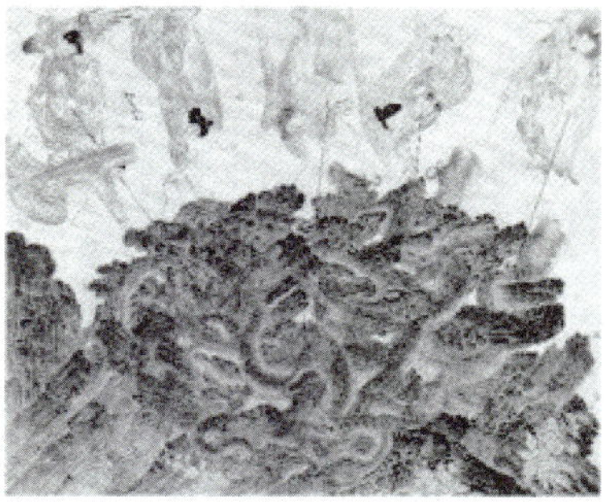

图 10：《众天使套九头蛇》

图 11：《蛇》，用作动物研究

以上均为西亚赫·卡拉姆作品，公元 15 世纪，收藏于托普卡帕博物馆

作品，其中之一画的是一位中国骑手，手臂上停着一只猎鹰，画中骑手仿佛正在撒鹰狩猎（图 15）；另一幅图表现的是一群人正在群山间追寻猎物，前面的人物手中也有一只同样的猎鹰，正准备撒鹰打猎（图 16）。十分巧合的是，吉约索尔·丁也在游记中提到，中国皇帝准许他的使者使用猎鹰狩猎。

图 12：《旋转的焰火》，15×22，西亚赫·卡拉姆作品，公元 15 世纪，收藏于托普卡帕博物馆

西亚赫·卡拉姆的作品中还有一幅画，内容是一匹倒地的马和落马的手拿鞭子的黑皮肤马倌（图 17）。在沙哈鲁

赠送给中国皇帝的礼物中就有几匹马，当中国皇帝骑上沙哈鲁赠的马时，马儿受惊使得皇帝落马，皇帝龙颜不悦。可能这幅图中的马就是使皇帝落马的那匹，画中黑皮肤的马倌正在驯服它。

在西亚赫 · 卡拉姆的画中还表现出这样一幅场景，当使团来到城下的时候，城周围为了建造或者修缮搭起了木制的脚手架，一些工人正在锯木头、运送木料。（图 19）

沙哈鲁派往中国的使团人数约为 500 人，其

图 13：《两个正在交谈的人》，20×23，西亚赫 · 卡拉姆作品，公元 15 世纪，收藏于托普卡帕博物馆

图 14：《正在为听众吹奏笛子的女乐师》，谢黑（Sheikh ī）作品，土库曼白羊王朝风格，收藏于托普卡帕博物馆

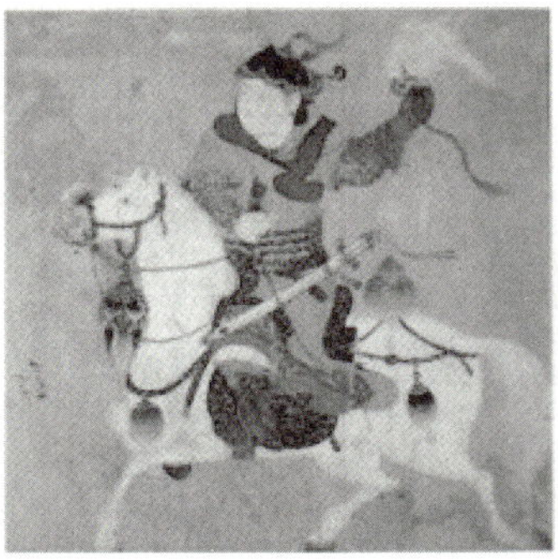

图 15：《猎人们在山间追寻猎物》，西亚赫 · 卡拉姆作品，公元 15 世纪，收藏于托普卡帕博物馆

图 16：《土库曼白羊王朝所藏片断》，西亚赫 · 卡拉姆作品，公元 15 世纪，收藏于托普卡帕博物馆

中多数由工匠，或者用吉约索尔 · 丁的话来说，由随从组成，有时商人们也因为随行出访的便利而跟随团员出行。其中，吉约索尔 · 丁自己就有约 150 人左右的随从，由各色人等组成，包括黑种人、黄种人等，而且男女都有。西亚赫 · 卡拉姆有数十幅画描绘这些人的作品，画面上有的忙于劳动或聊天，有的围着火堆而坐，手里拿着烟斗、

马具或拐杖，像是商人模样。在一系列图中，有些商人身着华丽的服装，头戴貂皮帽或者有当时商人特色的帽子。几乎可以确定这些穿着商人服装的人物就是当时随使团一同出访中国的商人们。吉约索尔·丁在自己前往中国的路上近距离地观察过各种人，

图 17：《驯马》，15×25，西亚赫·卡拉姆作品，公元 15 世纪，收藏于托普卡帕博物馆

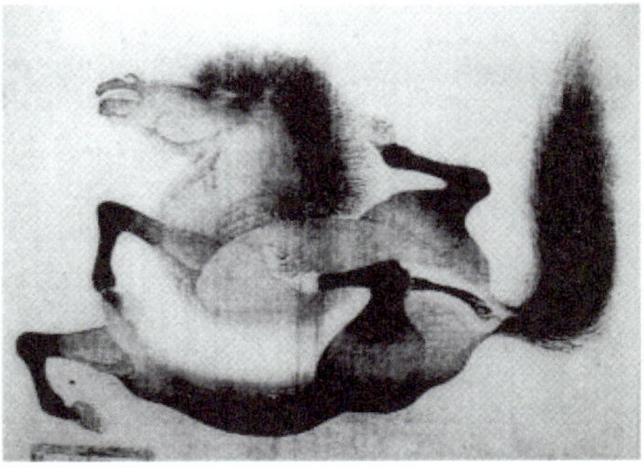

图 18：《打滚的马》，唐代，立轴，绢本着色（注：图片已被颠倒过来，以便于比较）

并将他们画了下来。那些人散居于河外地区的广袤地域中，与自己的牲畜如驴、马等生活在某座城市或者干旱的荒漠之中。

图 19：《正在忙碌的建筑工人》，21×24，西亚赫·卡拉姆作品，收藏于托普卡帕博物馆

这些对于西亚赫·卡拉姆抑或吉约索尔·丁来说，是表现自己艺术想象的素材，而对于白松格尔·米尔扎来说，则是充满吸引力和令人喜爱的。于是在画家回国后，米尔扎下令将这些画编成册。

最普通而真实的事件应该是描绘身边的世界，因此，在这些画中很少能看到幻想的内容。画家描绘下来的那些装饰性细节，或者虚构或者真实的故事，都是他在寺庙的门或墙上或者旅途中亲眼见到的，当然也都带有其个人的创意性风格。我们就此可以推知，仿佛他很希望在尽可能短的时间内用毛笔将看到的事物和人物捕捉与记录下来，因此大体上属于一种不打草稿的画法。画面充满动感，给人以欣然的愉悦感。虽然长期以来，西亚赫·卡拉姆在伊朗绘画史上

的影响并不大，因为在宫廷画家看来，他的作品都属于日常的纪实性质，不能在其中找到技巧性的要素或很成熟的内容，这样的绘画风格也从来没有出现在正统的波斯美术传统中，因此它们被单独归为一派，但无论如何，西亚赫·卡拉姆抑或吉约索尔·丁都是一位有独立风格的、出色的波斯画家。这些绘画作品向我们展示了一个不熟悉的世界，画面表现的是草原地区人民的包罗万象的信息，比如当时的服装和衣帽种类、工具和防身武器，以及当地的各种动物样态，牧民们的营地和他们的日常生活、宗教信仰，由此而为后人留下了宝贵的历史记录。

三

其中，值得注意的一点是，在西亚赫·卡拉姆的作品中，妖魔的存在具有中心的地位，它们像是幻想世界里的怪物，周身燃烧着火焰，表现出奇怪而强大的样子。

在此，我们也可将西亚赫·卡拉姆的这些作品与元代画家颜辉、龚开和周臣的作品做一比较，后几位中国画家也有描绘神仙鬼怪内容的一些传世佳作。

据传，这种存在物吸收了自然界神秘的力量后转变成了某种类型的妖魔。在很多画中，它们被画成群体举行仪式的样子。它们抢夺马匹并且用作牺牲，由于狂喜和迷醉而做出有节奏的动作，疯狂地舞蹈，以此进行仪式或某种宗教典礼。所有的这些因素均暗指某种不信神的行为和偶像崇拜，与人类文明初期的祭司和巫师的信仰有很大的联系。

同样，在西亚赫·卡拉姆的绘画艺术中，上述要素也体现在他所经常描绘的人物的脸上，从中可以见出他们饱经风霜的苦楚。这种心理体验表现在他们动人的脸上，也表现在他们强劲有力的动作中，由此我们可以看到，中国古代的艺术对西亚赫·卡拉姆作品所产生了影响，这些影响既体现在图像上，也体现在画作的构图和结构上。毫无疑问，他在设计自己的作品，特别是设计人物动作和脸部时，参照了中国画的样本，

图 20：元代 龚开《中山出游图》，手卷，纸上墨画，美国华盛顿弗利尔（Freer）美术馆

并且也从中借鉴了巧妙控制线条等方法。

但从另一方面看，在他的画风中却几乎不存在那种远东地区特有的抒情感，他在画中展示出的那种富有强力动态性与表现力的艺术情趣，与东方一般而推崇的矜持而含蓄的美学观念是有较大区别的。从某种角度看，他的作品还融入了一些较为明显的讽刺画的特征，甚至是现实主义的创作精神。当然，尽管在他的画中所见的人物往往被表现得较为夸张，以致身体部位及关节都会歪斜，但如果说这完全是因为要对人物进行讽刺而故意为之，也不完全正确。其实这种夸张而富有表现力的身体动作，卡拉姆在创作动物形象时也用到过。画的边缘用显著的线条区分，这样构图就很容易从大型的画卷中突显出来，同时使得排列更为有序些。遗憾的是，这些画的一些部分在画卷被分割之后已经消失了，使得完全复原这些画变得几乎不可能，从而也为我们进一步探讨他的艺术风格带来了一些困难。

图 21、22：《宰牲 / 交谈的两个魔鬼》，西亚赫 · 卡拉姆作品，公元 15 世纪，收藏于托普卡帕博物馆

一直以来，东方学家们都认为插图能够在讲述故事的时候激发听众们的想象，可能公元 14 世纪初在中亚这种方法曾被用到。由此看来，西亚赫 · 卡拉姆后来创作的某些卷轴画，也是于此用意相关，比如下面这幅《猫》，便具有这一特征。

图 25：《猫》，西亚赫 · 卡拉姆风格的作品，公元 15 世纪，土耳其托普卡帕博物馆

在另一方面，正如我们所见，西亚赫 · 卡拉姆的绘画艺术往往着重在表现和展示人们的身份和性格，因此也与木偶剧艺术有密切的联系，这也使得在他画作的主要场景中，起重要作用的是人物的动作、情绪和服装。人物被表现得仿佛是每一个都独自出现在空的场景中，显得严谨而小心翼翼，仿佛是在舞台上表演一般。每个人物的细节不仅不隐蔽，反而完全是

图 24：《新婚游行》，大不里士或巴格达，约 1350-1370 年卷轴残片，西亚赫 · 卡拉姆作品，收藏于托普卡帕博物馆

显而易见的。由此看来，可以将西亚赫 · 卡拉姆的绘画艺术首先看作视觉艺术，然后才注重于作为叙述内容的故事。这也决定了西亚赫 · 卡拉姆的绘画艺术的首要目标是将故事中的人物画得栩栩如生，从而在创作人物时运用了非常夸张的手法，借此而可以将英雄人物从他们身上发生的各种事件中解放出来，置于一个没有景深的二维环境中，这可以说是几乎没有先例的。

虽然由于时空的不同，这些画作已经失去当时的意义，成了博物馆中的藏品，我们也很难察知他在创作这些作品时的心理机制，但幸运的是，最近人们已开始重新认识它们的价值，并了解到它们的非凡重要性。

（作者单位：伊朗国家艺术研究院）

注释：

[1] （汉）班固：《汉书》卷 96 上，北京：中华书局 1999 年版，页 2867。

[2] 《先知登霄书》（*Merājnāmeh*），帖木儿王朝沙哈鲁时期编写的一本宗教书籍，内容为先知的生平。

[3] 卡布昌（Ghabchān）是公元 12 世纪中叶生活在黑海沿岸草原的一支突厥人部落，直到被蒙古人攻占。、

[4] 波斯帖木儿王朝时期的政治家，波斯国王沙哈鲁之子。

[5] 波斯帖木儿王朝时期的画师。

[6] 哈菲兹 · 阿布鲁为波斯帖木儿王朝时期的主要历史学家。其卒于公元 1429 年，著有《历史精选》和《王朝历史全集》，后者是拉希德 · 丁《史集》蒙古史部分的延续和补充。

[7] 公元 15 世纪统治了波斯的土库曼人王朝。

[8] 永乐年间，西域诸国有由海路进贡狮子的，记载见于《明实录》。如永乐十七年（公元 1419 年），从忽鲁谟斯（即霍尔木兹，帖木儿时期曾归属于帖木儿帝国）由海路向明朝贡狮子。

现代欧洲旅行书写中的新疆形象

——从文化研究的视域看

张文瑜

摘要：虽然对中国边域的书写由来已久，但新疆在世界舞台的展现主要源自于19世纪末至20世纪中期的一批欧洲旅行书写。本文采用文化研究的视角与方法，以这些西方人所塑造的新疆形象的起源性文本为重点，探索了一批欧洲游记的主要特征，及其将新疆书写为地理探险的未知之地、寻宝乐园的开放之地，以及古老土地所采用的书写策略和内在动因。

关键词：旅行书写 新疆形象 汉学 文化研究

随着“一带一路”倡议的推进，新疆以其优越的地理位置，在中外交流史研究中占据独特的地位，新疆的国际形象问题也日渐凸显。西方人眼中的新疆究竟是怎样的？需要做一个历史性回溯的探究。因为区域形象，作为一种政治与文化的图景，势必与过去有着某种联系：一方面，如文化批评者爱德华·萨义德所言，过去也许并没有真正过去，而是换了一种存在形式，因而“阐释当下最常用的策略便是求助于过去”，[1] 现代形象学研究者孟华也认为，异域形象具有“心态史或思想史”的特质而具有传承性[2]；另一方面，具体地看，新疆在世界舞台上的真正展现，在早期主要源自19世纪末至20世纪中期的一批欧洲旅行书写，这些作品的影响非常深远，不仅成为后来欧美人士对现代新疆进行社会政治表述的主要参照物，以及认知新疆的重要窗口，也是西方用以建构现代新疆形象的起源性文本。然而，到目前为止，这批旅行书写大多为史学研究者所利用，用以“复原”彼时新疆的面貌，甚至于如新疆导演宁照宇在基于20世纪初欧洲的五位探险家的游记拍摄的《百年新疆——新疆的历史》中所称，借此展现了新疆百年的变化。笔者并不否认，这些西方游记在一定程度上反映了20世纪上半叶新疆的社会与人文面貌，但从文化研究的视角看，这些到中国内陆与边疆来的欧洲旅行者，其书写绝不会限于对旅行地做单纯的表象式复录，而是必然带有某种既定的观念来观察这一陌生之地，从而使其文本成为由这种观念所过滤与加工过的产物；当然，也非只是凭借一系列自己的民族记忆所展开的对他者所做的集体想象，在更多的情况下会成为母国欲望的投射与旅行地自身地域特色相协商的结果。循此，笔者基于这一文化研究视角，试以上述时期欧洲人书写的新疆游记为主要对象，探寻现代欧洲旅行书写是如何将新疆建构为一诱惑之地——地理探险的未知之地、寻宝乐园的开放之地、古老土地，同时结合彼时的具体语境，探讨这一形象产生的动因及其效果。

一、未知之地的“王者”

从旅行文本中探寻欧洲旅行者对新疆形象的书写，最不容忽视的一个人物便是瑞典探险家斯文·赫定（Sven Hedin）。他是这一时期较早来疆的欧洲旅行者，不仅多次来疆，而且著述颇丰。从1890年到1935年的45年间，他先后五次来到中国进行探险：第一次和第二次探险活动主要是在新疆进行的，第三次的主要目标是西藏，最后两次是西北地区的探险，也包括新疆的部分地区。他的首次中国之行，是经当时的俄国而抵达新疆的历史名城喀什，并在那里开始了沙漠与雪山的探险与测量。他曾数次攀登“冰山之父”慕士塔格峰（这座山峰的命名与称谓均来自赫定），多次横穿塔克拉玛干沙漠，到达“死亡之海”罗布泊，并将之定义为移动的湖。此外，他还是首个发现楼兰古城遗址的欧洲人。不久，他对新疆的探险与“发现”引起了世界性的轰动，而他的游记则吸引了诸多国家的探险者来到新疆，与此同时，他的旅行文本也常为后来的欧洲旅行者所征引，由此而奠定了欧洲人对新疆的早期印象与书写范式。

作为一位地理探险者，赫定首先将新疆界定为“未知之地”。在其看来，新疆之所以是未知之地，是因为在欧洲的地图上，它依然是一片空白。自19世纪以来，欧洲的浪漫主义热情为帝国主义信心所强化，从而开始了在全球进行内陆探险，以完成一个填补地图上所有空白或间隙的全球性想象计划。在尼罗河源头探险与极地探险结束后，中亚——欧洲绘制的世界地图上唯一的空白地——成为新的探险焦点，而中国的新疆正处于这一中亚腹地的中心。正是在这种语境之下，赫定开启了新疆之行，并明确表示，自己中亚之行的目标，即是“亲自踏勘欧洲人从未涉足过的路径”[3]。他将首个探险目标设定在新疆的塔克拉玛干沙漠，并将之描绘为不断召唤他，让他置生死于度外的诱惑之地。对此，他作出如下的解释：

尽管保存最详尽的亚洲内陆地图上指出，新疆东部沙漠是否真的存在还有待证明，因为从来没有欧洲人到那里旅行，有鉴于此，实地勘察这块位处地球一方的真相，就变成地理研究上一个尚未完成的任务。此外，根据传说，此地留有古文明的遗迹，如今完全埋没在飘忽不定的滚滚黄沙中，这种说法也应该存疑。[4]

这段文字清晰地表明了赫定新疆之行的目的：一是作为欧洲意义上的地理探考，一是进行考古寻宝，而且，他的表述也明确了其所具有的欧洲立场。他强调塔克拉玛干沙漠仍然存在的真伪性，是因为没有欧洲人到过那里，也就是说，这是一块“未知之地”。而所谓的欧洲人未涉足之地，其实是从欧洲的视角来看的，而非中国的视角，因为此处沙漠的存在，在《后汉书》中便有记载；而且，玄奘的《大唐西域记》也对之有细致的描述，根据以上的文字，赫定显然是读过这一游记的，由此，他的塔克拉玛干沙漠之行是想在欧洲地图的空白处绘制或标识出其地貌，由此而从文本层面与意识层面将中国新疆纳入欧洲的世界秩序之中。至此可以看出，欧洲旅行者虽然是以科学的名义进行探险，并“客观地”书写新疆，貌似具有某种中立性，但是这种“强调不站在任何立场上阐述任何观点，往往意味着是站在西方人的立场上阐述观点”[5]。准确地说，所谓的“未知之地”这一地理问题，仍然是欧洲的问题，而非中国的问题。

同样地，赫定还在其游记中详述了另一“未知之地”——罗布泊，这里的未知，是指罗布泊的地理位置在欧洲的不确定性。俄国探险旅行者尼科莱·米哈伊洛维奇·普尔热瓦尔斯基(Nikolay Mikhaylovich Przhevalsky)在1877年宣称他找到了罗布泊，并指出中国地图上的罗布泊位置有误，这引起了欧洲地理学界与汉学界的广泛争议。[6]正是在持续论战的背景之下，赫定两次来到罗布荒原。在考察报告《罗布泊探秘》（1905年）中，他详细地描述了如何采用与前人不同的罗布泊探查线路，以塔里木水系的探寻为切入点，踏勘罗布泊的具体位置的。他首先了解了中国一些古籍对罗布泊的记载，获悉古籍会根据罗布泊地形特点命名，如《山海经》中称之为“坳泽”“盐泽”，《史记》和《汉书》则根据其地理位置称之为“蒲昌海”，然后采用了科学仪器测量了罗布荒原的高度，最后明确宣称中国清初绘制的“武昌府地图”上所标示出的罗布泊的位置是正确的[7]。在他1925年出版的回忆录中再次坦承，“武昌府地图”所标出的罗布泊位置是准确的，而且“几百年来，中国人早已知晓罗布泊的存在，也清楚它的地理位置，这从中国在诸多不同时期所绘制的地图上，罗布泊都已标示出来足以证明。”[8]由此可见，赫定本着科学态度对罗布泊的位置的确定，仍然是在欧洲所绘制的世界地图上的定位，依然是为了在欧洲地图中准确标出他者之地。当然，从罗布泊位置的争论之中，我们可以管窥到欧洲地理界对中国地图绘制工作的不信任。

自然地理自身是沉默的，但对之的发现与命名却可体现出一种权威力量的实施。以英国驻喀什领事夫人戴安娜·希普顿（Diana Shipton）在《古老的土地》（*The Antique Land*，1950）中对一处穹形山的追寻经历为例，这位女士原是带着对新疆高山的迷恋与想象来到此地的，后即随其夫对喀什周边的山脉进行过多次探险，在他们六次寻找穹形山的记述中，她反复地强调，当地人并不知晓这一地方。在第二次探险中，他们将这条山脉“命名为图舒库塔格，或叫洞窟山”[9]，在六次尝试之后，当他们意外找寻到了穹形山时，戴安娜除了对奇异山景进行描述外，也再次强调：“我们见过的当地人中，没有一人知道这个地方，我们愿意怀有这样一个幻觉，即我们是第一个到达这个秘密山谷的人，无论怎样，没有向导，我们是自己找到它的”[10]。这种发现与命名的话语策略常见于早期欧洲人的异域游记之中（如对美洲、澳洲等地域的命名），借此显示出自己作为自然征服者的权力与荣耀，可称为是对“他者”的一种占有式书写。

对“未知之地”的探险，又总是与颇具浪漫主义色彩的英雄气概联系在一起的，因此而往往会将一种“蔑视”感注入对象身上，并借此在“主体”/“他者”之间划定出了一种人格上的界限，即一方是充满活力，乐于挑战的欧洲人，另一方则是懦弱、匍匐于自然威力之下的当地人。尽管赫定在游记中也一再地写到当地人的热情、纯朴、聪明与各种能力，但这些在具有优越感的欧洲白人面前则顿然失色。如在对第一次穿越塔克拉玛干沙漠“死亡之旅”的书写中，他的勇敢、睿智与顽强与当地人的怕死、怯懦与自私便形成了鲜明的对比。在他最终找到和田河床附近的池塘而获救后，不禁感慨：“三个星期前浩浩荡荡出发的旅队当中，只有我这个欧洲人支撑到获救的那一刻”，并由此将自己标榜为“现代鲁滨逊”[11]。在他招募的随从中，尽管也有一位名为伊斯兰的当地随从，不仅具有极强的意志力与方向感，且对之忠心耿耿，但他在游记中特意指明伊斯兰的国籍是俄国。

赫定这种身份上的优越感还表现在他所描绘的各种场景中，无论是在当地人还是外国官员，抑或是中国官员的面前，他都是以贵客的形象出现的。因为他是一个欧洲人，他们可以随意行走、发掘，而不受中国法律的约束，甚至于也不需要护照！以赫定的记述为例，在他冒险拜见中国的总督并坦承自己没有护照时，这位彬彬有礼的绅士居然脸上堆满笑容，说道："护照！你不需要护照，你是我们的朋友和贵宾。你本身就是一本护照了！"[12]他甚至于在面对无垠的沙漠时宣称："对于我所观察到的一切事物，我觉得自己像个自古无上的君王"[13]，他的感慨与"所看之处，皆属王土"（The monarch of all I survey）[14]这一典型帝国旅行话语是何其一致。也正是通过一个个事件中的专家、英雄和王者形象，赫定将中国新疆演变为了进行自我权威建构的空间。

这种以欧洲权威进行自我标榜的叙事，也在后来其他欧洲人的新疆旅行书写之中多有可见，如后驻喀什的英国领事夫人凯瑟琳·马嘎特尼（Catherine Macartney）与戴安娜均在自己的行记中描绘了自己所及之处，当地名流或百姓是如何倾其所有、热情款待，将自己视为无上之尊者的，她们与当地人之间的关系被描绘为一种典型的主仆形象。虽然他们到达的是一个"未知之地"，但通过书写所表达与确定的却是一种征服欲，由此也确立了欧洲旅行者在中国新疆的王者权威。此种叙述方式也一直延续到了上世纪 50 年代欧洲人的新疆游记之中。

由此可见，虽然这些科考游记也保留了大量事实性的外观，但凌驾其上的却是一种欧洲人格的力量，故此，对异域形象的描述也必然会"服从于一些强制性规则，这些规则可通过注视者文化的状态以及注视者文化与被注视者文化之间的力量关系而得到解释。"[15]。从中我们看到，自 19 世纪末的欧洲游记中将新疆书写为一处富有吸引力的"未知之地"始，便在其上投射出了欧洲之于新疆的某种情感结构。新疆在原来欧洲人的心目中，只是草原、高山、沙漠和驼队，气候恶劣、景色粗糙、荒凉，因而缺乏吸引力[16]，然而在 19 世纪中叶这一特定的历史时期，却因特殊的地理位置引起了外界的高度关注，同时，它也是英俄两大帝国争夺战的前沿地段，由此而成为一片欲望之地。事实上，"未知之地"这一形象仅仅是一个建构的产物，在欧洲人的书写中，不仅掩盖了当地人与居住地的土地关系，而且将当地人抹除在居住地的历史之外，在将之宣称为无人认领地之后，便可以堂而皇之地以各种方式去占据之，从这一层面看，也借此而满足了彼时欧洲对于新疆的占有欲望。

二、寻宝开放地

在将新疆书写为“未知之地”，以满足欧人的探险欲望的同时，赫定也开始践行他新疆之行的第二个目的——寻宝，即试图发现被沙漠掩埋的古城。从殖民史的谱系上看，这也是欧洲列国在东南亚和南美洲等殖民地考古热潮的延伸。中国高僧玄奘的《大唐西域记》分别于1857年由斯坦尼斯拉斯·儒莲（Stanislas Julie）翻译成法文，1884年由英国伦敦大学中文教授塞缪尔·毕尔（Samuel Beal）翻译成英文并出版，成为欧陆畅销书，其中关于风沙一夜掩埋三百多个城池的传说引发了欧洲考古学者极大的兴趣，奥雷尔·斯坦因（Auriel Stein）也是被这一记录所吸引而前往新疆的。与此同时，在各殖民地考古挖掘的丰硕成果也激发了欧洲人对于新疆的考古迷恋。正是在这些特定语境下，新疆不仅成为一个被凝视、被言说的对象，而且也成为一个被看作是充满地下宝藏，并可亲临现场的探寻之地。与之相随，古代的新疆形象——丝绸之路，也开始为现代欧洲探险者不断改写。

在赫定自己的旅行书写中可以看到，沙漠古城的各种传说，如带着魔咒的金币、沙漠中类似于“塞壬歌声”的呼唤与交谈（《马可·波罗》游记也有记载），让其对这片戈壁的欲望与日俱增，他无法抵抗它的神秘诱惑，并几乎到了痴迷的地步。令赫定不无欣慰的是，他的沙漠探险成果让一切冒险都成为值得的：1896年1月14日，他们在沙漠中发现了一座城池遗址，并将之命名为塔克拉玛干（后被称为丹丹乌里克遗址）。这一城池与赫定之前遇到的沙漠中的定居点遗址有所不同：之前的居住点是由黏土建成的，而这个城池却是由杨木构造的，甚至没有任何黏土与石头的痕迹，而且还有完备的灌溉系统；之后，他们又在沙漠中找到黑山遗址；1901年，赫定在罗布荒原发现了震惊世界的楼兰遗址，并对之实施了挖掘，文书、壁画、塑像等所得之物被八匹骆驼驮运，不受任何阻挠地运回到欧洲。赫定对沙埋古城的发现竟然如此轻易，且都受到了当地人的帮助，并在此地获得了如此多的古物，等于是将一个过去无人问津的新疆陡然间变成了一片宝藏遍野的诱惑之地，吸引了各路的探险考古者，也成为欧洲东方学学者瞩目的中心。

20世纪初，新疆考古热中较为著名、著有游记记录下他们的考古经历并猎获大量文物者有英国的斯坦因（Marc Aurel Stein）、法国的伯希和（Paul Pelliot）、德国的阿尔伯特·冯·勒柯克 (Albert von Le Coq) 等。从斯坦因的旅行书写可知，他是受到玄奘与马可·波罗描述的诱引来到新疆的。依循赫定提供的地图，他找到沙漠中的古城，并对之进行了长时间、大规模的挖掘。1901 年，他在沙漠腹地发现尼雅遗址，找到了数百件保存近乎完整的汉文木简和写满了佉卢文的楔形木牍，以及大量写在羊皮上的完整的佉卢文文书。此外，他还发现了印有众多古希腊神话人物浮雕头像的封泥。[17]他的诸多考古发现为古代新疆作为东西方文化的一处交汇之地提供了确凿证据，从而也在某种程度上改变了人们对新疆的旧有认知，原来印象中的荒漠转换为一处曾有着高度文明之地。在这些信息的刺激下，法国东方学家伯希和也在不久后率队来到新疆，并在其旅行书写中记录下了他的考古活动，其中最为著名的事件便是 1906 年在图木舒克发现库车绿洲西沿唯一一处佛教大型遗址群，并在该地挖掘出希腊 - 佛教风格的陶俑，随后又在库车发现多种古文书。[18] 德国勒柯克则是沿丝绸古道，先后四次在吐鲁番与库车进行探险考古，从洞窟壁上锯走大批壁画，并将所得的全部文物顺利地运回德国。[19]他们的游记基本遵循了赫定的考古叙事模式：发现遗址——大规模、长时间的挖掘——轻易地运至欧洲，而新疆作为一考古开放地的形象也由此而固定下来并传播开去。

新疆作为考古开放地的形象在另一类常见的帝国话语修辞——宝藏的发现者即是宝藏的所有者——之中得以完整展现。英国军官鲍尔（Captain Bower）在 1890 年便曾从库车当地人手中获得一册写在桦树皮上的文书，并将之带回印度，经东方学者鉴定，此乃用婆罗迷文字（古代印度梵语）抄写的医药与巫术书，是无价之宝，至此，这本桦树皮古书便命名为“鲍尔古本”，并由鲍尔私自占有。赫定、斯坦因、伯希和的游记叙事等也均采用了发现、命名遗址并占有文物的这一帝国修辞。凯瑟琳在她归国后所著的旅居新疆回忆录中，更是采用了谁发现就归谁的逻辑，认为欧洲探险者从废墟遗址处带回的文物，自然是他们“辛劳所得的丰厚回报”[20]。文学批评学者大卫·斯珀（David Spurr）将这类帝国话语称为“占有 / 盗用（appropriation)”，并进一步指出，支配这一话语的主导思想便是所有的一切都“属于‘文明’和‘人类’，而非当地居民”，而在社会达尔文思想的主导下，欧洲人认为欧洲是最能代表“文明”与“人类”的，因此，西方人便成了地球的合法继承者，可以剥夺非西方的本地民对自己土地和资源的所有权、使用权。当然，“这种占有或盗用通常会被转化为是应当地居民的要求而为之”。[21] 如在“鲍尔古书”的发现与占有叙事中，这一事件被描绘为是当地的一位维吾尔中年人用桦树皮文书作为诱饵，反复要求鲍尔与他在夜晚前往苏巴什古城遗址寻宝而最终所得。而斯坦因和勒柯克的描述，也强调了是新疆的当地民主动找到他们，向他们出售文书，或为他们提供各种古迹信息，充当领路人和文物挖掘工等，才最后完成文物的归属。

正是这一修辞策略使得新疆作为探险寻宝开放地这一形象不断固化，并在欧洲急速传播，使二战前的欧洲游记将西方的异域考古自然化，进而将“占有”这一概念合法化，新疆为此在西方人的心目中成了一处失去国界的，同时也是开放的、无人管辖的区域[22]。

三、古老的土地

在将新疆书写为“考古开放地”的同时，势必会引用考古式的话语（archeaological / antiquarian discourse),[23] 重点呈现新疆的古老，因而新疆作为“古老土地”的形象也广为流传。比如斯坦因、伯希和和勒柯克等欧洲考古学家均在对新疆发现的各种遗址与古物的分析中，得出了以下结论：古代新疆不仅具有高度文明，且是三大古老文明——古希腊罗马、中国和印度文明的汇聚之地。三大古文明在此同时存在，缠绕并相互影响（甚至还受到了波斯文化的影响），由此形成了独特的文化风貌。这一“古老的土地”意象定格于以上考古者拍摄和绘制的古迹废墟的画面中，书写于其他欧洲旅行者的行纪中。首位英国驻喀什的领事夫人凯瑟琳在 1898 年来到新疆喀什，强调自己的旅行方式与 13 世纪的马可波罗是一样的；1929 年来到喀什研究维吾尔语言的德国学生贡达尔 · 雅林（Gunnar Jarring），在他的游记中将新疆喀什定位到 13 世纪；1946 年来到新疆的最后一位领事夫人戴安娜，其新疆游记的书名就是《古老的土地》。以上三位旅居人士，以独特的生活圈子和观察视角，使得他们的旅行记与之前采用的单纯探险考古的路线叙事风格有所不同，而是将自己的旅居生活切成若干主题片段，讲述当地的风土人情、自然景观和自己的感受，因而他们会多偏向于对新疆南部日常生活层面的呈现，并在这一特定的维度上强化着新疆的古老景观。

凯瑟琳的成长环境与身份转化使得她在游记中常常会将新疆喀什与英国相比较，从而出现了诸多二元对立，凸显出了新疆的古老性。她本是英国苏格兰某一村庄的“家中天使”，一位“腼腆、缺乏冒险精神的女孩，从未离开过家，甚至从未想过要出去看世界”，然而她与乔治 · 马嘎特尼（George Macartney）的婚姻让她必须要穿越中亚，在新疆旅居 17 年，这对她是“伟大的探险”、性情与婚姻的考验。[24] 因而在她的世界中，丈夫与家庭是她生活的一切，而她居住过的地方就是苏格兰的家和喀什的家，她常常会将英国的家作为内在的参照物，对喀什的一切作出比较与评判。她初至喀什，对其住所“秦尼巴克”（Chini-Bagh 意为“中国花园”）进行欧洲化改造，处处表呈这种对比：“家具是非常原始的（primitive), 当然，都是手工制作的，没有刷漆，因为这里压根就没有油漆或清漆。椅子也很原始。”[25]凯瑟琳的描述性用语透露出一种典型的二元对立：本地的 = 原始的 = 手工的，与欧洲的 = 工业化的相对立。从文化研究的视角看，“原始”这一词语本身就具有时间的内涵，是某一时间阶段的具体化，表示发展次序的一个阶段，是过去的标识。而且，文化人类学者乔汉尼斯 · 费边（Johannes Fabian）认为，“原始基本上是西方思想的一个时间观念、一个范畴，而不是对象客体。”[26] 如是，“原始”没有现实对应物，只是西方人类学家为研究而建构的范畴或概念，只是一种指示幻觉，与现实中的所指物关涉甚少。费边对“原始”一词的辨析与萨义德对“东方”的解释具有异曲同工之妙：将“原始”或“东方”看作是西方话语为制造自己的研究客体而进行的建构，不具有现实世界的指涉，或与现实世界关涉甚少。此外，在对整个房屋的外形进行描述时，她也非常直接的评价道：“根据我的英国观念，这所房子非常古怪（quaint）……像所有的当地住宅一样，它没有窗户，房间是依靠天窗来采光的。东方的房屋（Eastern houses）总是看上去单调可怖，从外面只能看到一面高高的土墙。”[27]“quaint”意为“奇怪而又过时的”，这一含有时间意味和价值评判语词的使用，强化了新疆的古老意象，而没有窗户，依靠天窗采光，更易让人联想到原始时期的居住形式：地窑或地窝子。对“东方房屋”的评判更是一种概述性的，因为这句话，在主要采用一般过去时的回忆录中使用了一般现在时态，这一时态表明，她不是在描述她当时看到的东边的房屋状况（汉译本中，译者将“Eastern” 译为“东边的”）。根据语法规范，现在时态主要在以下情况使用：1）目前经常发生的行为或处于的状态；2）用于真理的陈述。 因此一般现在时的陈述暗含着陈述具有逻辑和本体上的指示有效性，或是对亘古不变的事实的陈述。此处作者突然变化的时态表明了她的认知立场，她是在进行总体评价，而非描述当时所见。

从凯瑟琳使用的特定时态和具有时间内涵的措辞，均可以看出，她使用了古老话语中常用的时空转换策略（temporalization）。事实上，时空转化策略是伴随着哲学旅行的概念而出现的。自达尔文进化论进入社会领域后，欧洲的旅行者想当然地将欧洲当作文明的等级之顶，认为去往非欧洲地区的旅行，跨越的不仅仅是距离，而是在经历过去，路途越是遥远，年代越是古老，即一种时间上的旅行。哲学旅行的观念和做法由 18 世纪末法国哲学家约瑟夫 - 玛丽 · 德捷朗多男爵（Baron Joseph-Marie Degerando）所接受，并在给科学旅行者的指南《观察野蛮民族》（*The Observation of Savage Peoples*, 1845）中，他对之做了简要清晰的阐释：

驶向地球那头的哲学旅行者实际上是在时间中旅行；他在探访过去，他所走的每段旅程其实都是在历经一个时代。他到达的无名岛屿，对他来说，是人类文明的摇篮；我们鄙视的各种人展现在他面前，是各时代起源的古老而又宏伟的纪念碑。[28]

这段解释明确了两层含义：第一，去往欧洲以外的旅行是在探访欧洲的过去，从而将欧洲确定为发展的更高阶段，而旅行所到之地是欧洲文明之前的某一阶段；第二，当地民被物化为各个时代印记的物质载体。这种旅行观念早在斯坦因的游记中有过较明确的表述。他从印度，经克什米尔，穿过帕米尔高原，路过“石头城”塔什库尔干进入新疆和田地区，在游记中写道：“我的旅行不仅把我带到一个遥远的地区，亦将我带入一个遥远的古代。”[29] 而他基于这一理念的各种挖掘工作，强调西域艺术的希腊化，似乎都可以看作他努力复原欧洲文明前史的努力，毕竟，希腊文化是欧洲文明的重要起源，这一点无人否认。

与斯坦因有着密切交往的凯瑟琳持有哲学旅行的观念也不足为奇，这种时空转化策略还常见于她直白的表述中。凯瑟琳刚刚到来时，也是带着奇妙的想象描述喀什保持着多个世纪以来的古风：

这个城市，它的街道、巴扎看上去大概与几个世纪之前是一样的，这里的人们穿着打扮与衣食住行与他们的祖先也一般无二，想到这些，就觉得无比神奇。而且我们到这里的旅行方式，也和马可 · 波罗在 13 世纪途经此地到达忽必烈汗王廷时的方式一样。[30]

虽然此处凯瑟琳看似突发感慨，但她的语言将新疆喀什牢牢地定格在时间之流中，定格在了 13 世纪。此处，通过强调当地民的生活起居没有因时间改变或受到时间的影响，她使用了典型的欧洲中心主义观念话语的时空转换策略，将新疆定格到过去。笔者注意到，她对 13 世纪新疆的模样也只是一种猜测，她使用了“must have done”，但当这种猜测符合人们的期待时，便会变成事实。因而时空转换不仅是哲学旅行的叙事策略，也是旅行书写所采用的语言技术策略，更是旅行书写所要达到的一种效果，即用时间关系来确立空间世界的诸多关系，以便将他者客体化。在离开前夕，凯瑟琳更是以“具有道德水准的欧洲人”自居，评判着喀什：“新疆的城市面貌没有什么大的改观。街道和过去的一样，还是那样脏，乱哄哄的。除了一些富商，其他人还是过着若干世纪以来他们一直过着的生活”[31]。事实上，这17年的新疆旅居生活，她只居住在喀什一地。

“古老的意象”还频繁出现在凯瑟琳游记的其他主题单元中。一方面，古老意味着原始与远古；另一方面，“古老”一词，在英国文化中本身就带有贬义，意味着怪诞、变形。在凯瑟琳的游记中，“古老”则意味着陈旧、肮脏与变形。她将喀什老城的街道描述为“狭窄，肮脏”，“地面坑洼不平”，“街道两旁的店铺阴暗，在街头挤满了乞丐，大多数人由于可怕的疾病失去了四肢，或是面容被毁，或是四肢畸形。”[32] 这些词汇累积叠加在一起，构成了新疆的古老落后形象。当然，这种“脏”不仅出现在对环境或是乞丐的描绘之中，还用来描述当地的官员、妇女与儿童。在汉族提台家里做客，有40多道精致美味的菜品，但凯瑟琳还是单独为一位仆人写了一段，该段如下：“另一个仆人捧着一条油腻腻的湿布，在桌边来回走动，随时为有需要的客人擦擦手或脸，不用说，我一次也没使唤他。”[33] 虽然着墨不多，但特意另起一段，以便给人留下深刻的印象：“油腻腻的湿布”用来擦手或脸，很不卫生。此外，维吾尔女性的辫子是非常著名的，看起来乌黑油亮，但凯瑟琳还是毫不留情地对之进行了去魅化的处理。她会描述介绍辫子的习俗，会夸赞辫子的漂亮，但紧接着就说：“这看上去如此整洁漂亮的辫子，实际上，脏的可怕，肯定有虱子。”在描述维[34]吾尔孩子时，她也是采用了先褒后贬的手法，先夸孩子生的可爱，再说生下来，几个月都不洗澡，“浑身脏得一塌糊涂，在夏季烈日下，身上满是疮”，“看上去是一堆破烂”，“脏得不成样子”，以至于她认为孩子能活下来是奇迹。[35] 密集的词语，携带着凯瑟琳的优越感，将新疆的古老定格在字里行间，也印在了读者的心间。难怪中国的著名西域研究学者杨镰读完该文本，谈及感想，认为“在喀什噶尔（喀什的旧称），生活仿佛停滞不前，时间冷冻了起来，岁月所起的作用，似乎不再是只能催白鬓发，添置皱纹，而为人们提供了尝试过”中世纪“的生活，追溯历史往事的机会。”[36]

新疆这一古老气质也吸引了戴安娜，1946年，她以最后一位英国领事夫人的身份来到她梦寐以求的喀什。她对喀什的渴望不仅基于喀什遥远偏僻、多山而难以到达的地理位置，还在于各种关于喀什的知识使它成为“一个充满幻想与古老传奇的城市”[37]。戴安娜出生在英国的殖民地印度。她的父亲是印度政府的林务官，她自小就开始旅行，当她 20 多岁在印度北部山林巡视时，“常常为喜马拉雅的雄伟所倾倒，而在山的那一侧，则是中亚，一片广阔无垠、神秘而难以进入的土地”；她喜欢“遥远而又荒凉的地方，更渴望能穿越沙漠，探秘群山”，因而喀什一直是她“魂牵梦绕的地方之一”。[38]也正因为她的个人成长环境和爱好，她最后嫁给了专业登山者艾瑞克·西普顿，因而同是领事夫人，她笔下的新疆古老形象不同于凯瑟琳，虽然强调新疆的“封闭与落后”，但更多的是写现代主义时期的新疆自然风景与浪漫主义感受力的共鸣，以展现出古老土地的原始胜境，来完成她的时空转换这一古老话语策略。

英国的浪漫主义审美不仅将旅行想象转向山区，且具有尚古主义的面向，强调回归到最原初的非文明的自然状态以摆脱工业化的喧嚣，这种审美趣旨充溢于戴安娜的游记之中。在选择如何从印度到中国新疆喀什的路线问题上，她们放弃了从乘飞机、汽车，先到乌鲁木齐，再去喀什的“现代路线”，最终选择了“经拉达克翻越喀喇昆仑山这条古代商道”，并对自己的选择作出如下评价：“写出逃避‘机械时代’的渴望并不新颖，因为当下的人们常常会‘逃往’世界上的原始地区。”随后，她开始想象自己的古道之旅：“一想到这一旅程，我就无比激动，这一旅行就好比在时间中穿行回去，旅行在遥远的远古时代。”[39]戴安娜极其巧妙地将古道这一空间置换为时间上的回溯旅行，从而提供了一种强迫性的旅行之地的停滞感和原始感。她还直接指出了喀什的的停滞，如在评价喀什的日常生活时，她直言道：“我感到，我们生活在停滞闭塞之地，然而世界的发达地区都不太平，我也不想回到那些地方去。”[40]这种典型的停滞 / 发达、平静 / 混乱的二元对立强化了古老土地这一意象。

戴安娜对高山探险的向往，使得她的游记在很大篇幅上集中描写他们的各种探险活动，呈现出了新疆的古老与壮美。按照主题，全书共有 13 章，其中 9 章均是写旅行：除了翻越“头疼山”，他们还六次探险，找到了“扑朔迷离穹形山”，对两个无名山谷的探险，以及边境、冰山之父、和各种山脉的旅行。在她的笔下，可以看到新疆具有浪漫主义想象景观常具有的四个要素：“无尽的广阔、自然的力量、相对照的极端和不断变化的垂直高度。”[41]。仅以她对无名山谷的寻访为例，走出喀什古城，进入开阔的隔壁滩，“在这漫无边际的荒原上孤独行进，给人一种时空无垠的感觉，这是典型的中亚景观”，正在感叹这“寸草不生、热浪灼人的戈壁沙漠似乎永远没有尽头”，却在2小时后七拐八弯地进入山谷，“山谷两边的悬崖高耸，形态复杂，有的像宏伟的哥特式大教堂的高墙，有的像巨型的风琴管”，可见山上寸草不生，但绕过一个转角，“植被繁茂的一片绿洲展现在眼前，就像深藏于一道道山丘中的香格里拉”。当云雾升起，冰峰仿佛“蒙着面纱的女子”，当云雾散去，冰峰在阳光下熠熠发光，看上去冷峻而又庄严。[42] 不论是哪一个场景，戴安娜均用一种白描的手法描绘着寂静的景色，这种风景本身具有的年代久远性与肃穆感，更增添了这片土地的孤寂、古老性与无时间感。而当他们绕过挡在前方的冰川，进入到一个冰的建筑世界后，听着头上方的雪崩声，却在一转弯，又会遇到铺满绿草与黄色小花的山坡，他们沐浴在阳光下，安睡在碧绿的山坡上，这是怎样的一个奇妙世界，难怪凯瑟琳写下了这样的感受：

令人望而生畏的冰峰，异常美丽，高高耸立，俯视谷口，从冰川上悬垂下来的冰凌，还有由冰川水形成的奔腾溪流，与这宁静温馨、绿荫遍地的景色形成鲜明的对比，使这里一切更加有魔力。即使想象着某个童话中的仙女突然出现在我面前，让我们许三个愿望，或是质问我们为什么侵入这片圣洁的仙境，这些想象似乎也不是不着边际的妄想。[43]

自然的原始性一览无余，这里没有受到任何所谓文明的侵蚀。在山谷中居住的柯尔克孜人，也没有受到任何现代文明的影响，他们依然住在自己扎的毡房中，且这种毡房与古代一般无二。按照凯瑟琳的说法，这种毡房在公元前7世纪就是北方游牧民族斯基泰人的家，而古代斯基泰人的部分习俗还被柯尔克孜人保留下来。[44] 寥寥几句，古老土地的形象便跃然纸上。

时空转换的叙事还发生在雅林的游记之中。雅林是为了完成他的硕士论文《维吾尔语音研究》，在1929年跟随瑞典传教士骑马来到喀什的。他在1930年返回后，并没有对这段旅行出版过任何游记。直至1978年，他受到中国政府的邀请，再次乘飞机回到喀什进行短期访问，回国后出版了《重返喀什噶尔》（1979）。在他描述1929年的新疆喀什时，直接使用了“中世纪风格的喀什”这一标题，便将喀什定格到了过去，成为古老的土地：

在1929年来到喀什，就如同回到中世纪，就像回到为拍摄电影《一千零一夜》

所设置的场景中。这里没有汽车，也没有摩托车，甚至连自行车都没有见过。没有电灯照亮那些巴扎附近黑暗、狭窄的通道。喀什没有报纸，更没有印刷书籍——文书抄写人双腿盘坐，用整洁的阿拉伯字母抄写手稿。……狭窄的小巷子里到处都是不同民族的人流。[45]

这段描述，为我们绘制了一幅古老的新疆的画面，如此细致，令人信服。雅林采用了描述古老土地常用的时空转换策略，将这一土地与欧洲人熟悉的中世纪世界相比，可以说，成功地将喀什吸纳到了以欧洲为基础所确立的地理坐标之中。

1898-1950年的新疆的确古老而落后，这是历史事实，但欧洲旅行者均采用了时空转换策略凸显这一形象，与书写时期的国际形势和各自的意图还是息息相关的。凯瑟琳固执地将新疆称为“中国突厥斯坦”，事实上，在中国，自古以来就没有存在过这一地域空间和历史时段。凯瑟琳的执意与英国彼时的国际地位和当时英国驻喀什领事的使命——维护印度侨民在新疆的利益——有关。她有意识地混淆中国新疆与印度克什米尔之间的界线，以便将新疆与印度连在一起，对抗俄国的南下，而新疆的古老与停滞为英国人的进入提供了合理的理由。戴安娜恰值新疆向现代转型之际到来，尽管她也是外交官夫人，但1946年的印度已经开始独立革命，英帝国处于散架之中，她对新疆古老的书写更多源自于她的浪漫主义审美和对多山而古老的新疆的痴迷。雅林对1929年喀什的回忆，更主要是为了凸显1978年的中国新疆的翻天覆地的变化，1929年的喀什永远是他的恍惚记忆了，因为一切都变了。

综上所述，游记中的异域形象不是单纯地对现实的复制式描写，而更多是一种母国欲望的投射与旅行地自身的文化地理特点相协商后的结果。欧洲发现新疆的语境、新疆独特的地理政治环境，以及独特的历史文化使得欧洲游记对于新疆的书写既在萨义德所谓的东方主义他者书写的框架之下，同时又有许多的僭越：基于欧洲的欲望与新疆本身的特色，新疆被书写为诱惑之地——不仅是探险考古的乐园，拥有丰富的文化地理资源，也拥有独特的自然和文化景观，更是见证了中西交流的悠久历史。在某种程度上，这种形象与典型东方话语中的他者刻板形象不甚相符。此外，尽管赫定、斯坦因、凯瑟琳、戴安娜等人，带有强烈的欧洲中心主义的优越意识，试图将中国新疆书写为开放地或古老的土地，以将之纳入欧洲的秩序和欧洲世界之中，并为其掠夺行为辩护美化，但他们也让欧洲世界对新疆有了一些较为细致的了解，而非粗略的线条——高原、沙漠、驼队。

（作者单位：新疆工程学院文化艺术学院。本文为教育部人文社会科学研究项目“二十世纪上半叶欧洲游记中的新疆形象与书写策略研究”的阶段性成果，项目编号：13XJJCZH002）

注释：

[1] Edward Said，*Culture and Imperialism*，New York:Vintage Books, 1993，p.3.

[2] 孟华：《比较文学形象学论文翻译、研究札记（代序）》，孟华编，《比较文学形象学》，北京：北京大学出版社 2001 年版，页 16。

[3] 斯文 · 赫定：《我的探险生涯》，李宛蓉中译，贵州：贵州人民出版社 2000 年版，页 130。

[4] 同上，页 263。

[5] 迈克 · 克朗：《文化地理学》，杨淑华、宋慧敏中译，南京：南京大学出版社 2003 年版，页 100。

[6] 关于罗布泊位置在欧洲引发的争议，详见斯文 · 赫定所著 的《罗布泊探秘》，王安洪，崔延虎中译，乌鲁木齐：新疆人民出版社，页 323-358。

[7] 斯文 · 赫定：《罗布泊探秘》，王安洪、崔延虎中译，新疆：新疆人民出版社 2003 年版，页 332。

[8] 赫定：《我的探险生涯》，页 258。

[9] Diana Shipton，*The Antique Land*，Oxford: Oxford University Press,1987，p.76.

[10] Ibid., p.82

[11] 赫定：《我的探险生涯》，页 213。

[12] 同上，页 251。

[13] 同上，页 244。

[14] 笔者注：这一短语最早并非是以叙事策略的术语出现，而是出现在游记中。巴雷特在描述他在埃及的油轮上旅行时，写道 “I was monarch of all I surveyed” ，见 W. H. Bartlett, *The Nile Boat, or Glimpse of the Land of Egypt*, London: Hall Virtue, 1849, 页 109；在伊丽莎白 · 伯德的《金色半岛》中，在描述自己的自由感觉时，写道：有种“I'm monarch of all I survey” 的感觉 , 见 1883 年出版，页 321，展现了旅行者在异域所享有的特权或权威。玛丽 · 普拉特在其著作《帝国之眼》（*The Imperial Eyes*）中，将之概述为游记的殖民叙事策略之一。此处，自小就遍读探险游记的赫定，很自然地使用了这一短语。

[15] 达尼埃尔 - 亨利 · 巴柔：《形象学理论研究：从文学史到诗学》，孟华编，《比较文学形象学》，北京：北京大学出版社 2001 年版，页 210。

[16] Kenneth Wimmel，*The Alluring Target: In Search of the Secrets of Central Asia*. Washington and Palo Alto: Trackless Sands Press, 1996, p.16.

[17] 奥雷尔 · 斯坦因：《斯坦因西域考古记》，向达中译，上海：中华书局有限公司 1937 年版。

[18] 伯希和：《伯希和西域探险记》，耿昇中译，昆明：云南人民出版社 2001 年版。

[19] 阿尔伯特 · 冯 · 勒柯克：《新疆的土地和人民》，齐树仁中译，北京：中华书局 2008 年版。

[20] Lady Macartney, *An English Lady in Chinese Turkestan*, Hongkong and Oxford: Oxford University Press,1985 (first published in 1931), p.56.

[21] David Spurr，*The Rhetoric of Empire: Colonial Discourse in Journalism, Travel Writing, and Imperial Administration*, Durtham & London Duke University Press, 2001, p.28.

[22] 笔者注：事实上，这一开放地形象在 1920 年代发生了变化，斯坦因曾经轻描淡写地提过，将所得宝物运出新疆受到了阻碍。1930 年代试图进入新疆的英国新闻记者彼得 · 弗莱明（Peter Flemming）和瑞典旅行者埃拉 · 梅拉特（Ella Maillart）在游记中则反复强调新疆是一块禁地。可见，旅行者的身份与欲望不同，在书写同一地方时，所呈现的景观也会大相径庭。新疆一直都在中国的管辖之内，从未中断，但旅行书写者会为满足母国读者的欲望，强化某一形象，或淡化某些事实。

[23] 这一术语见于 Nigel Leask, *Curiosity and the Aesthetics of Travel Writing, 1770-1840: from an antique land*,Oxford:Oxford University Press, 2002, p. 1.

[24] Lady Macartney, *An English Lady*, pp.2-3.

[25] Ibid., p.36.

[26] Johannes Fabian, *Time and the Other:How Anthropology Makes Its Object*, New York: Columbia University Press,2002，p.18.

[27] Ibid., pp.32-34.

[28] Joseph-Marie Degerando, *The Observation of Savage Peoples*(1800), trans. F.C. T.Moor, London: Routledge & Kegan paul, 1969, p.63.

[29] 奥雷尔 · 斯坦因：《重返和田绿洲》，刘文锁中译，桂林：广西师范大学出版社 2000 年版，页 9。

[30] Macartney, *An English Lady*，p.73.

[31] Ibid., p.212.

[32] Ibid., p.64.

[33] Macartney, *An English lady*, p.84..

[34] Ibid., p.71.

[35] Ibid., pp.127-128..

[36] 杨镰：《外交官夫人与喀什噶尔情结》（代序），凯瑟琳 · 马嘎特尼著，王卫平中译，戴安娜 · 西普顿著，崔延虎中译，《外交官夫人的回忆》，乌鲁木齐：新疆人民出版社 1997 年版，页 3。

[37] Shipton, *The Antique Land,* p.11.

[38] Ibid., p.v.

[39] Ibid., pp.13-14.

[40] Ibid., p.53.

[41] Peter Bishop, *The Myth of Shangri-La : Tibet , Travel Writing , and the Western Creation of Sacred Landscape*, London : Anthlone Press, 1989, p.42.

[42] Shipton, *The Antique Land*, pp.115-18.

[43] Ibid., p.120.

[44] Ibid., pp.120-121.

[45] 贡纳尔 · 雅林：《重返喀什》，崔延虎，郭颖杰中译，乌鲁木齐：新疆人民出版社 2010 年版，页 62。

汉学现场

徜徉中国宝卷的文本与田野之间

——俄罗斯汉学家白若思访谈

采访人：姚伟

白若思（Rostislav Berezkin），当今世界专门从事中国宝卷研究的西方学者。1982年出生于俄罗斯圣彼得堡，圣彼得堡国立大学副博士，美国宾夕法尼亚大学博士，台湾“中央研究院”近代史所博士后，现为复旦大学文史研究院研究员。师从孟列夫（Lev N. Menshikov，1926-2005）、李福清（Boris L. Riftin，1932-2012）、梅维恒（Victor Mair）等西方著名汉学家，发表学术论文60余篇。白若思博士致力于中国宝卷研究，成果丰硕，已出版俄文研究著作《论宝卷在中国文化中的功能：基于〈目莲三世宝卷〉的考察》（*Dragocennye svitki (Baotsiuan') v duhovnoi kul'ture Kitaia: na primere Baotsiuan' o Treh Voplosheniyah Muliania*）和英文研究著作《多面目莲：明清时期宝卷》（*Many Faces of Mulian: The Precious Scrolls of Late Imperial China*），并在《通报》（*T'oung Pao*）、《东方档案》（*Archiv Oriental*）、《大亚细亚》（*Asia Major*）等国际权威期刊发表多篇宝卷研究成果。中国人民大学张诗洋老师曾于2017年4月对白若思博士进行过专访（见《国际汉学》2019年第1期），主要关注其汉学研究之路及其俗文学研究思路等问题，对他有关中国宝卷的著述着墨不多。笔者利用在上海师范大学攻读博士学位的契机，2019年12月17日在复旦大学光华西楼对白若思博士进行了访谈，着重就海外宝卷研究历史与现状、宝卷研究方法、宝卷及俗文学的海外传播等话题展开了交流。

一、结缘中国宝卷

访：白若思博士，作为一名来自俄罗斯的青年学者，您是如何与中国宝卷结缘的？

白若思：我研究中国宝卷有很大的偶然性，主要是我的俄罗斯老师孟列夫（Lev N. Menshikov）教授的建议。我本来很想做中国唐宋文学的研究，当时也关注了敦煌的资料，可是孟列夫老师告诉我敦煌文献十分有限。他本人曾于20世纪80~90年代赴甘肃参加有关敦煌学的学术会议，那时就已经注意到河西地区还存在活态的宝卷，于是他带回了一些甘肃学者整理的河西宝卷集，比如《酒泉宝卷》。孟列夫老师后来将这些资料提供给我，建议我做宝卷研究。考虑到当时俄罗斯没有人专门研究中国宝卷，我就选择了这个题目。我的副博士论文就是有关《目莲三世宝卷》的研究。

访：对于年轻学者而言，中国宝卷的确是个颇具挑战性的课题，我十分佩服您的勇气和毅力。据我了解，包括您在内，海外有好几位年轻博士都选择以宝卷作为学位论文题目，但多集中在芝加哥大学、加州大学伯克利分校、宾夕法尼亚大学等几所美国大学，您认为这种现象背后的原因是什么？

白若思：老师的研究兴趣是第一位的。这些学校都有从事中国民间信仰和俗文学研究的老师，如加州大学伯克利分校的姜士彬（David Johnson）教授就是研究中国民间宗教表演仪式的专家，他对民间仪式戏的研究比较深入，有些也涉及了宝卷。芝加哥大学的蔡九迪 (Judith Zeitlin) 教授是海外研究俗文学，尤其是小说、戏曲的杰出学者。我的导师，宾夕法尼亚大学的梅维恒（Victor Mair）教授是西方研究敦煌变文的重要学者。他在《绘画与表演：中国的看图讲故事和它的印度起源》（*Painting and Performance: Chinese Picture Recitation and Its Indian Genesis*）中也提到了河西宝卷。

除了老师资源以外，另外一个重要原因是这些大学通常都藏有中国宝卷，同时也会主动购买中国近期出版的宝卷合集，这些资料对于美国学生来说比较难买到。

访：提到您的导师梅维恒教授，他在您已出版的博士论文《多面目莲：明清时期的宝卷》中夸赞您“将宝卷研究带到了令人兴奋的高水平和精准度”。您怎么看待自己老师的评价？

白若思：梅维恒老师的评价让我很不好意思。他这样评价可能是因为国外宝卷研究者还是比较少的缘故。在论文写作中梅维恒老师的确给了我很多理论上的指导。他本人一直致力于唐代变文的研究。与很多学者不同，他特别重视研究变文与佛教信仰以及佛教经典的关系，因为他擅于印度与西域各种语言，包括梵文、吐火罗语、粟特语、于阗语等。他有关变文对中国后世俗文学影响的研究对我启发很大，让我认识到宝卷研究也要关注宝卷故事在评弹、戏曲、小说等其他俗文学体裁中的流变。

访：您能结合自己的研究经验谈谈海外学者进入中国宝卷研究领域的“门槛”吗？

白若思：宝卷是俗文学中异常复杂的一种。研究者不仅需要掌握中国传统文化的基本知识，还需要对中国宗教以及这些宗教信仰在民间的传播情况有所了解。除此之外，俗文学的知识也需要掌握，毕竟传说故事不仅出现在宝卷中，评弹、道情、传统戏曲的不同剧种里面也有很多。还有一点也值得注意，由于很多宝卷文本中都存在方言，研究者也需要了解一些这方面的知识。我知道很多研究中国口头文学的西方学者都在学习中国的方言，如研究评话的丹麦汉学家易德波（Vibeke Børdahl）就对扬州方言有极高的造诣，而研究苏州评弹的美国学者马克·本德（Mark Bender）同样对苏州方言极为熟稔。

二、梳理宝卷西传的历史

访：说到西方中国宝卷研究者，您在北京大学刚刚做了“海外中国宝卷研究的历史与现状”的讲座。据我所知，前哈佛大学东亚语言与文学系伊维德（Wilt L. Idema）教授2012年在《中国演唱文艺》（*CHINOPERL*）上也发表过《宝卷研究的英文文献综述》（English-language Studies of Precious Scrolls: A Bibliographical Survey）一文，能谈一谈您研究的特色吗？

白若思：伊维德教授主要是对英语世界宝卷研究书目的整理，他的研究主要是介绍性的，且略显陈旧。比较来说，我的研究更加具体，而且在英语国家之外，我还考察了俄罗斯、法国、日本、越南等非英语国家的宝卷研究成果。为保证研究的时效性，我还特别注意搜集和整理近年来新出现的宝卷著述。

访：通过梳理研究历史，您对中国宝卷的早期西传有什么新的发现吗？

白若思：海外的宝卷研究早在晚清西方来华的传教士中间就已经开始了。加拿大汉学家欧大年（Daniel L. Overmyer）教授在他的研究中已提到了英国传教士艾约瑟（Joseph Edkins，1823-1905）的教派宝卷研究，我就不再赘述了。我重点谈谈法国传教士禄是遒（Henri S.J. Dore，1859-1931）的研究。禄是遒神父是较早研究中国民间信仰的西方学者，他用法文写了一套综合介绍江南人的习俗、民间信仰的丛书，书名为《中国迷信研究》（*Recherches sur les superstitions en Chine*），这套丛书在西方影响很大。

禄是遒的中文非常好，更关键的是他有很多中国弟子，他们为禄是遒提供了很多关于他们家乡习俗的资料，这些资料主要涉及江苏、浙江、安徽等长江中下游地区。尽管禄是遒没有在书中直接提到“宝卷”、“宣卷”、“讲经”这些词语，但是他讨论的很多信仰、仪式与宝卷讲唱习俗都有直接的关系。例如他介绍的张仙信仰就和常熟宝卷中记录的“张仙射天狗”传说密切相关。除此之外，禄是遒还介绍了妙善公主的故事，这也是《香山宝卷》的题材来源。尽管禄是遒所用的资料主要来自通俗小说《观音略传》，但也注意到了《香山宝卷》。此外，他还在书中提到了“做会”，这种说法在长江以北的靖江就是专指讲唱宝卷的集会。

访：传教士的确是最早关注中国宝卷的群体。据我所知，已故美国汉学家韩南（Patrick Hanan，1927-2014）就曾在其论文集《中国近代小说的兴起》（*The Rise of Modern Chinese Novel*）中提及德国传教士郭实猎（Karl Gützlaff，1803-1851）的《香山宝卷》译介。基于对宝卷研究历史的梳理，您觉得过去海外学者的宝卷研究存在哪些问题?

白若思：过去的海外中国宝卷研究主要以文献研究为主。早期西方宝卷研究者基于自己的研究背景和目的，更偏重于教派宝卷的研究。欧大年教授就是代表，他在英属哥伦比亚大学做教授时收集了很多明清时期的宝卷复印本，并把它们介绍给西方学界。他的著作《宝卷——十六至十七世纪中国宗教经卷导论》（*Precious Volumes: An Introduction to Chinese Sectarian Scriptures from the Sixteenth and Seventeenth Centuries*）便是基于他所搜集的各种宝卷文本完成的。同时，由于过去的很多宝卷研究者无缘到中国来，他们无法对宝卷的演唱和社会功能做细致的田野调查，只能依据文献资料进行推测，因而研究具有一定的局限性。

访：提过了法国和加拿大的宝卷研究者，能否请您再谈谈其它国家的宝卷研究?

白若思：首先，我想谈一下俄罗斯学者的宝卷研究。司徒洛娃（Elvira S. Stulova，1934-1993）博士是俄罗斯第一位专门研究中国宝卷的学者。她曾在北京大学留学 5 年，回国后在俄罗斯科学院东方研究所列宁格勒分所（今圣彼得堡东方文献研究所）做研究员。司徒洛娃对俄罗斯藏的几部明末清初宝卷珍本进行研究，并用俄文翻译了 1599 年重刊本《普明如来无为了意宝卷》。除了宝卷文本研究，司徒洛娃还曾到江苏的靖江实地考察了当地的“讲经”仪式，并发表了相关的研究论文。

其次，我还想谈谈日本学者的贡献。泽田瑞穗教授是日本最杰出的中国宝卷研究者。他 1963 年出版的《宝卷的研究》是世界上第一部系统的、综合性的宝卷文本研究著作。泽田瑞穗教授一共搜集了 139 种宝卷文本，他在专著中对这些文本进行了细致的解读和分析，对后世学者的参考意义极大。

访：请您再评价一下中国学者的宝卷研究。

白若思：中国学者的宝卷研究仍以文献的整理和发掘为主，但最近也有不少实地考察宝卷演唱的研究成果出现。这些整理工作确实为海外学者的宝卷研究提供了极大的便利。然而，中国学者中从比较角度来研究宝卷的并不多，而从宗教学角度研究宝卷的就更为稀少了，据我所知，仅有北京社科院马西沙老师、上海师范大学侯冲教授、人民大学曹新宇教授等少数几位学者在做这方面的研究，显然这是远远不够的。

访：每个国家的宝卷研究者都有自己的特色，联合起来效果肯定不错。我发现您在近年的研究中越来越重视与不同国家研究者的合作，这是否代表了未来的宝卷研究趋势？

白若思：宝卷研究本来就有国际化趋势。我的几位俄罗斯老师就曾和很多中国学者合作过。最近几年，我与中国、越南、俄罗斯的许多学者都进行了合作，取得了相当好的效果。其中我参加了由陕西师范大学李永平教授主持的国家社科重大项目“海外藏中国宝卷整理与研究”、北京大学中文系陈泳超教授主持的国家社科重大项目“太湖流域民间信仰类文艺资源的调查与跨学科研究”以及常熟理工学院有关宣卷文艺特点的教育部项目。通过这些项目我与中国学者定期见面交流，取长补短，受益颇丰。除此之外，我自己还主持了一个由香港何鸿毅家族基金会发起的支持佛教研究的项目，主要内容是考察中国佛教故事在越南的传播和演变，我之前有关妙善公主传说在越南的流变的讲座就是这个项目非常重要的研究个案。这个项目是跟越南汉喃研究院的专家合作的，越南学者也在研究中给予了我很大的帮助。

三、引介宝卷研究的“他山之石”

访：和之前的研究者相比，您似乎更注重宝卷的田野调查。您有关常熟、靖江讲经的田野调查给人一种更“接地气”的感觉，也为中国宝卷和讲唱文学研究者提供了可资借鉴的研究范本。您是从什么时候开始采用这一方法研究宝卷的？

白若思：宝卷不仅仅是一种文献，它以口头演唱的形式传播，并扮演着特殊的社会功能。在实际研究中，我基本上采取了文本与田野相结合的方法。在最开始的学术训练中，我主要使用传统的版本学研究方法，即通过文本来研究宝卷在传播中的流变，并试图从比较文学的角度来分析宝卷的叙述性文本与其他俗文学的关系。孟列夫教授很早就鼓励我到中国实地考察宝卷的演唱，但我当时选择先到美国做访问学者，后来在那里读了博士。

我真正采用田野调查的方法研究宝卷是在2008年，那个时候我还在美国宾夕法尼亚大学东亚语言文学系攻读博士学位。我去了江苏张家港港口镇观察民间做会，不仅拍摄了影像资料，也搜集到了许多地方材料，后来我在博士论文中使用了这些材料。这里我也要感谢当地学者，特别是恬庄的虞永良先生，带我去看这种民间文艺表演现场，结识当地艺人。我在田野调查中主要关注吴语区宝卷文本在江苏南部讲经、宣卷仪式中扮演的角色，借此考察宝卷的社会功能。

通过调查，我发现宝卷在20世纪初通过江南地区的善书局以石印的方式刊刻流传，在上海和江南的一些大城市成为一种受欢迎的读物。然而，宝卷宣讲在今天的上海已经几乎失传，而江苏的靖江、常熟、张家港、无锡、吴江等地的宣卷活动仍在进行，这些地方有适合宝卷宣讲的民间集会和庙会，甚至在私人家里举办的禳灾法会和丧事上也会宣卷。

就我看来，田野调查的方法非常重要，对于讲唱文学、地方戏、仪式戏等中国口头文学的抢救性保护非常实用。

访：说到田野调查，据我所知，您的老师梅维恒教授20世纪80年代就开始在甘肃河西地区考察敦煌变文。他接受了甘肃当地一些学者的意见，认为河西宝卷直接来自敦煌变文，然而车锡伦先生却认为，河西宝卷与敦煌变文没有直接联系，而是16~17世纪经由内地传入河西地区的。您是怎么看待这个问题的呢？

白若思： 在宝卷与变文的关系这一问题上，我同意车锡伦先生的意见。我 2019 年发表的论文《早期宝卷版本中的插图及“看图讲故事”的理论问题》中就特别对这个问题进行了说明。尽管郑振铎先生 20 世纪 30 年代就提出了宝卷是变文“嫡系子孙”的看法，但到目前为止仍无直接证据可以证明宝卷和变文有直接联系。梅维恒老师的观点是基于变文研究材料提出的，他并没有进行宝卷文本的对比研究。车锡伦先生提供了很多的证据，他的说法更有说服力。另外，最近青海师范大学刘永红老师发表的一些对西北部宝卷的田野调查成果，包括甘肃南部、青海的宝卷研究，也能证明车锡伦老师的一些观点，即大部分宝卷是在明代传入中国西北地区的。不过，我在这方面还是缺乏很多知识的，因为基本没有专门去研究过河西宝卷。总而言之，北方的宝卷讲唱跟江南的宣卷有很多不同。这是很重要的研究课题，目前已有几位学者从事这方面的研究。

我认为宝卷与变文的关系研究应从个案出发。以“目莲故事”为例，尽管敦煌变文《大目乾连冥间救母变文》和《目莲宝卷》都记录了这个故事，但其实它们可能没有直接的联系。通过文本比较可知，宋代的伪经《佛说目莲救母经》才是《目莲宝卷》真正的来源。这些伪经尤以藏在日本和朝鲜半岛的比较有名。通过比较就会发现，伪经和《目莲宝卷》的内容十分接近，而《大目乾连冥间救母变文》与《目莲宝卷》的确相去甚远。总之，与佛教经典关系紧密的几部宝卷和变文的关系会更紧密一些，但宝卷的文本内容较变文来说肯定是发生了非常大的变化，明显能够看出在传播过程中其他佛教文献或俗文学作品的影响。

访： 提到《目莲宝卷》，学界对您引介的圣彼得堡艾尔米塔什博物馆藏 1440 年版《目犍连尊者救母出离地狱生天宝卷》赞誉有加。请问您是如何发现这部宝卷的？

白若思： 《目犍连尊者救母出离地狱生天宝卷》的发现应该归功于我的俄罗斯老师孟列夫教授。这部宝卷原属于俄罗斯的私人收藏，因为孟列夫老师认识这个宝卷收藏者的后代，我才知道有这个版本。圣彼得堡艾尔米塔什博物馆后来出资购买了这部宝卷，我才一睹其真容。尽管该版本与中国国家图书馆藏的北元宣光三年（1373）残本《目莲救母出离地狱生天宝卷》内容一致，但由于藏本面貌比国图的完整，且是彩图本，因此极具研究价值。据我推测，这个本子应该是供明朝宫廷皇室使用的，因为上面的题记写明了姜皇妃的名号，只是到目前为止我还没能在史传中查到这位皇妃。

访： 除了《目莲宝卷》以外，您还引介了现藏于越南河内汉喃研究院的 1772 年版《香山宝卷》。据我所知，这是现存的最早《香山宝卷》版本。这个版本的发现过程是怎样的？

白若思：1772年"越南版"《香山宝卷》的确是目前所能看到的最早的《香山宝卷》版本。这部宝卷的发现要归功于我的另一位俄罗斯老师，李福清（Boris. L. Riftin，1932-2012）院士，他在1973年就发现了这个版本。当时苏联和越南的关系非常密切，李福清老师在越南研究汉籍，意外发现了这一版本。他后来给我看了这个版本，我们合作2013年在《通报》上发表了研究这部宝卷版本特色的长篇论文，与其他现存的《香山宝卷》版本进行了比较。可惜他没能看到这篇文章出版就去世了。

在我看来，海外藏中国宝卷的考察和引介的确非常重要，不仅可以让大家了解国外的宝卷收藏情况，尤其是一些比较稀见的文本，也是海外汉学史的重要研究课题。这些宝卷的来历、传播的途径都很值得研究。很多著名汉学家都考察过汉籍的海外收藏情况，如荷兰汉学家龙彼德（Pier van der Loon，1920-2002）教授就曾在东南亚搜集俗文学文本。我和李永平教授现在正在寻找法国汉学家苏远鸣（M. Soymie）私人收藏的几部明末清初宝卷珍本，希望最终能够将其引介回中国。

四、助力中国宝卷的域外传播

访：我们再来谈谈宝卷的译介及海外传播情况。2008~2021年，伊维德(Wilt L. Idema)教授陆续推出了《香山宝卷》《目莲三世宝卷》《张四姐闹东京》《雷峰宝卷》《庄子蝶梦骷髅宝卷》《沉香宝卷》《瘟鼠宝卷》《佛说杨氏鬼绣红罗化仙哥宝卷》等多部宝卷英译本，另外也出了六本河西宝卷的译文合编，包括当地著名的《平天仙姑宝卷》。您为几本译作撰写了专业的书评，极大地推动了译本在英语世界的传播。能请您谈一谈对伊维德教授及其宝卷翻译的看法吗？

白若思：伊维德教授是我非常尊敬的学者，他曾作为我博士论文委员会的成员，我们很早就认识了。在我看来，伊维德教授所从事的宝卷翻译工作非常重要，他的翻译水平很高，译本在西方学术界有挺大的影响。通过他的翻译，西方不懂中文的读者也可以阅读宝卷，这样中国宝卷就逐渐成为世界文学的一部分了。此外，伊维德教授的宝卷译本注释非常丰富，完全可以作为欧美国家中国文学、历史、文化专业学生的必备教材和参考资料。实际上，这种有关中国俗文学的高水平译作在西方国家实在是不多见。总之，伊维德教授的翻译和研究为中国传统文化，尤其是中国俗文学的海外传播做出了非常重要的贡献。

为译本撰写书评的任务是受国内外期刊编辑的委托进行的，他们通常会给我寄送伊维德教授的英译本。相较于译文，我其实更关注他的研究性导论。从研究方法而言，伊维德教授也是从比较文学的角度来梳理和比较包括宝卷在内的中国俗文学中著名故事的诸多版本。我的俄罗斯老师李福清院士很早就采取了这种研究方法。

我自己在撰写博士论文时也曾翻译过《目莲救母出离地狱生天宝卷》《目莲三世宝卷》等的部分文本。尽管我参考过伊维德教授的译文，但和许多西方学者一样，我同样会选择自己动手翻译。我在俄罗斯求学时就曾用俄文翻译《目莲三世宝卷》，列入我的副博士论文附录，目前还没有正式出版。

访：鉴于宝卷“韵散结合”的文体特征，译者在翻译中必然会遇到如何处理韵文的问题。伊维德教授并未翻译原文的韵律，您如何看待这种“去韵化”的译法？韵律之外，什么是困扰宝卷译者的难题？

白若思：宝卷的韵律翻译对于译者来说的确是个难题。我的前辈司徒洛娃在翻译《普明如来无为了意宝卷》时也未采取押韵的形式。对译者而言，韵律翻译难度的确很大，也不会有多少读者喜欢。我自己在翻译《目莲三世宝卷》时也出于译文准确度的考虑放弃了采取韵律翻译的形式。现代英语国家的很多诗歌也已经不押韵了，所以这种“去韵化”的宝卷译文在英语读者看来也不会觉得奇怪。

宝卷翻译的难度依文本性质而定。我翻译的《目莲三世宝卷》属于叙事性宝卷，内容不是特别复杂。司徒洛娃翻译的《普明如来无为了意宝卷》则属于教派宝卷，里面掺杂了非常多的佛教、道教术语和宗教内容，翻译难度可想而知。

访：我们再来谈谈宝卷的术语翻译。欧大年教授和他的学生那原道（Randall Nadeau）在研究中分别以“precious volumes”和“precious scrolls”来指代中国宝卷，您如何看待宝卷的译名之争？

白若思：这两种译法都是在试图对宝卷的“卷”进行解读。“卷”在中文中有很多意思，可以表示“部分”，也可以是“经卷”。从敦煌文献来看，经卷确实有“卷轴”（scroll）的含义，但如我所说，宝卷与敦煌的经卷并不一致。在我看来，这两个术语都无法诠释中国宝卷背后的全部文化信息。我自己在研究中通常会采取“记音 +

注释”的方式来翻译这个术语，这样更有利于英语读者准确理解这种特殊的说唱形式。我感觉其实像宝卷、评话这样的中国口头文学形式是没办法在其他语言中找到对应的，因此“记音”译法是个不错的选择，据我所知德国俗文学的一种“民众书”(Volksbuch)在翻译中就没有变成英文或者俄文，也是保留了原音。

访： 就您自己的出版经历来看，美国学术出版社对中国民间宗教相关研究著作或者译作的出版积极性怎样？

白若思： 美国学术出版社还是很欢迎这类研究成果的。美国主要的大学出版社一般都有很多资助，多是来自于私人基金会。一般每本书出版时作者还可以申请单独的资助，比如我在出版《多面目莲：明清时期宝卷》时，华盛顿大学出版社就帮我申请到了“明代研究学会”（James P. Geiss Foundation）的资助。

访： 在“中国文化走出去”的大背景下，您认为如何吸引更多的海外学者来研究宝卷这样的中国俗文学？

白若思： 我觉得需要做好三点：继续做非物质文化遗产项目；更多出版俗文学、口头文学整理本、影印本；继续加大俗文学的外译和研究。当然，在对外宣传时必须明确中国俗文学的重要性和文化特点。

访： 感谢您接受我的访谈，希望您未来以更多的学术成果惠及国内外从事中国宝卷和俗文学研究的学者。

白若思： 很高兴接受你的采访，也祝愿你在上海生活、学习愉快！

（本文系以下项目之阶段性成果，陇东学院博士基金项目“中国宝卷在英语世界的译介和研究”，编号 XYBY202019；甘肃省高等学校青年博士基金项目“甘肃民间说唱文学在英语世界的译介与研究”，编号 2022QB-164。采访人单位：陇东学院外国语学院）

*鸣谢：本篇访谈内容得到白若思博士的多次审阅和修改，特此致谢。

打开了解中国之门

——记蒙古著名汉学家 L. 玛娜日扎布

[蒙古国] 朝伦（Chuluun-Erdene.T）

蒙古人历来是大草原上的游牧民族，L. 玛娜日扎布（Manaljav.L）祖父也与其他蒙古人一样都是牧民，而她自出生之后便一直生活在乌兰巴托，平生通晓汉语、英语、俄语及古蒙古语，是蒙古国汉学史上不可多得的奇才。她的父亲 Sh. 罗布桑旺丹（Sh.Luvsanvandan）是现代蒙古语言学理论的奠基人之一，并获有蒙古语言学“三座高峰”之一的荣称（另外两位得此称誉的学者是宾巴仁亲（Byambyn Richen）和 Ts. 达姆丁苏伦 Ts.Damdinsuren）。作为著名翻译家、教育家、社会知名人士，罗布桑旺丹为蒙古国的文化教育事业和科学研究做出了重大贡献，除了在语言学领域颇有建树之外，因常年在蒙古国立大学从事学术研究工作，培养出了大批科研与教学人才，蒙古杰出的语文研究学者和优秀的教育工作者，大多师承于他，接受过他的教诲与指导。从以上经历来看，L. 玛娜日扎布在很大程度上似也承继了父亲优异的天资，可谓有“乃父之风”。

一、留学北京，与汉语结缘

L. 玛娜日扎布教授是 1938 年生人，1946-1954 年在乌兰巴托第一综合中学读高中八年级时就提前毕业，参加考试并获得当年的蒙古人民共和国与中华人民共和国政府奖学金赴中国留学。在中华人民共和国成立初期，政治合作促进了蒙古汉语研究的发展。1949 年 10 月 1 日，中华人民共和国成立，1952 年，蒙中双方签署了经济文化合作协议，并先后派出首批蒙古留学生达赖（Dalai）、古尔巴扎（Gurbazar）、班迪库（Bandikhuu）

三人赴北京学习。达赖后来成了蒙古国著名的历史学家，专研元朝历史；班迪库为著名的翻译家；第二批前往中国的也是三名学生，达势普恩查格（Dashpuntsag）、阿格旺苏伦（Agvaansuren）和日恩曾策（Rentsentsoo）。次年，另一位蒙古学生尼亚马苏仁（Nyamsuren）被派往北京学习；1954年，第三批派往中国的学生有四名，即L.玛娜日扎布（Manaljav.L）、鲁巴桑扎布（Choi Luvsanjav）、艾米莉（G. Amiili）和贡布苏仁（M. Gombosuren）。[1]包括L.玛娜日扎布在内的这些早期蒙古留学生多在北京大学学习，这一经历对他们将来的研究产生了深远的影响，为培养年青一代的蒙古汉学家以及中蒙两国的文化交流做出了很大的贡献。此外，他们也在对中国历史与传统文化文学传播方面发挥着不可磨灭的作用，有效地推动了蒙古人对中国历史文化文学的了解。

1954-1956年，L.玛娜日扎布在北京大学语言中心（现北京语言大学）学习两年中文后，又在北京大学汉语言与文学班攻读五年。她回忆起在北京大学学习的年代时说道："当时有从东欧来的学生，来自德国、波兰、捷克斯洛伐克、保加利亚、匈牙利等，还有从朝鲜、越南来的同学。这些同学中的大部分人会进入文科专业学习，所以应该首先在汉语进修班学习两年。对外汉语教学虽然在中国有着悠久的历史，但20世纪50年代的对外汉语教学，却是在新的历史条件下开创的一项新的事业。当时汉语进修班的目标是十分明确，就是要完成汉语预备教育，为留学生进入中国各类高校进行专业学习做好语言上的准备。"[2] L.玛娜日扎布在谈及为何选择汉语研究时，说道："我是依据自己的兴趣选择汉语研究之路的。但我父亲的影响也很大，我觉得我父亲是语言学家，因此他会期望我掌握汉语。"她继续说道，"当时，从蒙古国去中国留学的大部分学生一般都会选择文学、哲学或历史专业。蒙古国政府当时对于刚成立的中华人民共和国有着极为浓厚的兴趣，因此希望能培养出一批新一代的汉学研究者"[3]她还回忆道："我1954年初次来北京大学时感觉好像到了一个乡村，但2009年再去的时候，北京大学校园附近的环境已经发生了巨大变化，有了最为先进的城市化环境，似乎认不出来了。人们的生活水平也已大大提升，北京成了世界大城市之一。我所受到的教育都是在北京这个城市，所以北京大学对我来说非常有亲切感。"[4]

L.玛娜日扎布在北京大学的青年教师唐作藩的指导下撰写了自己的毕业论文，题目为《石刻文字上的汉语语音》（Chinese phonetics in stone carvings written in Chinese language），主要通过对蒙汉语撰写的石刻文字的考察来识别用古蒙文记录汉字的情况，探讨的是语言学领域的音素问题，其研究结果显示大部分汉字为官名、地名。此研究试图证明古蒙文标音与八思巴方体字一样，对蒙古汉学研究影响甚大。[5]

对于更为久远的蒙古汉学传统及蒙古现代汉语史，L. 玛娜日扎布教授在评论中认为："蒙古国是中国的邻国，有着悠久的历史关系。19世纪时，有人把《三国演义》《红楼梦》《水浒传》《儒林外史》等30多部中国古典文学作品从中文或满文翻译成了蒙古文，还翻译出了部分蒙汉双语或蒙汉满等几种语言的词典。这样来看，早期的蒙古国汉学还只限于翻译和词汇学。只有到了20世纪50年代，蒙古人民共和国政府派到中国留学的几位汉学家才在自己的祖国奠定了现代汉语研究的基础。"[6] 像曾在北京大学留学的Ch. 达赖、Ch. 鲁巴桑扎布、L. 玛娜日扎布等蒙古著名汉学家很长时间以来也都在从事这项工作，并为培养蒙古国卓越的汉学人才，让薪火能够代代相传做出自己宝贵的贡献。

二、投身汉语教育：实践与理论

L. 玛娜日扎布的一生取了多种声誉，先后获得教育先进工作者、科学功勋工作者、劳动奖章、宾巴仁亲院士命名奖章等。就其经历来看，她曾历任蒙古国立大学教师、蒙古科学院专家、中国相关事宜的顾问，并在蒙古师范大学（今蒙古国立教育大学）、蒙古人文大学等高等教育机构担任讲师、主任和校长等。

L. 玛娜日扎布在谈及她所担任的这些职位时特别强调了一点："蒙古国是一个人口稀少的国家，因此一个人必须要专精多项领域。对于我来说，本人除了进行教书职业，还从事了多年研究，并主要集中在语言学研究、外语教学法、中国学研究、蒙古研究等学科领域。"[7] 在1961年返回蒙古国后，她在蒙古国立大学担任了三年的汉语教师。由于20世纪60年代北京和莫斯科之间对抗不断升级，赴中国留学计划被暂停。苏联军队也驻扎在蒙古国，为可能与中国发生的冲突做准备，同时自然也禁止蒙古国与中国之间的交往。[8] 在这种情况下，蒙古国立大学中文系不再招收学生，L. 玛娜日扎布教授也暂停了教书的工作，被转职到蒙古科学院，并于1964-1972年在蒙古科学院语言学院开始了其基于汉语言知识的《蒙古秘史》研究。1972-1990年间，她在蒙古人民革命党中央国际关系处担任中国事务专家。1989年东欧剧变后，蒙古国也随之在1990年初发生了民主革命，她因此重新回到了教学岗位上，此后便在蒙古国立大学、蒙古人文大学等高等教育机构任职。1998-1999年，L. 玛娜日扎布在现在的蒙古国立教育大学（当时被称为国立师范大学）创办了外语学院"东方语言文学系"。该系旨在培养汉语和日语翻译教师专业人才，目前系里共有400多个本科生，并招收硕博士生，有十多名教师任教，[9] 专心致力于蒙古国外语专业班的教学以及培养外语人才。

除了语言学研究，L. 玛娜日扎布教授将很多精力投入在外汉语教学的探索中，在其《关于音位学理论与实际知识对外汉语教学法的重要性》[10] 一文中，她提到：“我们在对外汉语语音的教学中，要把汉语的变调现象和变调规律教给学生，否则学生没有对汉语语言的感性认识，将每个音节都按它原来的调值去说，一成不变，这就不符合汉语讲话的特点，听起来就知道是外国人在说汉语。教师还必须掌握语音和音位学方面的理论性知识，在语音学理论指导下，才能使教学取得成功。从对外汉语语音教学着想，使学生掌握声调是很重要的，中国同行们也了解这一点。因此以声调为先导的对外汉语实用语音教学程式法的出现，也就是把声调教学放在对外汉语语音教学的首位。这也说明了一点，即声调问题在对外汉语语音教学的实践中有着相当重要的意义。”[11] 除了十分关心汉语理论问题以外，L. 玛娜日扎布也特别重视对外汉语教学中的语言与文化之间的关系，她特别强调：“外语教学中一个很重要的方面便是语言与文化关系问题。学习外语的人不仅需要掌握不同的语言，同时也需要接触到不同的文化。外语课中的文化教学的最终目的应该落实到语言交际技能的运用中，使学生在了解文化知识的同时，培养语感……在对外汉语教学中，学生主体性的发挥是教学的动力源泉。学生们已经掌握了自己的母语，因此学习汉语时往往会对母语和外来语在语言结构、语言文化的差异特别敏感，这种对比力就是他们学习外语的潜在动力。”[12]

近十年来，在蒙古学汉语的人越来越多，汉语也成为仅次于英语的第二热门外语。但 L. 玛娜日扎布也对之提出一些批评性与建设性的意见，在她看来：“现在我们年青一代对汉语非常感兴趣，有的达到了现代汉语翻译家的水平。但是把汉语作为一门学术性研究的人越来越少了。汉语研究需要古代汉语的功底，而在蒙古真正掌握古汉语的人都是 60 年代在北京大学留学的学生。古代汉语对于蒙古历史、社会科学等各学术领域的研究人员来说是必修的语言。”[13] 如她所说，目前除了蒙古国立大学以外，其他大学和教学机构仍然还未开展古汉语方面的教学，这种局面当然应当得到改变。

三、潜心学术，深入蒙古秘史研究

1973 年，对于 L. 玛娜日扎布来说也是一生中另一个重要的节点，她在蒙古语言学家三峰之一宾巴仁亲院士的亲自指导下成功地撰写了博士论文，题目为《〈元朝秘史〉的音韵学结构》（The Phonological structure of the *Secret History of Mongols*），这项成果的问世，也奠定了她在学术研究中的坚实地位。

我们知道，《元朝秘史》是12-13世纪以蒙古语书写的有关蒙古游牧民族历史的一部非常独特的传世之作。因为该书的作者是匿名的，因此幸存下来的文本都源自转录或翻译成汉字的版本，后来又被译成世界上20多种不同语言。从20世纪50年代起，《蒙古秘史》的英译本先后涌现，就其全译本而言，最早的当属哈佛大学柯立甫（F.W.Cleaves）教授的译本。尽管该译本由于某些原因一直耽搁至1982年才由哈佛大学出版社出版面世，但早在1956年既已完成，并在1957年付印，是一个纯学术性的译本。1971年至1985年，澳大利亚的蒙古学家罗依国（Igor de Rachewiltz）先生在澳州的学术期刊《远东历史论文》（*Papers on Far Eastern History*）上陆续发表了散韵结合的"蒙古秘史"英译本。[14]从研究范围来说，20世纪以来，东西方学术界从不同学科、不同课题角度、使用多种语言文字、多种研究方法，对该书进行了广泛的研究，比如著名汉学家伯希和对《元朝秘史》的书名、成书年代、版本和相关的蒙文文献，以及涉及的古代蒙古语、名物、制度等方面都所了考订性的研究，德国的蒙古学家海涅什（Erich Haenisch）也以自己渊博的汉学、满学和蒙古学知识为基础，用德文翻译和拉丁文标音撰写了《蒙古秘史词典》、日本学者小泽重男教授则在研究《蒙古秘史》的语言方面成绩彰著，著有《蒙古秘史全释》六册，从而开创了日本蒙古学研究的先河。中国学者李文田（1834-1895）的《元秘史注》也十分出色。在蒙古国，Ts.达姆丁苏伦则用现代蒙古语编译了《蒙古秘史》。在这样一种背景下，我们可以看到，L.玛娜日扎布教授的研究可谓独辟蹊径，即从语言语音学角度去深究"蒙古秘史"的文本成因，并由此而成为蒙古国研究该著的第一位女学者。

对《元朝秘史》的研究史状况，L.玛娜日扎布教授在《前一代中国学者们研究"蒙古秘史"的概论》一文里特别强调了："汉语的综译其实应该算是它的第一个外文译本。现在我们所看到的《元朝秘史》，追其渊源，是中国明朝洪武年间的版本。最初书名是《元秘史》，从张穆开始改名为《元朝秘史》。张穆把汉文综译纳入连筠簃丛书中出版，并使用了'元朝秘史'一词。可以说，'元秘史'一名应当是明人在发现元朝最秘密文件资料后取的标题。从事该领域的研究学者们也有这样的意见，我是完全同意的……总之，对这本蒙古历史、文学、语言的最重要的文献的编撰，体现出了中国文人学者们不仅对中国，也对异族的历史文献所怀的精心爱护的态度，才能流传下来的。"她也在评论汉语对元朝秘史研究的重要性时说道："为了研究《秘史》，需要好几种外语的知识：英语、法语、德语、俄语……这是因为与秘史研究有关的国际上的著作是用这些语言而写成的，可是这一切研究的基础还是蒙语和汉语，没有这两种语言的知识，就根本无法着手研究这本大作。”

在这样一种背景下，我们可以看到，L. 玛娜日扎布教授的研究可谓独辟蹊径，即从语言语音学角度去深究“蒙古秘史”的文本成因，并由此而成为蒙古国研究该著的第一位女学者。基于她对古蒙语、汉语、英语和俄语的精通掌握，也在很大程度上保证了对文本的准确解释，从而给后代正确翻译与理解《蒙古秘史》奠定了基础。虽然 L. 玛娜日扎布一生治学的范围很广，创获颇多，但如欲全面论述其成就，最有分量者当首推她的这项研究。

（作者单位：蒙古国国立大学）

注释：

[1] Enkhchimeg Baatarkhuyag and Chih-yu Shih., 2014, “Surging between China and Russia: Legacies, Politics, and Turns of Sinology in Contemporary Mongolia”, *China Review*, Vol. 14, No. 2, pp. 37-57.

[2] D.Shurkhuu, B.Enkhchimeg，《蒙古汉学研究——口述历史》，乌兰巴托：Bembi San 出版社 2016 年版。

[3] L. 玛娜日扎布，《回忆在北京大学学习的年代》，《中蒙关系六十年：回顾与前瞻国际学术研讨会论文集》，北京：北京大学蒙古学研究中心，2009 年。

[4] 同上。

[5] L. 玛娜日扎布，《语言学论文集》，乌兰巴托：Soyombo 出版社 2018 年版。

[6] D.Shurkhuu, B.Enkhchimeg，《蒙古汉学研究——口述历史》，乌兰巴托：Bembi San 出版社 2016 年版。

[7] 同上。

[8] Enkhchimeg Baatarkhuyag and Chih-yu Shih., 2014, “Surging between China and Russia: Legacies, Politics, and Turns of Sinology in Contemporary Mongolia”, *China Review*, Vol. 14, No. 2, pp. 37-57.

[9] L. 玛娜日扎布，《回忆在北京大学学习的年代》，《中蒙关系六十年：回顾与前瞻国际学术研讨会论文集》，北京：北京大学蒙古学研究中心，2009 年。

[10] 同上。

[11] D.Shurkhuu, B.Enkhchimeg，《蒙古汉学研究——口述历史》，乌兰巴托：Bembi San 出版社 2016 年版，页 44。

[12] L. 玛娜日扎布，《语言学论文集》，乌兰巴托：Soyombo 出版社 2018 年版。

[13] D.Shurkhuu, B.Enkhchimeg，《蒙古汉学研究——口述历史》，乌兰巴托：Bembi San 出版社 2016 年版，页 11。

[14] 邢力，《评奥依的蒙古族典籍“蒙古秘史”英译本 - 兼谈民族典籍的民族性翻译》，《民族翻译》，2010 年第 1 期，页 76-82。

汉学讲堂

早期中国的书写与汉学研究

黄卓越

摘要： 该文原为作者2021年10月20日在北京语言大学一带一路研究院举办的“一带一路汉学研究论坛”上所做的现场演讲，对海外汉学近些年来有关“早期中国书写”研究的主要思路做了一个理论上的疏解，涉及对“书写”概念的界定与辨识，包含在此项研究中的各种问题意识，写本时代的一般“场域”特征及其与刻本时代的差异，写本文献与传世文献之间的关系，书写研究在海内外兴起的原由，海外研究的若干特点等，由此而从一统观的视角出发对书写话题下呈现的一些重要问题做了基于自身独特理解的、深入浅出的阐述。现稍加整理，以飨读者。

关键词： 书写 中国早期书写 海外汉学 写本时代 刻本时代

在上周，接一带一路研究院领导的邀请，希望我能给大家开个讲座，谈谈近年来国际汉学领域中出现的，在波及面上比较广泛一些的，同时又能与国内的研究有所衔接与呼应的前沿性话题。虽然这项任务有些艰巨，但因近一段时期以来自己也一直断断续续，有心无心地关注过这方面的信息，以为不妨借此机会将一些想法与材料整理一下，也就应下了这门“硬差”。

就汉学研究而言，现在也有比较细的分科，不少学科都有自己的新话题，但是能够较大幅度地跨越不同学科，引起多个学科学者关注，并且还在持续开拓中的前沿话题并不算多。如果以上述提到的这些要求来看，并集中在对传统中国研究的领域之中，据我的了解，至少有两个话题可以提出来说一下。

第一个话题，我称之为“全球化叙事中的中国”。主要涉及两个层面的问题，一是16世纪以来以西方为主导的全球化进程是如何将中国裹挟其中的；二是在更长的历史时期中，中国是如何借助自己在经济、文化等方面的优势，构建出另一种波及全球或带有较大局域性的流通网络的。

第二个话题，我称之为“早期中国的书写”。近年来，随着各种要素的集结，并重叠了多个学科的诉求，也出现了一种看似并不十分陌生，其实又具有重大开创性的话题类型。鉴于我自己也参与了相关的研究与讨论，相对会对之更为熟悉一些，因此今天还是想给大家梳理一遍在该话题下形成的一些主要思路。考虑到听众中可能有些学者在过去没有深入接触过这个话题，今天主要还是先将形成思路讲清楚，而不是单纯罗列现象。

尽管“书写”这一词语是一个常用、常见的熟语，在我们平时的表述中也随时会用到它，看起来似乎并无值得深究之处，然而，如果我们考虑到一种特殊的历史境况，并将这一术语加以“论题化”（make it proposition, or topics）或理论化，是可以从中提炼出一种具有深度阐述效应的学术命题的。我所说的这个历史境况，落实到一个具体化的事件，就是印刷术的诞生，及它所造成的对历史走向的巨大改变。长期以来，我们治史，一般多会关注政治、经济、思想与文化（如儒学、佛学、科举等）等重大事件对历史进程造成的影响，而很少考虑技术是否也有“撬动”历史的作用，但事实上，技术对历史的改变有时是更为深层与长期化的，关于这点，在今天的时代里或许会看得更为清楚一些。近些年在国际学术界，也包括汉学领域中兴起的“物质文化研究”应当也含有这一层意思，为此，也应当出现一种“技术考古学”（更狭义地看可称为“Media archaeology”）这样的研究类型，在这里，我们套用了福柯“知识考古学”的说法，但知识考古学考察的主要对象是“话语”，偏重的仍然是思想史层面上的意义，所取角度是不同的。

在中国，印刷技术的出现，虽然在唐代也能找到若干迹象，但学术界一般还是将宋代（大约 11 世纪）确定为其正式起始的时间；在欧洲则是要到 15 世纪才为德国人古腾堡所发明出来，麦克卢汉有一本书的书名就叫《古腾堡的星光璀璨》（*The Gutenberg Galaxy*），本尼迪克特 · 安德森的《想象的共同体》（*Imagined Communities*）也是从这一事件出发来讨论欧洲民族主义诞生的，从而表明印刷技术（印刷资本主义）的出现对观念史具有的某种先导性作用。在当代西方汉学中，近些年来也有许多学者对中国明清时期以来的这一情况做了深入的研究，取得了可观的成就，在此暂时不做展开。

从这一类技术对世界生活的影响看，我们也可将印刷术发明前后的人类历史驳分为两个大的时期，将这之后的时代称为“刻本的时代”，而将这之前时代称为“写本的时代”。在印刷技术出现之前，我们所能见到与获取的所有文本、文献都是手写的，或者写在简帛上，或者写在纸张上，也可能是碑石等上，由于帛与纸张都属于易腐的材质，千年之后，实际还能见到或常见到的主要是以竹、木简为主的文本，它们也是早期阶段最为常用的一种材质。纸张在东汉以后才发明，但大量用以书写要更晚一些。凡此，都决定了所有我们可能接触到的早期文本（这个“早期”的术语在我们所述的特定语境中也可一直延伸到隋唐时代）必然都是一次性手写、书写出来的，在理论上是不存在第二个复制品的，我也首先是在这一意义上定义“书写”这一概念的，“书写”在早期的情况下对于文本、文献来说就是第一性的，或具有唯一性的。在这样一种确定的思考之下，书写的各种意义也就会被瞬间突显出来，并随之带出一系列值得追问的，同时对于后世的认知方式来说也是比较独特的问题，我不妨在此先列举一些：

1. 首先是，早期的书写需要哪些来自于物质、智能（比如识字与阅读能力）或制度方面等的条件，它们是稀缺性的，还是像后来那样是比较容易得到的？如果是稀缺性的，那么它在早期的传播中占据有怎样的比重？哪些事才用以书写，哪些人具有书写的资格或权力？

2. 如同我们所知，后世留存的大量先秦时代的著述，包括经传以及大量的子语类著作等，很大一部分都属于对口传的再记录，这点说明了一个什么问题？进而，从连续性的口传到最后著录于简帛上，中间是否会出现符码上变化？如果口传在大多数情况下主要有赖于记忆的功能，那么早期的记忆会有哪些主要的方式与特点，口传与记忆的痕迹也会在后来录写下的文本中保存下来吗？

3. 既然在印刷术发明之前，所有的书写都是单次性的，那么后来的重复性书写有可能形成对前一文本的准确复制吗？还是更有可能出现改写、错写、编写等的情况？当出现可以比较的同类异本时，我们又根据哪些原则来判断哪些是更早一些的文本，而后来的书写是怎样形成对原件的“忠诚”或“背叛”的？进而言之，如有更多的同类文本出现，我们有可能理清这些文本间错综复杂的传播路线吗，比如它们究竟是由单线传播还是多线传播而来的？

4. 在以口传与手抄为主的时代里，特别是在先秦时代，我们在后来通行的所谓单一“作者”（author）的观念或概念在何种意义上是具有实质性意义的？还是说，在早期的情况下，文本“公共性”的观念会更占据上风？如果后一种现象是如实存在的，那么会对文本的制作与形成面貌带来怎样的影响？根据不同类型的文本，我们又怎样去分辨早期的述者、作者、编者、写者等不同的角色在书写流程中的作用或关系？

5. 真正私人化的、便利化的书写是何时开始的？即便如此，当时人会有印刷时代所称的“出版”或“发表”的意识吗？他们后来是怎样具有“发表”这一概念的，在哪里“发表”，以何种方式“发表”？

6. 竹简或木简的材料特征，是否也会对书写造成一些特定的限制，比如我们需要更为节省地来叙述事物与表达想法，这对古汉语句式与文体的形成是否会有一定的影响，以至于进而造成了它与古代白话（口语）之间的某种分流？假如这点可以确定，那么在将一种日常思维转化为书面思维的过程中在信息传递上是否也会产生某些变化？

7. 竹简与木简的书写在形式上显然也不同于在纸张上的书写，更不同于后来在刻本上呈示的样式，那么它对于早期人们的阅读经验、学习习惯等又会造成怎样的影响？

8. 在早期这样一种特殊的语境中，像“传”、“说”、“记”、“书”等许多文体概念最初的含义分别是什么？从书写的意义上看其生成的流程是怎样的？

如此等等吧，我也只是提出了目前所能想到的一些问题，由此延伸出并值得思考的问题还有很多。

此外，学者们也已注意到了，一些由权力机构制造的重大事件，也会对早期的书写文献产生很大的影响，比如秦始皇焚书，使得先秦时代的大量书写物被付之一炬，难觅踪影，接着又推行“书同文”的政策，由此而出现了文字书写形态上的即“古文”与“今文”之间的一次断裂，不仅引发了学人间的长期争执，也给辨识早期文本的实际面貌带来了许多困难。此后，刘向、刘歆父子奉命整理、校勘、编订所存的内府藏书，并将它们重新誊写在另一批新的竹简上，这种对原有的文献秩序实施的大规模重组，又造成了文献形态上的第二波断裂，早期书写的面貌也为之变得更加模糊了。凡此，都对确认之前的书写实况提出了各种挑战，这也是为何自东汉以来中国的考据学（基于一种文字与文本勘比的学问）会如此发达的一个重要原因，相比之下，在欧洲，直到17世纪，“学者”们最为热衷的仍然是以释义为主的解经学（阐释学），两者是有较大区别的。据之，并以现在的眼光来看，如果单单凭借对现存文本的信赖而不对更深入一些问题加以追问，便很有可能忽略事实链条中的一些十分重要的环节。这一类问题的出现，其实都与中国早期书写的特征密切相关，在刻本时代一般是不会有的。当然，如果较真起来，我们也应当相信，并不是所有的历史问题都能凭借我们的智性得以解决的——这已经是另一个层次上的话题了，有机会以后可以再聊。

顺此，也似有必要对书写的意义做点阐述，可以以某一个朝代为例，比如以汉代为例。首先，如果没有书写及因这一活动留下的文字痕迹，那么整个汉代的历史在后人的眼中就可能是漆黑一片，就像我们无意中将电视调到黑屏状态时所见到的景象，历史的确如实地发生了，但如果没有书写，它是怎样发生的却无法为我们所知。再则，即便是就当时来说，书写的意义也不可低估，随着社会的构成愈趋复杂，特别是汉代的疆域已经大大扩展，因此也会对帝国的行政运行体系提出更高的要求，它已经不可能像之前那样主要凭借口头的信息传递就能够管理从朝廷到属县、到村寨的各种繁琐事务，而是还得有赖于书写出来的文书、文牍等，并为之创建出一套新的信息储存与传送方式，才能满足政府日常运作的基本需求（其实我们从里耶竹简、睡虎地竹简中均可看到，在秦代，即便是在偏僻的地区也已经施行较为细致的公文与簿记制度），这也使书写功用得到了大幅的扩展，以至于我们很难想象没有书写的汉代社会是怎样运转的。再就是，书写，比如像司马迁、司马相如等的书写，也为时人创造了一个“想象的汉代”，通过细究可以看到，他们的作品并不是对完整的社会生活的一种描绘，而是从写作者的观念体系出发的一种带有建构式的文本展示——这当然也是由凡是书写都会具有的“集中化”功能造成的，书写，为此也引导着人们的思想与精神走向，这在每一个时代恐怕都不例外。凡是这些，都可以成为我们研究书写的理由，虽然这部分理由仍属更为外在一些的。

让我们再回到对书写的一些根本性问题的探讨。对之的研究，首先触及到的便是书写的一系列前置性条件，有些我们在上面的例说中已经提到，总起来看，这些条件既有物质的、技术的，也有制度的、政治的，还有语言的、文字的、文法的、文类的，等等，它们都会在每一次书写活动中显示出其作用来，并规定着书写的各种可能与限度。此外，书写的动机、书写的观念、一个时代的识字能力或概率等，也都会对书写带来这样或那样的影响。将这些综合起来看，也就构成一种具有某种整体性、综合性效果的早期书写的一般性“场域”（我希望大家能仔细体会下我的这个很关键的用词）。毫无疑问，早期的这个书写场域与刻本时代开启之后建立起来的那个场域之间是有很大区别的——在这样一种观照之下，不仅书写本身成了一个需要去进行系统性考察的大问题，与之相关，也能让我们更为清楚地看到过去已有的研究到底遗漏了哪些重要的环节或要素。

从上面的简要描述中，我们是否体会到了书写研究所具的一些意义呢？在场有的学者可能会问，如果从当代学术研究方面看，这一新的趋势是如何形成的呢？关于这一点，的确很难说清楚，即便是以近 20-30 年的研究情况来看，似乎也很难厘出一个确切的起点，或为之勾勒出一条单线行进、眉目清楚的线路。这一方面是因为直到目前，学界尚未在对这一概念的界定上形成较为统一的意见，多样化的相关表述与实践一直存在于似曾相识的各种研究中，另一方面，也与这一议题波及的范围之广有关。它并不是由某一位或几位学者独立发现或提出的，而更像是由多个源头汇聚而来的。

比如以中国国内的研究来看，这一态势在近年来的逐渐扩展，既与对“文”的观念的原初性特征的重新思考，也与对各种早期“文类”生成的功能性分析等相关，同时又裹挟了来自于比如经学、史学、语言学、考古学、甲骨学、金石学、宗教文献学，以及在一些专门之学如简帛学、敦煌吐鲁番学、西夏学等研究中点滴积累起来的一些经验。虽然这些研究原来都有自己传统的学科定位，但是当这些领域中的有些学者开始较为明确地意识到在自己对文献或文本的研究中，有一个“书写”的问题存在时，就有可能意味着会对这一新的话题做出推进性的姿态。

在欧美汉学中，也有以上所说的这些学科分类及由之延伸出的相关研究，同时，又受到来自于西方的一些学术与理论资源的影响，比如像当代古希腊研究中的“口述诗学”、中世纪研究中的写本学（codicology，manuscript studies）、古文书学（diplomatics）和古文字学（paleography），以及像欧美近几十年里涌现出的对书籍史、识字史、物质文化史等的研究，都会给不同的学者带来参差不齐的影响，这些我们都可以在阅读他们的著述时体会到。因此，汉学的视角也多少会有异于中国学者的研究。日本的汉学研究近年来与中国学界的交流比较频繁，但他们似乎也有一套自身的研究“法门”，并在广义的写本学领域中逐渐发展出一种自带标记的研究取向，尤其是在对书写的形制研究、书写与制度交涉的研究等几个点上，有一些新的开辟。尽管受到机制与人员的限制，无论是欧美还是日本等汉学界的这一类研究在规模上都相对不大，但却表现出了一种积极活跃的状态，并取得了一些显著的成就。鉴于目前在这一范围内已然形成一种国际化流通与互动的构局，并展示出了某种合流的趋势，我们有理由将这些现象均汇入到一个相对统一的，并以“书写”为名义的学术总目之下。从后入为见的视角来看，它更像是一种多点生发、跌宕不齐的涌流，各种不同的研究（学科的或类型的）既有自己特定的关注侧面与取法路径，同时又互有缠绕、渗透、叠合，并在前后相续的推进中朝着一个愈益趋同的命题靠拢。

当然，也有一些重要的，具有某种决定性推动作用的要素还是可以梳理出来的。其中，在这之间发生的最为重要的事件，莫过于多种早期简帛文献在近几十年来的井喷式面世。这些文献大致可以分为两类，一种是从确定的文物存放地发掘出来的（因此也会受确定环境的制约，早年发现的文献基本上都属于这一类），第二种是已经离开了确定的存放地，从文物市场上回收来的（后期的几批竹简多来自于这一渠道），但不管是哪一类，这些文献的大规模出现，既为早期中国史各层面的研究输送了一批新鲜的素材，也因为这些材料所显示的特殊性，从而为我们对早期书写活动的识认与判断提供了大量一手的、现场化的、可视化的（也就是看得见、摸得着的）证据，它们也是当时书写的最为直接、最为真实的证据。以可视性材料这点而言，尽管自20世纪初年以来也在各地发现了一批这样的文献，如甲骨金石、敦煌吐鲁番文献等，但由于受材料在时间与空间定位上的限定，比如甲骨文主要是殷商时期留下的一些皇室的文字，敦煌、吐鲁番，包括居延汉简等文献均属于西北边地的史料，从而使得研究所能触及的范围毕竟是有限的。因此，只有当战国与秦汉——在这一漫长时期出现，并记载中华核心区更广大地域历史的原始文献大批问世，而且在数量上达到相当的规模时，才能使相对更为全面一些的考察，以及建立在其上的更具学理化、系统性的分析成为可能，与之同时，它也会反过来刺激与推进早先已有的那些研究（比如敦煌吐鲁番学等）。此外，我想，同样重要的是，这也取决于我们在学术理念上的更新，与紧贴材料的爬梳与考订不太一样，理念上的更新往往有赖于一种“跳出其外”的思维，进而达到一种学术理念上的重设。只有等两种状态（也就是材料的与思维的）都妥然就位时，才有可能真正出现那种我们所说的“论题化”研究的趋向。

那么，这个所谓的新的学术理念又是什么呢？在我们看来，最为重要的一点，便是在旧有的文本（文献）研究中另再辟出一个文本（或文献）生产的层次。请各位注意，我在这里使用的“生产”这个概念，指的是除了（如既往那样）看到已经成形化的文本以外，还需要再探入一步，去发现文本制作的那些机制。在这种意识的指导下，书写这一概念也就从文本、文献原有的遮蔽中浮现出来，被看作文本、文献得以成形（成文、成篇、成书）的一种具有“生产性”机制的活动方式。在印本通行的时代，这或许算不上什么多大的问题，毕竟情况有所区别，因此，可以直接以印本为据，而不需要去关注某一文本在印刷之前还发生了什么事，然而，如果考虑到在这之前的漫长时代里，几乎所有的文本（文献）都是以书写、手写的方式完成的，特别是，在时间的延宕中那些背后的起因或动因均已变得十分模糊之时，那么，对这类问题以及相关史实的追踪或探索就不仅是无可避免的，并且会在我们持续性的思考中变得愈益重要起来。

诚如所见，在较长的一段时期里，在对古典文献的基本认知中，至少在乾嘉时代已经成为一种主流，支配学者思维的是一种文本本质主义的假说，也就是会预设性地认为存在着一个最终的、并且是可信的文本（或称为母本、初本、原本），深究起来，这与印刷时代形成的思维有密切的关系，而在书写时代，却不会将之作为一个真切的学术问题来对待，在这里我先不展开讨论。据此，对文本层面字词的正/误判分，以及对一个“正确的文本”或“可靠的文本”的追求，便成了所有文献研究的一个起点（与之相应，“求同”而非“存异”的问题也成了研究者们挥之不去的一种心理固结），既然如此，广义校勘学（考据学、训诂学等）也为此而被看作是可以有效地践行这一艰巨任务的完美“科学”。在这里，我们当然不是去怀疑校勘学的有用之处，但是当我们将文本的生成与形构过程同时纳入到思考之中，将问题更推进一步，也就是将书写的机制也当作一个无可回避的议题提出来的时候，那么，也就出现了另一个关注的焦点，从而不仅为早期文献的研究打开了一道隐蔽更深的门户，也借此而将是否有“最终的文本”这一话题括入到一种未知的区域之中。在新的思考光亮中，更为重要的一点，不再是“正确的文本”在哪里，而是首先要搞清楚，这些文本是如何被“写”下来，或被编织成这样或那样的，在这一过程中，以及在向后世传递下来的过程中，究竟发生了什么？如果这种基于书写的研究重组了文本研究的逻辑，那么也会反射到上一个层次中，进而影响到我们对现有文本及其意义的重估。这种新的思维路径的建立，很自然地也就超越了我们一直纠缠不休的“疑古”与“信古”这种二分式的认识模式。

谈到这里，可能有的学者还会问到另一个问题，这就是，据目前来看，事实上学术界也在较为广泛地使用“写本”或“抄本”这样的概念，在英语世界一般与此概念相对应的是 manuscript 或 hand-copied book，它们与“书写”可以看成同一种概念吗？两者可以相互替说吗？

关于这个问题，我的看法是，对写本研究在限定的意义上是可以称作书写研究的，但也可以不是书写研究。就两个概念的差异性而言，首先从术语上来看，“写本”（manuscript）是一个名词，在某种意义上它只是将一般的“文本”与“文献”概念限定为一种手写的“文献”，这当然有其特殊的意义，但也正是如此，在对之的研究中也很容易返回到旧的文献学的老路上（将字面意义的研究或字面上的循环论证作为主要的或唯一的工作目标），这等于是说，材料看起来是新的，视野与方法却还是旧的，并没有突破文本研究的界限，这种情况在目前的研究中也很普遍。而“书写”（writing），它既是一个名词也是一个动词，刚才我已经指出了，将书写这一命题视为一个新的学术理念，主要还是为了强调文本或写本的生产性或构成性机制，试图寻绎与推求的是藏在文本或写本背后的动能性机制，因此，它虽然也会以写本文献为自己的研究对象，但集中关注的却是另外一套机制，从而引发视野与方法论上的转变。

再有一点，也很重要，这与我们现在对“写本”的意义界定有关，在大多数情况下，当我们提到“写本”的时候，一般指的是狭义的写本，也就是那种前世留存并被后世发现的“可视性”文献（也可总括为“出土文献”），因此，在通常的情况下，我们也会将这个概念与我们常用的另一个概念即“传世文献”做对举式的区分，它们之间被看成一种非此即彼的关系。很显然，在这样一种界定中，传世文献主要已被视为刻本时代的产物。然而，从我们的观点出发，流传至今的所谓传世文献事实上在早期它也是“书写”或手写的产物，在印刷术发明之前，它们与狭义上的“写本”其实是同一类物品，并且在相当长的一段时间里，也仍然是以写本或抄本的方式传播的，只是因为有幸地被后来发明的印刷技术复制下来并得以流传至今，才获得了另一个区别性的称谓。由此可见，如果我们研究的是早期文本的“书写”，那么很显然，与之相关的几乎所有问题也会隐匿在那些后来传世的早期文献当中，尽管在今天我们所遇见的已经是蜕去了原有物质可视性的那些刻本。基于这样一种判断，书写的概念或许更容易破除在我们心理已经形成的那种狭义写本的界限，为此而将所有刻本时代之前产生的文本一起纳入到研究视野之中，在这个前提下，也可以再将两者做适当分辨。事实上，在当前的研究中，也包括在汉学研究中，许多与之相关的富有新意的研究是从所谓的传世文本入手的，从其文字肌理之中，或通过与其他各种文献资料的比对分析，也可以获得这些文本生成与传播的大量信息。

言及于此，我想，也需要对我在这里区分出的这一组大的概念——“写本时代”与“刻本时代”做一些澄清。在上面，我已经以宋代作为一个分界，来区分两大不同的时代，在这样一种区分中，我们对前一时代的判断是没有什么问题的，也就是说基本上没有例外的情况，手写化几乎是唯一的文本制作方式，但以“刻本时代”来概述后一时代却还只能是一种“代表性”的说法。我在这里使用“代表性”这一词语，主要还是想提醒我们自己，虽然自宋元之后，刻本的制作已经十分流行，但是仍然还存在几种方式错综并行的情况，印刷术的出现并不意味着写本时代就此而终结了，有大量的理由可以证明手稿的持续生产与流通在很长一段时期中依然有其自身的价值，比如剑桥大学东亚系教授彼得 · 柯尼基（Peter Kornicki）就曾经在一篇文章谈到过这点，有时是出于经济上的原因，有时是为了保留之前的珍贵手迹，有时是为了逃避审查制度，或者为了控制文本的产出，以避免其他人接触到有价值的知识或信息，等等，书写化手稿的存在与流通在整个东亚地区，甚至于在欧洲都一样，至少会延续到19世纪末，这个数量应当也相当之大。因而，在对后一时期的总体状况进行认知与判说时，还是取更为谨慎一些的态度为好。比较遗憾的是，直到现在，无论国内学界，还是国际汉学界，对于宋元之后写本状况的研究，都还是非常薄弱的，在这一方面还未见到更为具体与深入，同时也更具分辨力与整合力的探讨。

刚才我更多地谈到的是一般的情况，一般的原理，有些属于对研究状况的概述，有些则是综合我自己的思考所做的发挥，也没有很清楚地将国际国内的情况分开来叙述。后面还留下一点时间，我们可以专门谈一下汉学研究，毫无疑问，海外的这部分研究发展到今日，已经形成了一个比较成熟的格局，但由于这一话题的研究在涉及面上相当广泛，留下的未知的空间仍非常之大，各种已有的个案研究也会充斥着大量复杂性，至今为止，据我所见，除了金鹏程教授（Paul R. Goldin）在2017年编写过一个海外写本研究的著述目录，还没有学者对之做过系统的整理与评述。虽然我在前些年撰写过一篇简要的介绍性的文章，因为写作时间较早（2012年），这一话题在当时的“成像”还远未像现在这样显明，加之主要是从古代文学理论研究的角度来截取资料的，因此只是触及到很有限的一部分成果。从目前的状况看，学界的兴趣主要还是集中在课题的开拓上，一方面，这一话题的研究基础已经牢固地建立起来了，另一面，一切又都还处在持续变动的进程之中，远远没有达及对之做总结性概括的阶段。我希望对之有兴趣的学者可以做些分类梳理，以逐个分支话题为单元梳理出其基本的思路。这一工作的必要性应当是不言而喻的，可将之作为当代学术史的一个重要构成部分。

当然，有些还是可以谈一下的，比如根据已经成形的这一块，也能从中窥见其发展过来的一些线索。其中，我感到比较有意思的一点，是在这一话题下海外研究相对于国内研究表现出的一些差异性特征，这种差异性既表现在课题的设置上，也表现在方法的运用上，深入地看，都与各自的学术传统相关。其中，一个值得注意的侧面是，相对而言，国内的研究一般会偏向于将这一课题当作一种内部研究，仅仅看作是对中国自身历史状况所做的调查与勘探，也可称之为“以汉语为中心”（汉语同时作为对象与工具）的研究，当然它与柯文当年所说的“中国中心论”还不是一码事。这一类的研究模式自然有其自身在学理上的优势，比如注重于对特定语境的细致勘定，并在材料的考认与梳理上更为见长，等等。而海外汉学家中的一部分学者（不是全部），因为在知识身份上的差异，以及他们所处的学术关联域也与中国学者不同，有时会较为自觉地将这一类的研究放在一个中外、中西比较的视野中去看待，比如柯马丁教授就曾提出过“将中国文学放在世界文学的大框架之内思考”的建议，这似乎也可看作是他对自己学术所做的一种主动定位。将宽泛意义上而言的这种“比较研究”当作一种思维方式来看待，它既可以是直呈式的，也可以隐含在一个大的思考框架之中，或者是通过“以西言中”（以西方的理论来言述中国之事）的方式来加以论述，毫无疑问，这样一种处理方式会有另外一种特别的效果，是单纯的内部研究无法替代的。当然，如我们所见，比较方法也存在着技术卡位上的难点甚至风险，一旦处理不当或过于突出某种主体意识、理论意识，也会不可避免地出现过度阐释的问题。我这里有几则比较典型的事例，因为并不属于本次演讲的重点，就不一一举说了。但是不管怎么说，作为一种建议或思考的方向，还是有重要参考价值的，毕竟，中国学术在80年代开始复苏并经历了几十年的“修炼”之后也已愈趋成熟，时至今日，已经可以在一个新的起点上来重新定位自己的研究，通过放宽眼量，将中国研究同时也视为世界研究的一个重要部分，从单语主义（mono-lingualism）与自我论证的内部循环中步出，走向一种更具包容面的大循环系统之中。至少有一部分学者是可以来做这件事的，而不是像过去那样，将这项工作仅仅看作汉学的“专利”。虽然目前并不是没有这方面的尝试与探索，但步伐似乎还可以加大一些。

关于这个问题，我还想再多说几句。从整个人类的历史上看，与其他更偏重口述传统的民族有所不同的是，由于中国是一个最为重视“文”——即“文字”、“文本”、“文献”的国度，因此在早期的历史上留下了巨大的一批书写文献，就数量上看，很有可能比所有民族留存的早期文字加起来还要多（尽管我还没有做过这方面统计）。虽然，所有的文字中都会铭写着民族性的印迹或藏有自身民族的文化密码，但也可以在某种意义上将之视为人类共同的文化遗产——恕我在这里套用了联合国科教文组织一个用词，就这一点而言，世界文明也会因中国的存在而变得更为多彩与厚重。因此，对于汉学研究在这方面的介入，我的姿态是乐观其成的，通过我们的共同努力，不仅可以重构出中国文明的一个丰厚侧面，也可就此而展示出世界文明多样化生长的一个重要面貌。正如我们所见，当代汉学的功能（所谓的“汉学何为”）在一个长期的演进过程中也在发生变化，远非以百年前的旧汉学所能比附，国内学术的目标也同样处在一种悄然无声的自我调整状态中，这些都是可以在细致的观察体会到的。具体到我们所谈论的话题，中国学者完全可以与汉学家们一起，通过不断切磋、协商，以及对研究信息的积极互享，甚至于相互间的纠错等，加深我们对早期中国，进而是人类文明不同侧面的深入认知。再延伸一些说，我们是否也可就此而建立起一个更具自觉意识的，同时也是存同求异、良性循环的话语共同体中，从而为一个更大的人类知识共同体的构建提供一个微缩型的示范？

（作者单位：北京语言大学汉学研究所）

参考文献：（*海外汉学的一部分，仅限著作*）：

1. Beecroft, Alexander, *Authorship and Cultural Identity in Early Greece and China: Patterns of Literary Circulation, Cambridge*: Cambridge University Press, 2010.
2. Boltz, William G.,*The Origin and Early Development of the Chinese Writing System*, New Haven: American Oriental Society, 1994.
3. Connery, Christopher L., *The Empire of the Text: Writing and Authority in Early Imperial China*, New York: Rowman & Littlefield Publishers, 1998.
4. Els, Paul van and Sarah Queen(eds.), *Between History and Philosophy: Anecdotes in Early China*, State University of New York 2017.
5. Gentz, Joachim, and Dirk Meyer(eds), *Literary Forms of Argument in Early China*, Leiden and Boston: Brill, 2015.
6. Galambos, Imre, *Orthography of Early Chinese Writing: Evidence from Newly Excavated Manuscripts*, Budapest: Eotvos Lorand University Press, 2006.
7. Galambos, Imre, *Translating Chinese Tradition and Teaching Tangut Culture: Manuscripts and Printed books from Khara-khoto*, Berlin/Boston: Walter de Gruyter GmbH, 2015.
8. Kern, Martin (ed.), *Text and Ritual in Early China, Seattle*, Washington: University of Washington Press, 2008.
9. Kern, Martin and Dirk Meyer(eds.), *Origins of Chinese Political Philosophy: Studies in the Composition and Thought of the Shangshu(Classic of Documents)*, Leiden and Boston, Brill, 2017.
10. Lewis, Mark Edward, *Writing and Authority in Early China*, New York: State University of New York Press, 1999.
11. Li Feng and David Prager Branner(eds.), Writing and Literacy in Early China, Seattle & London: University of Washington Press, 2011.
12. Meyer, Dirk, *Philosophy on Bamboo: Text and the Production of Meaning in Early China*, Leiden: Brill, 2012.
13. Puett, Michael, *The Ambivalence of Creation: Debates Concerning Innovation and Artifice in Early China*. Stanford: Stanford University Press, 2002.
14. Richter, Matthias L., *The Embodied Text Establishing Textual Identity in Early Chinese Manuscripts*, Leiden: Brill, 2013.
15. Schaberg, David, *A Patterned Past: Form and Thought in Early Chinese Historiography,* Cambridge: Harvard

University Asia Center, 2002.

16. Schwermann, Christian and Raji C. Steineck, *That Wonderful Composite Called Author: Authorship in East Asian Literatures from the Beginnings to the Seventeenth Century*, Leiden: Brill, 2014.
17. Saussy, Haun, *The Ethnography of Rhythm: Orality and Its Technologies*, New York: Fordham University Press, 2016.
18. Wang, Haicheng, Writing and the Ancient State Early China in Comparative Perspective, Cambridge: Cambridge University Press, 2014.
19. Zeitlin, Judith T. and Lydia Liu, *Writing and Materiality in China: Essays in Honor of Patrick Hanan*, Cambridge, Mass.: Harvard University Council on East Asian, 2003.
20. 柯马丁：《秦始皇石刻：早期中国的文本与仪式》，上海古籍出版社 2015 年版。
21. 夏含夷：《海外夷坚志 · 古史异观二集》，上海古籍出版社 2016 年版。
22. 夏含夷：《西观汉记：西方汉学出土文献研究概观》，上海古籍出版社 2018 年版。
23. 夏含夷：《三代损益记：夏商周文化史研究》，上海古籍出版社 2020 年版。
24. 普鸣：《作与不作：早期中国对创新与技艺问题的论辩》，三联书店 2020 年版。

有关海外写本研究的多种论文（也含著作）另可参 Paul R. Goldin 所编“Ancient Chinese Manuscripts: Bibliography of Materials in Western Languages”（2017）

文字统一与秦汉史书

[日本]大西克也（Katsuya Onishi）著　苗　壮 译

摘要：本文基于作为表语文字的汉字之特性，从用字法的观点出发，对秦的文字统一和所谓的“史书”之性质进行了考察。本文认为，战国时代的汉字，与字形本身相比，用字法的地域差异更大。因此，文字统一并不是单纯的字形统一，而是以用字法为中心，书面语书写习惯的统一。“史书”是指用于展现文字统一，符合规范用字法的隶书。此外，文中还指出，“泰”字是为了纪念秦国统一天下，变更“大”字所制作的文字。本稿原为东京大学人文社会系研究科大西克也教授于2013年11月9日在书学书道史学会第24次大会上所作的演讲，载于《书学书道史研究》第24号（2014年），此次征得作者的同意，重新发表于本刊。

关键词：“史书”　文字统一　出土文献

一、序言

今天非常感谢书学书道史学会的邀请，有幸到此演讲。我知道，作为新会员这样做或许有些唐突，不过这是与各位会员结识的宝贵机会，因此我满怀感激地接受了这一邀请。借此机会，也请允许我向横田先生以及大桥理事长为首的诸位理事先生们致以我诚挚的谢意。

我最初的入学门径是从事上古汉语的语法研究。在研究生之时，师从古代汉语音韵学专家平山久雄先生。平山久雄先生一直勉励我在研究中使用出土资料。今天，松丸道雄先生也莅临于此，当时正是在他主持的讨论课上，我开始接触到西周金文，并以此为契机，正式开启了出土资料的研究工作。就汉字而言，我所关心的是汉字作为语言、词汇的表记手段，这是汉字的本质。换而言之，研究出土资料的根本立场，就是从各种角度探索古代汉字与人类之间的关系。今天我所要演讲的题目是“文字统一与秦汉史书”。秦统一天下是在公元前221年，处于战国到汉初之间。对人也好，对汉字也好，这都是从未有过的动荡、激变的时代。今天以“文字统一”与“史书”

为题讨论这一动荡与激变，我想以近些年我的研究为基础，对此粗略地谈一谈。

在进入正题之前，我首先想说说我对汉字基本特征的理解，这也是我审视汉字的基本立场。首先，我们对下面两张图进行一下比较。这是《东亚与汉字文化》中解说文字同语言关系的图示[1]。

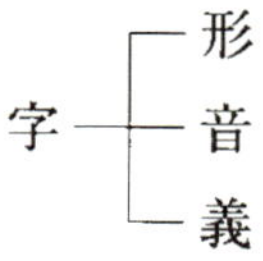

图 1

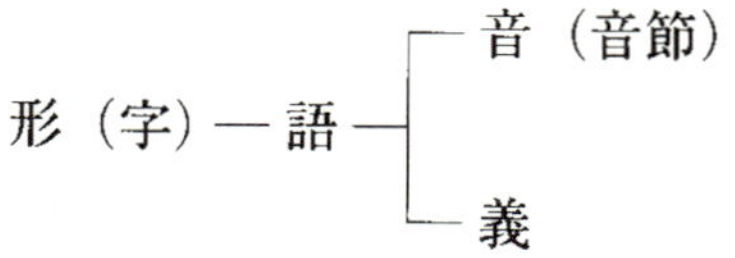

图 2

图 1 是我们常识性的理解，或者说是传统的理解，汉字包括字形、字音、字义三种要素，图中展示的就是单个汉字与它们的对应关系。不过，这种模式有一个很大的缺陷，因为当我们第一眼看到汉字的时候只有字形，字形就是汉字本身，字形、字音、字义绝对不是平等的关系。因此，其关系应该为图 2，即一面是字形，另一面是字音和字义，只有通过这张图才能够正确地把握文字同语言之间的关系。语言是语义与发音的结合体，语言出于口、入于耳、成思于头脑，却无法在眼前看到，能够将之视觉化的东西就是字形。图 2 所展示的就是这种关系。特别是古代的汉字，有一个词对应一个字的特点，这就是所谓的表语文字（logogram）。因此，如果以图 1 中文字的概念为基础对汉字进行分析的话，就会有上述的问题。在图 2 中，首先有的语言，然后需要考虑怎么把语言写出来。换而言之，这是一个站在表达者立场上的视角。如果说得更极端些，这就是苍颉造字的视角。在文字同语言关系不断变动的古代，我认为这样的视角非常重要，这也是我理解汉字的基本立场。随后，我想谈的就是文字统一的问题。

二、文字统一的本质

在今天高校的教育中，怎样讲授秦所推行的文字统一，我不太清楚。我小时候所用的教科书中，常用“马”字作为例证，并配图以展现各国字形的不同。我也曾经作过一张这样的图[2]（图 3）。

各国文字确实有很大不同，但是绝非杂乱无章，特别是从燕国经由中原至于楚国这条南北线上，分布着字形相似的文字。如图所示的“马”字，在这一区域中，马身体的部分被省略，只有头部的形态被保留下来，是一种简化的写法。与此相对，在秦国与齐国，马身体的形态在“马”字中也被保留下来。通过这一分布情况可以大体推断，可能是中原地区出现了简化字，进而向燕国和楚国传播。对于这一问题，这次演讲不做展开了。

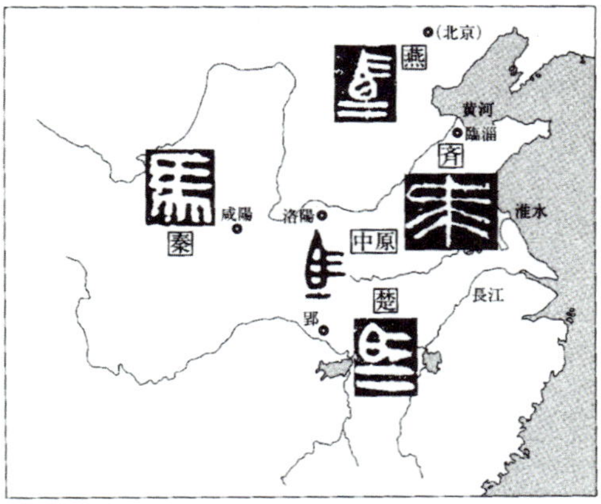

图 3

这张图片之所以被制作出来，是源于我们对文字统一的一般印象。这一印象来源于后汉许慎在《说文解字叙》中谈到文字统一的部分。原文比较长，我读一下：

分为七国，田畴异亩，车涂异轨，律令异法，衣冠异制，言语异声，文字异形。秦始皇帝初兼天下，丞相李斯乃奏同之，罢其不与秦文合者。

结合《说文》中的解释再来看这张图片，“马”字的分布正是“文字异形”的体现。秦所推行的文字统一，就是禁止使用秦以外东方诸国的字形，即“罢其不与秦文合者”，这与图片中所展示的完全一致。

其实，这张图片是为了展现《说文》中的叙述特意选取符合的例证而制作的，在二十年前学术界就已经明确地认识到，像这样由于地域不同而出现了巨大的字形差异的例证，实际上并不多见。比如 1989 年，何琳仪先生在其出版的名著《战国文字通论》中就曾经指出：“这类字在各地文字资料中只占少数，多数的各地文字还是相同或相近的”[3]。伴随着上 20 世纪 90 年代之后大量战国楚简的出土，这一观点被学术界广泛认可。著名的《楚辞》研究学者、浙江师范大学的黄灵庚先生在 2006 年发表了题为《简帛文献与〈楚辞〉研究》[4] 的论文。在论文中，黄先生对“楚系文字”的概念提出了异议，他指出真正具有楚国独特写法的文字数量其实极少。实际上，对于专门从事战国文字研究的学者而言，战国时代各国文字的字体并没有太大的区别，这是一个普遍的认识。2010 年，我第一次到浙江师范大学访问之时，宴席上黄灵庚先生就坐在我的旁边。他告诉我说，在《包山楚简》出版之时，他将包山楚简的文字与《说文》中的篆书进行了比较，发现二者并没有太大的差别。我当即就回答自己也同意这种看法。当然“并没有太大的差别”是一种夸张的说法，如果准确描述可以说：“《说文解字叙》中所说的‘文字异形’，并不像想象中那样巨大。”在这里，我想通过干支用字做一个比较，表示时间的十干用字如下：

	篆	楚	秦
“甲”：		包山 165	秦律十八种 102
“乙”：		包山 20	封诊式 23
“丙”：		包山 50	封诊式 34
“丁”：		包山 4	语书 1
“戊”：		包山 92	日书乙 119
“己”：		包山 150	日书乙 67
“庚”：		包山 7	日书乙 76
“辛”：		包山 167	日书乙 110
“壬”：		包山 162	日书甲 70
“癸”：		包山 23	日书乙 111 （籀文）

毫无疑问，篆书与楚系文字在书体上是有区别的。但是若从字体和文字构成来看，这两种文字不是极其相似吗？楚系文字的“丙”字中都有“口”字；同篆书相比，“癸”字是简略的写法。除此之外的其他字，相似性远高于差异性。若进一步同秦国的隶书相比，这些字体也没有太大的差别。隶书是以秦国古体文字——篆书为基础，简化之后用于日常书写的文字，当然会与篆书有一定程度的差异。特别是秦系文字中的“癸”字，从《说文》所录籀文的字形看，下部经过一些特殊变化写作“矢”，这就是文字异形的部分吧。总体来看，倘若这样的文字异形造成了交流的困难，势必会让人产生一系列有关于方言差异的疑问，即与文字异形相应的言语异声。这也为我们提供了重新审视过去《说文解字叙》中所谓的“文字统一”原始状貌的契机。其实，围绕着文字统一，已经有各种各样的说法对《说文》的解释做出了否定，在这里我不详谈，而其中一点就是所谓“使用不同的文字”是被夸大了。

比如，以春秋战国时代“吾”字的几种写法为例。

辵五吾午
《石鼓文》
秦

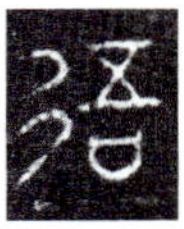

彳吾
《诅楚文》
秦

吾
《秦骃玉版》
秦

虍壬
郭店楚简
楚

虍魚
侯马盟书
晋

虍魚
《𦅫镈》
齐

同一个“吾”字，秦系、楚系、晋系、齐系使用了不同文字，并且很不一样。若问它们是怎样的不同，可以说是总体上的不同。我们把文字全部的构成要素分解来看，秦《石鼓文》中“吾”字分为“辵”“五”“吾”“午”四个部分，楚系文字作“虍”“壬”，晋系和齐系文字作“虍”“魚”。该字的各个构成要素，在任何一个国家的内部，其写法大体上都没有太大的不同。而“吾”作为语词，在写法上选择用什么字来构成，各国之间却存在着巨大的差异。以语言为出发点对全部的字形进行审视，可以看到巨大的差异，这就是所谓“文字异形”的本质。顺便说一下，楚系文字中作“虍”“壬”，其实就是以“”（虎）的字形为基础来表现人称代词，在下面加了两个横画。

这种文字书写的不同，并不是随便书写的结果，它们存在着体系上的不同。楚系文字中“吾”字的写法无一例外都用“虎”字，根本不用“吾”字。在秦国，战国末期以后无一例外写作“吾”，根本不使用楚系文字中的“虎”、中原系文字中的“虎”+“魚”。战国时代的诸国使用各自的文字，即存在着各自的书写系统，文字统一就是对各国用字方法进行统一。较早提出这一观点的学者是东北师范大学的张世超教授。京都大学附近有一家出版中文读物的出版社叫作中文出版社，1990年出版了《秦简文字编》，内容是对睡虎地秦简中的文字进行编辑整理，编者是张世超和张玉春两位先生。书中有一篇名为《汉语言书面形态学初探》的论文，在论文中张世超先生提出了这一主张。张先生认为，通过文字书写表现语言称为“语言的书面形态”，各国的“书面形态”都有自身的规则性，这就是秦统一文字的主要原因和内容之一。这是一篇非常重要的论文，我自己也屡屡引述，但是张先生的主张并没有被学术界轻易采纳。谈到文字统一必然要提到台湾陈昭容先生《秦“书同文字”新探》这篇论文，这篇论文明确地指出张先生的说法是错误的[5]。关于这件事，今天演讲的后半部分还会再提。为何张先生的说法没有被接受，我想其原因有二：一是这篇论文太有预见性，当时的研究水平还不具备接受它的条件。二是这篇论文自身的不足。这一点我在后面再说。此外还有一点，就是这篇论文是在日本发表的吧。

正如刚才所说，战国时代各国文字的字体并没有太大的差别，这种观点是在1990年之后才逐渐被接受的。因此，人们开始质疑文字统一到底是不是字形的统一。但是张先生的论文发表之时，大体上还没有这种普遍性的认识。直到郭店楚简被发现之后，学术界才明确地认识到各国的书写系统中存在着习惯性、规则性的差异。

众所周知，楚简上的文字一直都以难读著称，对楚简文字的解读直到《包山楚简》的出版才迎来了契机。包山楚简出土于1986年12月，湖北省荆沙铁路考古队用了五年时间，对其进行了全部的释读和注释之后，出版了《包山楚简》[6]。记得是在1993年吧，我在暑假中花了几天的时间才读完这本书。当时，我发现这本书的释文和注释中有很多的问题，不能使用。但是我自己似乎也没有能力完成修正释文这一工作，感到非常遗憾。以此为契机，我在1998年到广州中山大学留学了十个月，在战国文字研究上花了不少时间。此外，1992年在中国南京大学召开了中国古文字研究会的年会，此次年会以战国文字作为主题，从此楚系文字的研究日渐兴盛。在这种研究热潮的推动下，1998年5月文物出版社出版了《郭店楚墓竹简》。郭店楚简出土于1993年，当时的报道非常火爆，整理出版又花了五年时间。在郭店楚简中有《老子》、今本《礼记》中的一篇——《缁衣》以及也见诸于马王堆帛书的《五行》，它们都可以与后世文献进行比较解读。仍以楚系文字中的"吾"字为例，1957年出土的信阳楚简中就有这个字。但是当时人们不知道这是什么字。直到郭店楚简《老子》中再次出现，人们才知道是"吾"字。我当时在广州花了很多时间，一边抄写《郭店楚墓竹简》，一边认真地研读。虽然是十五年前的事情，今天想来依旧是如梦境一般美好的时光。这一年的10月，中国古文字研究会在成都的四川联合大学召开了第十二次年会。闭幕式由北京大学的李零先生发表演讲，他演讲的内容对我触动非常大。后来，李零先生的这篇演讲以《郭店楚简研究中的两个问题》为题，发表在《郭店楚简国际学术研讨会论文集》上[7]，其主要内容是假借并非是纯粹的音韵现象，对此应该反省。李先生举例，楚简中"郊"写作"蒿"、"甲"写作"庘"（甲胄的"甲"，非干支中的"甲"）、"李"写作"孷"、"陵"写作"陸"、"仁"写作"𢖮"、"吾"写作"虗"、"勝"写作"乘力"、"姓"写作"眚"等。李先生指出，假借并非是由发音近似性决定的，而是由当时楚国固有的书写习惯所造成的。我听闻此语，不禁茅塞顿开。自此以后，我不仅将假借视为音韵，而且从用字法、文字书写等问题上来思考。不过李零先生的说法有一些问题，他所指出的现象是郭店楚简的文字写法，并不能将之作为全部楚系文字的写法来看待。也有学者指出，即便是在楚简中，楚人所写的文本里也有从其他地域传来的字形和文字写法。比如上海博物馆藏楚简《缁衣》，就被认为是依照齐、鲁传来的文本书写的[8]。如果想找到纯粹楚文字的写法，包山楚简等是不可或缺的资料，而不是任何楚简都可以应用的。

关于文字写法的问题，也就是怎么选字，我想对于书法老师们来说是非常容易理解的常识。比如用古文字抄写古代典籍中的某一节，用秦国隶书或是楚系文字，用字是不一样的。比如《孟子 · 离娄下》“可以與，可以無與，與傷惠”一句，楚文字和秦文字各自的写法如下。这些字其实应该我自己来写，很遗憾我是从文字编中摘录下来的。

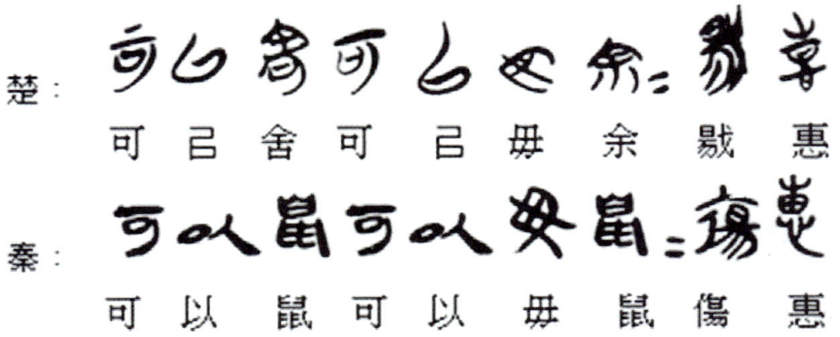

实际上，在这个例子中我们可以发现，第三字和第七字的“與”，楚文字写作“舍”和“余”，秦文字写作“鼠”。可是在战国时代绝对不会写成“與”，在秦国的资料中“與”写成“鼠”或是“予”，文字统一之后用“予”。我们所熟悉的“與”字是前汉中期以后这个字的写法[9]。“傷”在楚系文字中从“昜”从“戈”。“可”的字形和写法几乎没有什么变化。“以”和“毋”秦楚两国的字形本身很不一样。总而言之，文字统一并不仅仅是字形的统一，还包括了用字法的统一，进一步说也包括了公文书用语和语法的统一。一言以蔽之，文字统一“包含了词汇和语法在内的书面语书写习惯的统一”[10]。毫无疑问，文字统一是秦统一天下这一重大事业的组成部分，从战国中后期开始，各国通过文书和法律来完善统治体制。对那些新纳入秦国版图的人们，秦国如果沿用当地过去的字形和用字法，必然会影响统治的行政效率，也会产生误解。根据睡虎地秦简中的规定，秦国禁止官吏们进行口头报告，必须使用文书[11]。对于方言差别巨大的中国来说，这种做法是理所当然的。因而秦国对文字倍加重视，并对文

字用法的统一倾注全力。

三、什么是"史书"

刚才提到，张世超先生提出文字统一最重要的一个方面就是用字的统一，但是学术界对此并未能很好地接受。台湾的陈昭容先生引证汉初马王堆帛书等文献为例，反驳张先生用字统一的说法。陈先生提出反论的主要观点是，从实际的资料来看，当时并没有实现完全的统一。事实上，马王堆帛书的用字多种多样，其中著名的例子是《阴阳五行甲篇》，我们来看其中的一个部分[12]。

图中，楚系文字对字形和文字写法的影响随处可见。比如："道"字写作（"衍"）、"歌"字写作（"訶"），就是如此。张先生的学说并没有对这一点进行充分调查，只是简单地说汉初的用字承继了秦，这是其学说的不足之处。但是我认为陈昭容先生的说法也不能成立，问题就在资料的使用上。马王堆帛书是战国时代以来秦国以外的地区传承的文献，统一之后的写本保留了秦以外六国一系的用字，所以才呈现出文字非常不统一的状态。与之相反，睡虎地秦简、里耶秦简、汉初的张家山汉简《二年律令》《奏谳书》等公文书的用字，基本上都是统一的。在这里，我想通过"知"（动词"知道"）和"智"（名词"智"，或者形容词"智慧的"）的关系为例予以说明，请看下（表一）。

这是秦到汉初之时"智""知"二字及其语义关系的总结表。文字同语言的对应关系错综复杂，如果仅以此来看，不得不承认此时用字的确不统一。但是，

图 4

	文字	语言
(A)	智	知（动词"知道"）
(B)	智	智（名词"智"，形容词"智慧的"）
(C)	知	知（动词"知道"）
(D)	知	智（名词"智"，形容词"智慧的"）

表一

	秦（汉初）公文系统	秦（漢初）其他
〔終〕	「終」	「終」「冬」
〔小〕	「小」	「小」「少」「宵」
〔少〕	「少」	「少」「小」
〔有〕	「有」	「有」「又」
〔又〕	「有」	「有」「或」

表二

若仅从秦到汉初时期公文系统中的文献来看，只有上表中的 (A)(B)，并不存在 (C)(D)。这里所说公文系统中的文献是指由官府或是官吏所作的法令和公文之类的文书，包括睡虎地秦简《语书》《秦律》《封诊式》、张家山汉简《二年律令》《奏谳书》、里耶秦简、龙岗秦简等，也许他们还以此为基础制作了二级文书。至于《日书》《为吏之道》等民间流传的文献，在这类文献中可以看到他国的影响，并非是纯粹秦国的资料，所以应该区别看待。此外，还可以看到“知”字作为“智”简体的情况，在岳麓书院秦简《占梦书》35 号简中有“贵人知邦端”这样一个较为古老的例子，这里似乎并没有采用秦到汉初时期的公用文字。在公文与非公文之间，可以看到很多此类的差异之处。表二中举了一些例子 [13]。

陈昭容先生以非公文系统的各种资料否定用字统一说，我认为这是错误的。用字的统一可以从公文系统的资料中得到确认。

随后，我们说说“史书”这个词，它是《史记》《汉书》中都常见的传统用语。比如《后汉书 · 章帝八王传》中所云：“小娥（后汉安帝之母）善《史书》，喜辞赋。”张家山汉简《二年律令 · 史律》中也有这个词，可知它是汉初以来一直使用的词汇。然而，近些年围绕着什么是“史书”引发了各种各样的讨论。我认为，当时的书记官（史）用端正的文字写法——隶书写作了公文书，这种书体就是“史书”；虽说同样叫作“隶书”，但是《阴阳五行甲篇》中那样的文字却并不属于“史书”的范畴。清朝的学者钱大昕和段玉裁就曾经指出“史书”就是“隶书”，并被认定是后汉碑文中所见的八分书那种书体。进入到 20 世纪，西域的长城遗迹中发现了大量的汉简，它们都是用隶书书写的，所以劳榦等学者们主张“史书 = 隶书说”，并成为一时之定论。但是 2007 年末，藏于英国国家图书馆中斯坦因所搜集的敦煌汉简被公开，其中有大量的《苍颉篇》残简。它们都是用篆书的书体或者古隶书书写的，这就引发了关于什么是“史书”的新争论。以敦煌《苍颉篇》书体与汉代印鉴中所用的文字做一对比 [14]。

英藏《苍颉篇》　　　　　　　汉印

“慎”：（3126）　　（10-16）

“敬”：（2090）　　（9-5）

“笱”：（3175）　　（3-1）

“務”：（同上）　　（13-15）

《苍颉篇》与汉印的字体非常相似。《苍颉篇》上的字写得非常拙劣，它是当时的下层官吏练习写字削落的木屑（柿、削衣），他们练习的正是这种古香古色的书体。这种书体同普通的隶书不同，是一种特殊的隶书，或者说是古体的隶书，甚至也有说是大篆的。要解决这一问题需要复杂的考证，在这里不做深入[15]。我的结论是官府要求史（文字技术者）除了所谓的“史书”以外还要掌握的各种各样的书体，将上面那种特殊的书体直接等同于“史书”是错误的。在《史律》中有如下的条文：“卜童能讽书史书三千字，□卜书三千字，卜六发中一以上，乃得为卜。”条文要求学会史书三千字的人是卜官，不是史。这里并没有提及史对史书的学习。卜官并不是专门的文字技术者，很难想象官府会要求他们掌握大篆之类的史书。此外，也有人提出“史书”并不是书体，而是某种书籍，佛教大学的西川利文先生就认为“史书”是与专门教育有关的教科书[16]。不仅是史，就连卜官也要学习以书体命名的教科书《史书》，这也不合理。提出这种说法的背景是，史律中规定史学童的学习时间是从十七岁开始学习三年。这对于文字教育的年龄来说太晚了，教育时间也太长了，不得不让人怀疑。但是这种想法太现代了。在当时的社会里，充斥着《阴阳五行甲篇》之类奇特的隶书，政府为了消灭这样的书体，要求史采用世袭制度，以进行彻底的文字教育。史作为专门从事文字工作的人，不用说史书，政府要求他们掌握象征国家权威的籀书或是篆书等八种书体。我不认为学习三年时间太长。假如学童在当地的初等文字教育中养成了某种特别的用字习惯，就必须纠正。在秦代或是汉初之时，文字统一都是重要的国策，为了实现这一目标就需要进行彻底的文字教育和严格的考试。这种规范文字的做法一直延续到前汉中期，考核下层官吏的方法才从考核文字，转变为对儒家素养的重视，此后严密的文字考试也不再进行了。

四、秦的文字改革

最后，我想谈谈秦统一文字之时，秦国内部的文字改革。与其他国家相比，秦文字有严格规范语言与文字关系的特点。如上面所看到的对“少”和“小”的明确区别，就是其一。不过，像这样的用字法是由于习惯形成的，还不彻底，比如战国末期的睡虎地秦简中“可”和“何”都可以来表示“可”。但是从秦统一天下到秦二世的时期，“可”和“何”就有了后世那样的区别。在统一天下的时期，这种订正用字的例证并不少见。在这里举个特殊的例子，我想说说我们熟悉的泰山的“泰”字，并做最后的总结。

我认为，“泰”是为了纪念秦统一天下、用以替代“大”字而制作的文字。即便是在楷书中，谁都可以轻易看出“泰”和“秦”字形相似。实际上，这里隐藏了一把解开谜团的钥匙。让我们看看篆书中的“泰”和“秦”字。

泰 秦

首先，二者的文字结构相似。从其各自的构成要素来看，“泰”字由“大”“廾”“水”三个要素构成，“秦”字则由“午”“廾”“禾”三个要素构成。《说文解字》中说：“泰，滑也。从廾从水，大声”，其中的“大”是表示发音的声符，所以“泰”是一个形声字。但是这个字在战国末期的睡虎地秦简中却没有任何用例，更早的资料中也没有这个字，然而在统一天下时代的里耶秦简中，却大量地使用了“泰”字。并且“泰”字都是用在“泰山”“泰（大）守”“泰（大）王”“泰（大）上皇”等高级的词汇之中，在诸如“大男子”“大女子”“大隶臣”“大隶妾”等普通词汇、低级词汇中却没有一条用例。“泰”字是对之前一直使用的“大”字加以修改、在统一天下的时代赋予了特殊意义而创制出来的新文字。那么，它的意义何在？关键就在篆书中的“水”字。一般认为，这个“水”代表了五行学说中的水德。五行学说是将森罗万象与木火土金水一一相对，根据其运行的规则说明社会的动向。统一天下的秦国，基于水德进行了一系列的改革。《史记·秦始皇本纪》始皇二十六年条中说：“始皇推终始五德之传，以为周得火德，秦代周德，从所不胜。方今水德之始，改年始，朝贺皆自十月朔，衣服旄旌节旗皆尚黑。”“泰”字中的“水”正是为了表明水德而附加上去的。“廾”也是“秦”字的构成要素，通过加上这个要素，使“泰”字更接近“秦”字。由此看来，“泰”字不但加上了象征秦的水德，在字形上也是模仿“秦”字特意设计出来的。因此，其用途仅限于一些与国家体制、制度相关的权威性的词汇。不用说隶臣、隶妾等表示卑贱的词汇，就连普通词语原则上也不能使用这个字。

当时封泥上的官名也反映了这样的改革，请比较一下下面的两方封泥。

“泰匠丞印”[17]

“大匠丞印”[18]

这是将作大匠的副官大匠丞的公印。使用“泰”字的一方被认为是在统一天下之后的印章。这里需要注意，“泰匠”和“大匠”中的“匠”字，二者字体也不同。“大匠”的“匠”，用的是“”，而不是“匚”。《说文》中说“”是“匚”的籀文，由此可知，与“大匠”相比，“泰匠”更为晚近。

“泰”字中蕴含了“以水德实现统一天下伟大的秦帝国”的政治意涵。推翻强秦的汉帝国厌恶这个字，又将其全部改回“大”字。所以，在汉初的资料中完全看不到“泰”字。不过，我们现在依旧使用着这个字。一时间被抹去的“泰”字为何又会复苏，现在无法确切知晓，但是，汉代的青铜器和镜铭却让人不可思议，因为其中只有“泰山”一词“泰”和“大”并用，其他都不用“泰”字。我怀疑这可能和泰山信仰有关，但是很遗憾，其他的事情皆无从知晓。不过，有一点是确定的，我们非常熟悉的“泰”字与文字统一一定有着密切的关系。

（作者单位：东京大学人文社会系，译者单位：南昌大学人文学院）

注释：

[1] 《アジアと漢字文化》，放送大学教育振兴会，2009 年版。

[2] 《アジアと漢字文化》，页 107。

[3] 何琳仪：《战国文字通论》，北京：中华书局 1989 年版，页 184。

[4] 黄灵庚：《简帛文献与 < 楚辞 > 研究》，《文史》第 75 辑，中华书局，2006 年。

[5] 陈昭容：《秦“书同文字”新探》，《中央研究院历史语言研究所集刊》第 68 本第 3 分，1997 年版。

[6] 《包山楚简》，北京：文物出版社 1991 年版。

[7] 李零：《郭店楚简研究中的两个问题》，武汉大学中国文化研究院编《郭店楚简国际学术研讨会论文集》，武汉：湖北人民出版社 2000 年版。

[8] 冯胜君：《郭店简与上博简对比研究》，北京：线装书局 2008 年版。

[9] 大西克也：《说“与”和“予”》，《古文字研究》第 29 辑，中华书局，2012 年。

[10] 大西克也：《戦国時代の文字と言葉－秦 · 楚の違いを中心に－》，长江流域文化研究所编，《長江流域と巴蜀、楚の地域文化》，雄山阁，2006 年。

[11] 《睡虎地秦简 · 秦律十八种 · 内史杂》：“有事请殹，必以书，毋口请。”

[12] 陈松长：《汉帛书阴阳五行甲篇》，上海：上海书画出版社 2000 年版。

[13] 大西克也：《秦の文字統一について》，《第四回日中学者古代史論壇論文集 中国新出資料学の展開》，汲古书院，2013年。

[14] 英藏《苍颉篇》见汪涛、胡平生、吴芳思主编《英国国家图书馆藏斯坦因所获未刊汉文简牍》，上海：上海辞书出版社2007年版。汉印见罗福颐《汉印文字征》，北京：文物出版社1978年版。

[15] 大西克也：《"史書"とは何か——英蔵敦煌漢簡及び秦漢楚地域出土資料を中心として》，出土资料与汉字文化研究会编，《出土文献と秦楚文化》第5号，日本女子大学文学部谷中信一研究室，2010年。

[16] 西川利文：《張家山漢簡·史律に見える"史書"について》，《鷹陵史学》36号，2010年。

[17] 周晓陆、路东：《秦封泥集》，西安：三秦出版社2000年版，页175。

[18] 西泠印社、中国印学博物馆《青泥遗珍 新出战国秦汉封泥特展图录》，杭州：西泠印社2010年版，页22。

书序 / 书评

再现南洋的梨园风景

——《新加坡华文报章所载梨园史料汇编（1920–1941）》前言

王 兵

晚清以降，伴随着大批华人移居南洋各地，中国古典戏曲尤其是地方戏便在新马一带落地生根，中国南方的许多知名戏班也经常受邀去新马等地演出。有关新加坡的地方戏班及其戏曲演出的纪录文献，最早见诸于19世纪40年代欧美旅行者的报告、书信、回忆录以及各类轶文之中，而最为集中记录的载体当属19世纪末以降的华文报章。而就新马华族戏曲文献整理而言，除了在新马戏剧史研究著作中被零星引用外，新加坡本土文艺爱好者许永顺的报章文献整理最为用力。2006年至2019年，他先后出版了《新加坡音乐、舞蹈、戏剧：1966-1967》《新加坡粤剧历史篇：1965-1983》《新加坡福建戏：1963-2005》《新加坡琼剧：1965-2007》《新加坡潮剧、汉剧：1963-1983》《新加坡华族戏曲汇编》《新加坡福建戏纪实》《牛车水人民剧场50年（1967-2017）纪事》等8部著作，集中搜罗了新加坡华族戏曲近几十年演出活动与发展的原始材料，且多数资料来源于华文报刊。不过，许氏研究的年代皆断自1963年或建国之后，1942年2月15日新加坡沦陷之前（即战前）较为系统的剧团（戏班）资料整理仍付诸阙如。因此，我在新加坡南洋理工大学教学戏曲课程之余，开始有意识地搜集和整理自1881年《叻报》创刊以来直至1941年底这段期间的报章文献，并申请了新加坡戏曲学院的“新加坡戏曲研究发展基金”。由于资料过于丰赡，目前完成部分为1920年至1941年的史料汇编。

这部书稿从1920-1941年新加坡三大华文报纸——《叻报》《南洋商报》和《星洲日报》中，摘录近500则与华族戏曲和剧团（戏班）演出有关的文献资料，以期较为全面地呈现与还原 80 至 100 年前新马地区繁盛一时的梨园活动。需要说明的是，战前时期，中国戏曲传入南洋者以平剧、汉剧、粤剧、潮剧、闽剧和琼剧为主，盖因南洋移民之原籍多为粤、闽和琼崖等地使然。因此，本书所集之剧团或剧评史料亦不超出上述剧种。兹将主要内容分列如下：

剧团演出：梨园是中国古代对戏班子的别称，20 世纪以降成立的戏曲组织一般不再称为戏班，多称剧团。新马一带战前的剧团演出概可分为两大类：一是商业演出；一为公益演出。前者的演出地点可以在独立的戏院或庙宇街口，更多的是在欢乐园、大世界等综合游艺场。游艺场里按照娱乐种类分成不同的表演区域，戏剧表演只是其中一个常规性的演艺活动。票价按照座次区域的不同分为几类，适合不同层次的人群。这些娱乐公司会定期或不定期地在各大报章刊登广告，宣传最新的演出剧团和剧目。公益演出则分为助学和赈难两大类，1937 年中、日全面开战之前，新马剧团的公益演出多为各类学校筹集善款，少数为慈善机构或家乡灾民募款；1937 年以后，新马各重要剧团皆参与到抗日救国、筹赈祖国军民的义演活动，1941 年日军攻占马来亚受到驻守之英军抵抗，新马各剧团又发起了筹赈援英之义演。从现有的文献来看，20 世纪 30 年代之后，各剧团都将演剧筹赈作为宣传抗战、鼓舞士气的积极手段，也排演了多部新编剧。另外，中国南来剧团或名伶赴新马演出，或星洲剧团赴马来亚、印尼演出的资料也非常丰富，如马师曾、薛觉先等南来新马演出、考察，这部分可视为中国古典戏曲海外传播或海外剧团交流的重要文献。

剧团管理：这部分的资料相对松散，难成体系，主要涉及到剧团或戏班的日常训练与生活、童伶的管理及女伶的境遇、剧团举办成立大会或召开理事会、周年纪念庆祝活动、剧团改组与新聘艺员等，甚至还有戏班在演剧酬神时发生的公共案件等。总体而言，旧式戏班因管理严格，训练刻苦，故演剧水平较高；而业余剧团如余娱、陶融、六一等儒乐社相对而言管理较为松散，虽有专业老师指导，但毕竟非科班出身，故演艺水平不及专业戏班。即便如此，这些业余剧团的组织结构也非常严谨和完整。以平社为例，虽然正式成立于 1941 年 6 月，但在此之前，已召开过四次理事会，筹备各项事宜；剧团内部又分为剧务股、总务股、文书股、招待股、财务股等，各司其职。

戏剧评论：这部分的文献可大致分为两部分：一是对于剧团某场演出剧目的评价，包括角色扮演、舞台布景、场面设置等，多数为正面评价，也偶有负面批评。二是对于单个剧种发展或戏剧改良的评论与思考，这部分的文章极具学术价值。在我们的认知中，20 世纪 20 年代至 40 年代应该称得上地方戏的黄金时期，各剧种的演出活动非常频繁，但是其时的戏剧评论者已经清醒地认知到，带着封建思想烙印的旧剧若不能反映当下的现实生活，就必然会走向没落。不论是潮剧、琼剧，还是整体意义上的旧剧、戏曲，评论者皆在报章上撰文评议，既有批判之言辞，也有改革之建议。实际上，这段期间的古典戏曲不论在内容还是在形式方面也都有所改良，如新编了许多呼应时代的爱国剧和历史剧，将旧剧演唱灌成唱片或拍摄成粤剧电影等。

上述三项内容并非平衡分布，其中剧团在各种场合的演出活动史料最为宏富，文献的表现形式包括广告、新闻、特刊、评论等，涉及专业和业余剧团数十家，涵盖区域包括新加坡、马来亚和印尼部分华人聚居的州市。

本书稿主要采用历史文献研究法，在文献搜寻和整理过程中，始终秉持以下原则：首先，重大事件注重连续性。如某些大型的筹赈演剧活动或业余剧团的创立，提前一个月即在报纸上登载相关预告的新闻；待正式进行之前几日，又会在报纸上登载事件的进展；活动前一日还会再出一个预告通知；结束后一天会有活动回顾和点评。这样看来，是次演剧活动至少有四次新闻报道，虽在文词上略有重复，但是这种做法可以连续追踪事件发展，完全弄清这次重大活动的始末，方便未来的内容研究。其次，重复事件选择代表性。如欢乐园、大世界、快乐世界、新世界等综合性的游艺场，几乎每周都会在各大报纸上登载演出广告，尤其是当新聘名伶或新剧首演时。过于庞大的广告数量使得我们不可能全部照录，选择其中有代表性的予以摘录，是最具操作性的办法。未来的研究者可以据此窥一斑而知全豹。再次，平行报道强调差异性。同一演剧事件发生后，《南洋商报》和《星洲日报》同时予以报道，且报道角度和评价内容相仿，则只选录其中一家；若两家报道同一事件，采用不同视角和评论时，则两篇皆录，旨在让读者看到不一样的报道方式。

本书稿虽属于资料汇编性质，然亦具文献价值和学术价值。前者主要包括：其一是补足了中国戏班或剧团南下新马演剧史料的短板。如上海仁合戏班于 1920 年阴历十月二十四至二十六晚在新加坡豆腐街唱演三天；从香港抵新加坡演出的粤曲“声国总统”余性真女士在英华戏院登台献艺；粤剧泰斗薛觉先 1935 年 2 月南来星洲不为演剧，而是考察新马电影营业。诸如此类的信息，在中国大陆和香港的学术界不易关注，即使侧面了解到相关梗概亦难寻第一手资料。因此在战前新加坡的华文报章中可以寻绎到近百年前这些剧班在南洋的足迹。其二是完整再现了新马本地剧团四处演剧的历史场景。新加坡早期的剧团，能如余娱、陶融、六一等存活至今的不多。由于早期史料保存的意识不够，因此战前创立的很多剧团的演剧资料只有在旧报纸中才有完整呈现。如热心公益的集霓裳京乐社，星洲国风幻境剧社，昙花镜影剧社等。其三是真实披露了某些剧团（戏班）管理中鲜为人知的细节。如潮剧新荣和班主陈平权及经理谢长利两人，把纯白铅炭酸粉称作面粉，给童伶敷面致其中毒，后被地方刑被控危害儿童康健罪。先后三份报道揭开了潮剧班中敷面之粉竟然含有毒成分的内幕，尽管负责人并不知情，但是已经造成了艺员伤残之后果。另外，福州戏班的训练与生活亦非外人所了解，通过两篇巨细靡遗的报道之后，我们仿佛清晰地看到了早期戏班里的悲惨世界。

学术价值方面则包括：其一，百年前关于新编戏的争论以及对于戏剧改良的看法至今仍具启发意义。1922 年 1 月，《叻报》相继发表了四篇关于星洲京剧的杂谈，虽意见相左，针锋相对，却也越辩越明。在数篇谈及戏剧改良的文章中，剧评者都提及旧剧象征性舞台布景的独特，也言及高度程式化的弊端，呼吁摈弃封建意识，与时俱进。这同样是当下戏曲研究者和从业者应该抱持的态度。其二，新马业余剧团的兴起及其发挥的社会职能可能成为学界未来研究的一个学术增长点。在西方话剧逐渐兴起的战前时期，新马地区的业余剧团如余娱、陶融、六一、平社等却相继成立，且延续至今仍具生命力，这在全球华语戏曲史上亦不多见。这些剧团早期演剧的资料为未来新马业余剧团的研究奠定了坚实的基础。

（作者单位：福建师范大学文学院）

为有源头活水来

——评高利克《翻译与影响：〈圣经〉与中国现代文学》

刘君君 刘 燕

摘要： 斯洛伐克汉学家马立安·高利克的新著《翻译与影响：〈圣经〉与中国现代文学》(2018) 包括“《圣经》与现代中国”、“《圣经》与大陆现代文学”、“《圣经》与港台文学”三部分，从跨文化研究、翻译学、比较文学等多个方面，呈现了高利克近二十年有关《圣经》对中国现代文学的影响的学术成果。此书视野开阔，资料丰富，研究方法多样，体现了布拉格汉学派的理论范式与研究特色。

关键词： 布拉格汉学 马立安·高利克 《圣经》 中国现代文学 跨文化研究

2018 年 8 月社会科学文献出版社出版了斯洛伐克汉学家马立安·高利克（Marián Gálik，1933-）的新著《翻译与影响：〈圣经〉与中国现代文学》（*Translation and Influence: the Bible in Modern China*，以下简称《〈圣经〉与中国现代文学》）一书，其英文原著为 *Influence, Translation and Parallels: Selected Essays on the Bible in China*（《影响、翻译与平行：〈圣经〉在中国评论集》，圣·奥古斯丁 2004），中译本根据英语原著（17 篇论文）编辑而成，删除了运用平行方法研究的 1 篇论文《〈雅歌〉与〈诗经〉的比较研究》，增加了 4 篇文章，并把英译本的两个部分扩充为三个部分，分别围绕“《圣经》与现代中国”、“《圣经》与大陆现代文学”、“《圣经》与港台文学”（此为中译本增加部分）进行论述。

全书以高利克的回忆文章《我读〈圣经〉七十年》作为自序，结尾附有中译本书主编刘燕的访谈《漫漫求索之路：汉学家马立安·高利克博士 80 寿辰访谈》、编译者后记。自序、序言、正文、访谈和后记分别从不同侧面展现了高利克的个人生命史、信仰史和学术史是如何紧密交织，共同作用的。全书收录的 20 篇论文从翻译学、比较文学、跨文化、跨学科研究等各个方面，呈现了高利克近二十多年有关《圣经》与中国现代文学研究的学术成果。2006 年 3 月 24 日德国“亚历山大 - 洪堡奖”授予了高利克，表彰他“是中国现代文学研究领域的奠基人之一。其研究成果之一关注了欧洲现代文学在中国现代文学的建立中所起的作用。近年来，他将关注的焦点特别放在基督教的影响和《圣经》对该领域所起的独特作用上。与许多东西方汉学家不同，他了解多种语言和传统。”[1] 中译本《翻译与影响：〈圣经〉与中国现代文学》一书聚焦《圣经》对 20 世纪中国现代文学的深刻影响，为中国读者了解以普实克、高利克为代表的布拉格汉学派的理论范式与研究特色提供了一个路径。

一、基督教信仰背景下的学术转向

斯洛伐克是天主教信仰悠久而深厚的国家，其国旗与国徽的双十字架源自于拜占庭帝国的基督教传统，标识了圣西里尔、圣美多德二位把基督教传给斯洛伐克人祖先的历史。高利克于 1933 年 2 月 21 日出生在斯洛伐克首都布拉迪斯拉发（Bratislava）附近的小村伊格拉姆（Igram）一个信仰天主教的家庭，父辈为贫苦农民和工人，年少时他能阅读到的为数不多的书便是《圣经》和教会小册子。在外祖母的陪嫁品中，有一本 1936 年出版的附有德国木刻艺术家尤利乌斯 · 施诺尔 · 冯 · 卡罗尔斯菲尔德（Julius Schnorr von Carolsfeld, 1794-1872）的插图版天主教简缩本《圣经》中的挪亚方舟、雅各梦见天梯、大卫在约柜前跳舞等生动有趣的故事，成为他童年生活的最大慰藉。与中国大陆的情形类似，斯洛伐克在 1989 年社会主义体制解体之前的很长一段时间，禁止人们阅读《圣经》或谈论基督教，高利克只能暗地里阅读《圣经》，与大学的一位同屋好友私下沟通信仰方面的话题。显然，敬虔的天主教家庭氛围，童年阅读《圣经》故事，被纳粹屠杀的儿时犹太邻居的悲惨遭遇，大学偷偷阅读《圣经》谈论信仰问题，所有这些个人经历构成了高利克一生的生命体验，为高利克后期的汉学研究转到《圣经》与中国现代文学的关系研究奠定了基础。此外，还有一个重要的契机，1990 年 5 月高利克参加了在美国哈佛大学举行的一次国际会议，认识了写作《双刃剑：基督教与 20 世纪中国小说》（*Double-Edged Sword: Christianity & 20th Century Chinese Fiction*，1986）一书的美国学者罗易斯 · 罗宾逊 (Lewis Stewart Robinson)。[2] 高利克回忆道：“这本价值非凡的书改变了我的汉学研究方向。这对我而言是一个极为关键的转折点，我决定把未来的学术生涯投入到有关《圣经》、基督教对中国文学和文化的影响研究中。这本书给我提供了大量此前未曾意识到的新材料。罗宾逊开拓了一个我长期忽略的研究领域。”[3] 从 20 世纪 90 年代至今，基督教与中国文学的跨文化研究成为高利克的一个研究重心，其2004年在德国出版的《影响、翻译与平行：〈圣经〉在中国评论集》一书，是继罗宾逊的著作之后，西方汉学界有关《圣经》与中国现代文学研究的第二本个人专著。

高利克的早期汉学研究主要是从比较文学的视角，考察中国现代文学（以及文学批评）与西方文学之间的对峙、互动与影响关系，其代表作有《中国现代文学批评发生史1917-1930》（*The Genesis of Modern Chinese Literary Criticism1917-1930*，布拉迪斯拉发-伦敦1980；社科文献出版社1997）、《中西文学关系的里程碑1898-1979》（*Milestones in Sino-Western Literary Confrontation 1898-1979*，布拉迪斯拉发-威斯巴登1986，北京大学出版社1990、2008）。如前所述，高利克后期汉学研究的转向固然受到了罗宾逊著作的启发与激励，但主要还与他本人的基督教信仰与宗教情结有密切关联。《圣经》向童年的高利克展现了一个欧洲农民家庭孩子所能认识的关于外部世界和历史的最大知识，构成他生命的特殊经验和难忘记忆，也成为他与父辈、祖辈传统连接在一起的信仰根基（尽管这一宗教传统在20世纪下半叶的特殊时期被压抑）。一旦斯洛伐克人文社科研究的语境变得宽容和自由，时机成熟，他内心潜在的研究热情一发而不可收拾。在其著作的系列相关文章中，高利克试图回答一些令人深思的问题：《圣经》文本是如何与自我、他者发生关系？中国作家究竟是如何翻译、诠释和运用《圣经》文本，并叙述现代中国知识分子的基督教传统与经验呢？在中西不同的文化背景下，圣经文学的叙述方法、原型意象、象征结构等等与中国现代文学的“互文性”关系会以什么方式呈现出来？

在《〈圣经〉与中国现代文学》中，高利克不仅研究了《圣经》在中国的翻译史（如《诗篇》的多个中译本），而且探讨了周作人、鲁迅、茅盾、王独清、徐志摩、向培良、冰心、王蒙、朱维之、穆旦、顾城、海子和台湾女诗人蓉子、斯人、夏宇等现代作家、批评家是如何阅读、重构《圣经》文本的；其研究方法包括翻译研究（《20世纪〈圣经·诗篇〉的翻译语境》《吕振中：一位中文圣经翻译家》）；渊源—接触研究（《〈圣经〉在中国的接受（1980-1992）》《〈圣经〉对中国现代诗歌的影响：从周作人到海子》）；主题研究（《在客西马尼花园与骷髅地之间：中国现代文学中的耶稣受难日》）；跨学科研究（《“第三约”和跨宗教理解：一个理想主义者的信条》）；跨文化研究（《〈圣经〉、中国文学与跨文化交流》）等等，较为详尽地展示了中国现当代作家各具特色，使用不同的方式阅读《圣经》，并在其创作文本中进行不同程度上的借鉴、模仿（imitate）、改写（rewrite）或谐拟（parody）的经验，其研究方法体现了布拉格汉学重视文本间性（interliterariness）、互文性（intertextuality）和文本形式与结构分析的特色。

《圣经》在中国现当代文学中留下的独特印记是毋庸置疑的：茅盾的《耶稣之死》《参孙的复仇》、向培良的戏剧《暗嫩》《母亲利巴的哀歌》、王独清的《圣母像前》、陈梦家的《雅歌》、冰心的祈祷诗、李健吾的《使命》、鲁迅的《复仇（其二）》、巴金的《田惠世》、穆旦的《隐现》《神魔之争》等，都与《圣经》文本有着密切的关联，它们或是对圣经故事的改写，或是对《圣经》中的历史人物的重塑，或是运用了圣经文学中的文体、原型、象征与意象。又如，在中国文学中的"耶稣"形象流变中，鲁迅的《复仇（其二）》和茅盾的《耶稣之死》都将耶稣作为一个具有伟大人格的圣人看待，小说的描写主要突出了看客的"冷"（鲁迅）和耶稣的"战士形象"（茅盾）；向培良《暗嫩》"基本忠实于《圣经》文本（不仅限于《撒母耳记下》），同时借鉴了王尔德（Oscar Wilde）在著名的独幕剧《莎乐美》（*Salome*）中的戏剧氛围、问题和其他技巧。"[4] 王蒙的"拟启示录"《十字架上》最具谐拟（parody）色彩，借鉴了《启示录》的开头，拼贴了《西游记》的结尾。在王蒙笔下，严肃的《启示录》作为"天启文学"被反转，成为对荒诞生活文化政治的抵抗书写。值得注意的是，高利克在其书中还挖掘了中国学者容易忽略的一些作家作品，如向培良的《暗嫩》、钱钟书的《上帝的梦》《人·兽·鬼》、王蒙的《十字架上》、顾城的《英儿》，以及韩素音、蓉子、斯人、夏宇等港台女作家的作品，从某种意义上看，这也是汉学家的他者视角所带来了特殊效果。正如德国汉学家顾彬（Wolfgang Kubin）为《〈圣经〉与中国现代文学》一书写的推荐语："高利克先生最重要的贡献是从欧洲来看中国，从中国来看欧洲。他精通多种语言，运用比较文学的方法研究中国现当代文学，硕果累累。如果我们仔细阅读高利克在这本书中所介绍的丰富资料和富有洞察力的观点的话，无疑会丰富我们对中国现代文学的研究。"[5] 毫无疑问，"从欧洲来看中国，从中国来看欧洲"的互看互视，有助于我们更好地认识自我，辨识中国现代文学在 20 世纪中西跨文化交流的现代语境下出现的新趋势、新意识与新方法。

二、翻译与阐释：文学与宗教关系的研究

作为有持久生命力和影响力的《圣经》文本被不断翻译、传播后，究竟是如何在世界文化、他者文化中释放自己的魅力，成为"活水的泉源"？以色列汉学家伊爱

莲（Irene Eber）在为高利克论著所作的序言中，引用了弗兰克·麦康奈尔（Frank McConnell）在《圣经和叙事传统》（*The Bible and Narrative Tradition*）中关于“米德拉西”（midrash）的术语：“关于如何解释《圣经》文本，有关《圣经》文本内涵的米德拉西式的阐释在很多实例中呈现了各式各样、相互交错甚至截然对立的诠释。通过不同的路径和提出不同的问题，今天的文学批评家和《圣经》研究者仍在延续这一阐释学传统。《圣经》与对它进行训诂的文本之间的关系，就像一条奔腾不息的河流与其无数支流之间的关系，或者不如说是一棵充满活力、不断生长的大树与其枝干、树叶和汁液之间的关系。这些阐释反映了《圣经》文本的无限开放性，阐释给《圣经》注入了内在张力，用麦康奈尔的话，‘（这种张力）使之成为后来世俗写作的生命之泉’。”[6]伊爱莲引用了“世俗写作”（secular writing）这个词，描述了世俗时代的现代作家与《圣经》传统之间极其复杂的关联。马克斯·韦伯（Max Weber，1864-1920）曾将“世俗化”（secularization）这个概念引入宗教社会学。彼得·贝格尔（Peter L. Berger, 1929-2017，现译为彼得·伯格）在《神圣的帷幕——宗教社会学理论之要素》（*The Sacred Canopy*：*Elements of a Sociological Theory of Religion*）中认为：“我们所谓世俗化意指这样一种过程。通过这种过程，社会和文化的一些部分摆脱了宗教制度和宗教象征的控制。当然，在我们谈及西方现代史上的社会和制度时，世俗化就表现为基督教教会之撤出过去控制和影响的领域——它表现为教会与国家的分离，或者教育之摆脱教会权威。”[7]显然，与西方基督教文化相比，中国的文化更具有世俗化的特质，比如中国现代知识分子周作人、鲁迅、郭沫若、陈独秀、胡适、艾青等都是以人文知识分子的世俗眼光把握《圣经》，看待宗教的。即使是信而受洗的中国作家冰心、老舍、许地山、林语堂等人的文学书写也呈现出信仰含混、文化杂糅的状态。高利克一针见血地指出中国人在宗教和哲学领域，总倾向于一种“融合主义”（syncretism）：“冰心的宇宙观来自于她从《圣经》中了解到的天穹，也包含了从佛教与《奥义书》（*Upanishads*）中获得的观念与意象。她是通过泰戈尔（R.Tagore，1861～1941）的作品接触到《奥义书》的……当冰心写下早期的诗作时，她并未意识到自己精神灵感的这三个来源彼此殊异。其前期诗作表现出的冰心博爱思想——具有基督与泰戈尔的特质——二者融为一体，成为其人生指南。”[8]实际上，这种融合主义的现象在陈梦家、许地山、郭沫若、穆旦、海子等许多作家身上也非常显著。

对于“基督教与中国现代文学”这一研究课题，国内研究者主要来自两个领域：一为中国现代文学研究者，如马佳、杨剑龙、王本朝、王学富、王列耀、许正林等，主要研究中国现当代文学作家与基督教的勾连，他们的作品受到基督教何种程度的影响；另一是圣经文学领域的研究者，如朱维之、梁工等学者便是顺着圣经文化研究，衍生到圣经文学与中国现代文学研究的领域，重视《圣经》文本如何被改编进入作家文本。作为一个汉学家和国际比较文学研究者，高利克与中国研究者不同，他善于从中西比较文学的“他者”视角和“互文性”方面，探寻《圣经》的多个翻译文本、圣经文学形象在中国文化中的借用、变形与改写，并关注到一些不受重视的现代作家或被中国学者忽略的一些文本，哪怕是一些蛛丝马迹，他也会以非常寻常的警觉发现这些源自《圣经》的“潜文本”。例如，高利克研究了中国现代文学家对《雅歌》“书拉密”形象的借用。中国研究者虽然注意到沈从文作品的“田园牧歌”色彩，却鲜有发现湘西世界“田园牧歌”与希伯来文化“雅歌”的关系。然而高力克认为沈从文的《我喜欢你》《颂》等其实源自《雅歌》：“特别是沈从文的‘苗族罗曼司’展现了《雅歌》的影响轨迹，例如小说《龙朱》。”[9] 沈从文的小说《第二个狒狒》还两次引用了《雅歌》1:5 的经文。高利克认为“《雅歌》将一种崭新的隐喻式的表达传入中国，这一点在 20 世纪之前还被大多人忽略。女性的肉体成为纯洁抒情诗的主题”。[10] 高利克的这一见解为我们提供了另一个视角，即经由《雅歌》来探寻中国现代诗歌中的女性形象与爱情主题。正如伊爱莲的评价：“高利克的论著提供了一幅全景图：《圣经》在中国小说、戏剧、诗歌中所具有的功效，特别是作家们挪用《圣经》文本的不同方式。”[11]

除母语外，高利克还掌握了拉丁语、德语、英语、俄语等多种外语，这有利于他掌握第一手的研究资料，注意到 19 世界以来的欧洲科学、神学对中国现代作家的影响。他发现鲁迅阅读《旧约》与阅读恩斯特 · 赫克尔（Ernst Haeckel, 1834-1919）的《宇宙之谜》(*The Riddle of the Universe*) 几乎是同步进行的，鲁迅吸收了赫克尔对《圣经》的批评部分，其 1907 年所著《人之历史》非常接近赫克尔的种族发展史。[12] 高利克指出民国时期译介的摩尔顿（R. G. Moulton）《圣经之文学研究》（*The Literary Study of the Bible*）[13] 以及谟尔（George Foot Moore）《旧约之文学》（*The literature of the old testament*）[14] 两本书对周作人、许地山、陈梦家等都产生了一定的影响。他还格外留意到《圣经》的汉译史问题，《〈圣经〉在 20 世纪中国的译介——

以〈诗篇〉为例》一文重点讨论吕振中、雷永明、吴经熊的多个《诗篇》译本。吴经熊的文言文译文使用《易经》的术语，施约瑟中译本文白夹杂，和合本《圣经》则在很大程度上采用了施约瑟的译文。高利克提出了一个引起西方学者关注的问题：为什么《诗篇》成为《旧约》中被翻译得最多的书卷？对于中国本土学者来说，或许不难理解，在中国文化与希伯来文化的对接中，只能吸收它所理解的部分，《旧约》中的摩西五经含有神迹奇事，大小先知书充满异象色彩，历史书琐碎枯燥，因此只剩下《诗篇》《箴言》《传道书》《雅歌》等容易被接受理解。此外，天主教文化背景为高利克观察、阐明基督教对中国文化的影响也提供了跨文化理解的优势，他了解基督教的发展思潮及其进入中国的传播与适应历史。例如，他指出太平天国的宗教信仰在某种程度上是基要主义变形的产物："从 19 世纪 50 年代开始，基督教在太平天国中却产生了出乎意料的成功。""在某种程度上，这个新的利维坦是基要主义新教的产物。"社会福音运动对民国时期的中国知识分子产生了广泛影响："对于中国知识分子，福音运动中广为盛行传播的'社会福音'（Social Gospel）显得尤其重要。"[15]

高利克强调，在世界宗教名著中，《圣经》作为现代甚至当代中国诗歌最重要的灵感之源的地位不容置疑。《〈圣经〉对中国现代诗歌的影响：从周作人到海子》一文分析了从周作人到海子的十多位诗人如何在思想、主题、意象、词汇、技巧等方面受到《圣经》的深刻影响。高利克将穆旦视为"中国人中受《圣经》遗产影响最深刻的一位哲学诗人"，[16]"对他而言，《圣经》及其故事、教义是值得赞美的事物，其中的文学性、美学性和道德性价值不仅对整个犹太教与基督教世界，而且对整个中国来说，都是一种补充。"[17]海子"是在阅读《圣经》时受其影响并对中国现当代诗歌做出或多或少贡献的诗人中间最年轻的一位，也是由他结束了这一队列。跟其他中国诗人比较起来，他对《圣经》的态度显得更为复杂。他对古印度教义、佛教和伊斯兰教都感兴趣。"[18]由此看出，高利克能够在一个开阔的比较视野中，发掘中国现代诗歌的宗教审美特征与神性维度，这对于中国读者而言，可以提升他们从形而上的超验视角认识中国现代诗人的精神特质与现代性。

高利克与王蒙、顾城、张晓风、蓉子等作家的密切交往与互动，使得他获得了一些宝贵的一手材料与近距离的观察角度。高利克与王蒙是多年的老朋友，他们相识于 20 世纪 80 年代。后来王蒙访问斯洛伐克首都布拉迪斯拉发时，还亲自到高利克的家中登门拜访。1988 年 5 月王蒙在《钟山》第 3 期发表了短篇小说《在十字架上》，它并未引起国内学界的高度关注，但高利克却对之投入了极大的兴趣；并专门撰文《王蒙“拟启示录”中的谐拟和荒诞的笑》。他认为王蒙的这部模拟《新约 · 启示录》的小说“可能是一部‘元小说’（metafiction）。这种文学样式借助谐拟等手段将现实世界‘小说化’，并最终实现文本的‘创造’和‘批评’功能。”[19]通过对《启示录》情节的模拟与改写，王蒙在这篇短篇小说中，展示了20世纪八九十年代全世界发生的巨变，呈现了“荒诞的笑”“荒诞的意识”“荒诞的处境造成了荒诞的心境”。[20]王蒙与高利克年龄相近（他比后者只小一岁），有许多共同的历史记忆和社会经验，对社会转型期发生的变迁有共鸣。可见《在十字架上》会对高利克有很深的感触，进而引发了他对荒诞社会与荒诞意识的深刻思考。二位老朋友虽然相距甚远，却通过写作、阅读与批评，心心相应。

有意思的是，年轻的顾城也成了高利克最钟情的一位中国诗人。两人有缘相识于柏林：“1992年4月16日，复活节前的那个周五，我有幸在顾彬教授柏林的家中见到顾城，讨论了宗教和圣经的话题。在这次庄重的会面中，当我谈到耶稣为了基督教世界而牺牲自己的重要性时，顾城深为之动，称赞耶稣的‘血的牺牲’。”[21]十天后的4月26日，高利克与顾城面对面，有了一篇《“浮士德”·“红楼梦”·女儿性——高利克与顾城对谈》，它记录了顾城自杀之前不久的文学观和精神状态，尤其是对于歌德式的“永恒之女性”和《红楼梦》之“女儿性”的不同认识。在顾城看来：“女儿性最重要的一个特点，就是净，那么干净。我想这是《红楼梦》作者之所以推崇女儿性的最重要的一点，洁净如水，心境如水。……男性化的醒悟往往在于领悟到自身的虚幻，而在女儿往往无需这种领悟，因为他们自身就是上天无尘的花朵，在进入冥冥之时，上天也不能不欣赏自己的创作。”[22]然而在高利克看来，这种对洁净无尘的女儿性的渴慕与追求已经暗藏着某种精神危机，他毫不留情地指出：“顾城几乎和尼采一样狂傲。顾城不懂得基督要人谦卑，要人爱人如爱己。顾城在拒绝了神（包括耶稣）作为美德的最高典范之后，站在了上帝的对立面——魔鬼一边，将其作为最合理的伦理和哲学的替代。”[23]《圣经》成为《英儿》中的一个“对证”或“见证者”。高利克用大量材料和文本分析强调《圣经》对顾城的世界观和文学创作或显或隐的影响，《英儿》中的重要主题、形象和意象来源于《圣经》，包括《苹果》《但以理》《最后的晚餐》《十字》《英儿手上有个苹果》《伤口》《傍晚》等章节。顾城在这本小说中还提到了亚伯拉罕、约翰、彼得和玛利亚等先知或继承人，对耶稣的经历尤其感兴趣。高利克认为顾城与耶稣之间有一种强烈的对抗，耶稣成为他的一个“同伴”或“对影”。他忧心忡忡地观察到这位天才诗人在自杀前一年精神分裂性格及其过度的自我中心、狂妄骄傲导致的人生悲剧。毫无疑问，高利克对置身异国他乡的顾城的精神状态的考察与记录、交流与对谈，留下了不可多得的珍贵资料，值得国内顾城研究学者的关注。

在其论著的第三部分，高利克的研究对象涉及几位港台女作家在圣经影响下的创作，如韩素音的小说《瑰宝》（1952）被看作是对《诗篇》第98章的谐拟。[24]高利克分析了基督教作家张晓风（1941-）的短篇小说《苦墙》（1967）与《诗篇》第137章的关系。[25]《三位台湾女诗人对〈圣经〉智慧书的三种理解》一文对比分析了蓉子、夏宇、斯人等三位冰心传统的追随者对《约伯记》《传道书》《雅歌》的阅读与阐释：“通过讨论这三个重要的台湾女诗人，我考察了三种阅读《圣经》的方式。这和她们所受教育、意识形态的来源及其对诗的理解密切相关。当蓉子追随正统的基督教诠释时，夏宇谐拟了爱这一《雅歌》主题及对《圣经》的神圣化阐释。而斯人比她们走得更远。她开始质疑善与恶、爱和折磨、上帝与撒旦这一系列看上去如此对立的概念，直至指向在这个可怖的世间生存的我们。”[26]在中国大陆学界，由于相关资料的有限，《圣经》与港台文学关系的研究较少受到重视，高利克在这一方面的研究也为我们提供了一个新的探索空间。

三、一个理想主义者的跨文化研究

高利克从跨文化交流的视角探讨了中国儒释道的传统文化与西方基督教文化的差异，其知识广博，视野开阔，得出的结论也让我们大开眼界。汉文化圈自古以来就缺少相应的神话背景，他举例说：“圣马可与圣保罗曾经在近东与地中海地区一起传教，可能接触过该区域不同的宗教崇拜，其中有一些教义与基督教相似，如相信来世、复活[奥西西斯（Osiris）或欧律狄斯（Euridyke）]，相信神圣救世主[密特拉（Mithra）]，入会仪式[狄奥尼索斯（Dionysos）崇拜]，或圣餐[依洛西斯（Eleusis）崇拜]。在古希腊和罗马时代，该地域已为类似基督教的宗教信仰预备好了沃土，尤其是对一个承诺并庇护个人今生与来世幸福的上帝的渴慕。”[27]而中国缺乏相应的接受语境，中国人无法理解死而复活等超验事物。与此相对，中国现代文学对耶稣之死的各种改编故事中，也罕见耶稣复活的场景。正如罗宾逊指出的：“在整个中国现代文学中，尚未发现一部关注过基督死后的世界状况。”[28] 这体现了《圣经》文本在不同文化处境下展现的鲜活张力。它在异质的文化传统和文化语境中，与他国思想文化资源进行互动和竞争，呈现出文化杂糅之态，成为世俗写作取之不尽用之不竭的灵感。

难能可贵的是，高利克一直坚守学术的独立，以其经历岁月沧桑而独行不改的学术眼光不断审视置身其中的骚动时代，洞察中西文学与时代变迁的关系。他一生见证了欧洲和中国的多次风云巨变：1958-1960 年他在捷克斯洛伐克的社会主义时期有机会留学于北京大学；1961 年古巴危机时在部队服役；80 年代后期目睹了斯洛伐克的“天鹅绒革命”(Velvet Revolution)；自 20 世纪 80 年代中国改革开放以后，他又频繁地穿梭于中国、欧美与斯洛伐克之间，身体力行地促进中国比较文学参与到国际比较文学的事业中。这些曲折、丰富而厚重的个人经验使得高利克总是以充满忧思、洞见却不乏盼望的眼光展望人类的未来。高利克在《圣经》中发现上帝在历史变迁中的作为和特殊显现：“我们时代的上帝不同于希伯来人父权式的上帝，迦南世纪的战士式的上帝，以色列人被流放期间的道德的上帝，耶稣基督的充满爱的上帝。我认为全人类的上帝必然不分种族、国家、肤色和贫富。”[29] 面对《圣经》与过去、现在与未来的复杂变迁的多元语境，高利克透过跨宗教的视角，大胆地提出了“第三约”(Third Covenant):“尽管犹太教坚信上帝通过亚伯拉罕及其后裔所立乃永恒之约，尽管通过天主教‘血之圣杯’的弥撒，基督徒不断声称它是一种‘新的永恒之约’的象征与现实，但当今世界需要的是一种确保人类和平、社会进步、文化与宗教间相互理解的一种新的约定或协议。”[30] 高利克看见过去亚伯拉罕、以撒、雅各及其后代与上帝订立的旧约的历史性，也感到由耶稣降生，保罗将福音广传至外邦人却排除（不信上帝的人）新约的局限性，为此提出超越民族、族群、宗教和国家的“第三约”，并深情地描述了自己的愿景：“我期待，有一天，包括最年幼者在内的每个人，都将在‘第三约’之前翩翩起舞。”[31] 这体现了一位满怀宗教情感的人文主义者的理想主义情怀。

“人若喝我所赐的水就永远不渴。我所赐的水，要在他里头成为泉源，直涌到永生。”（约 4:14）高利克的论著《翻译与影响：〈圣经〉与中国现代文学》呈现了《圣经》为中国现代文化与现代文学所提供的取之不尽用之不竭的泉源。正如朱熹《观书有感》所言“问渠那得清如许，为有源头活水来。”在全球化的当代，交错的文化和时空让我们在今天不断感受马丁 · 布伯所说的对话关系，也让自我与他者的交互与交融在全人类共通的思想里深深连接。

（本文为北京外国语大学中国文化走出去协同创新中心重点立项“布拉格汉学学派对中国现代文学的研究及其启示”成果之一，项目编号 CCSIC2017-ZD01）

注释：

[1] 转引杨玉英：《马立安 · 高利克的汉学研究》，北京：学苑出版社 2015 年版，页 28。

[2] Lewis S. Robinson. *Double-edged Sword: Christianity and 20th Century Chinese Fiction*, Hong Kong: Tao Fong Shan Ecumenical Center, 1986. 本书中译本：L. S. 罗宾逊：《双刃剑——基督教与 20 世纪中国小说》，傅光明、梁刚译，台北：业强出版社 1992 年版。

[3] 马立安 · 高利克：《我的研究心路：<圣经>与中国现代文学》，刘燕译，载《基督教思想评论》（第 17 辑），上海：上海人民出版社 2013 年版，页 183、184。

[4] 马立安 · 高利克：《公主的引诱——向培良的颓废版〈暗嫩〉与〈圣经〉中的“暗嫩与他玛”》，载《翻译与影响——〈圣经〉与中国现代文学》，刘燕编译，北京：社会科学文献出版社 2018 年版，页 194。

[5] 马立安 · 高利克：《翻译与影响》，顾彬的推荐语见本书封底。

[6] 伊爱莲：《序言——〈圣经〉：活水的泉源》，载马立安 · 高利克著：《翻译与影响》，序言，页 2。

[7] 彼得 · 贝格尔：《神圣的帷幕——宗教社会学理论之要素》，高师宁译，何光沪校，上海：上海人民出版社 1991 年版，页 128。

[8] 马立安 · 高利克：《〈圣经〉、中国现代文学与跨文化研究》，载《翻译与影响》，页 25。

[9] 马立安 · 高利克：《中国现代文学对爱情的全新书写与〈雅歌〉》，载《翻译与影响》，页 173。

[10] 同上，页 169。

[11] 伊爱莲：《序言——〈圣经〉：活水的泉源》，载马立安 · 高利克著：《翻译与影响》，页 3。

[12] 马立安 · 高利克：《〈圣经〉、中国现代文学与跨文化交流》，载《翻译与影响》，页 21。

[13] Richard Green Moulton. *The Literary Study of the Bible*, London: Isbister & Co, 1896. 该书中译本，摩尔顿：《圣经之文学研究》，贾立言、冯雪冰、朱德周译，上海广学会出版社民国二十五年版。

[14] George Foot Moore. The literature of the old testament, London: Thornton Butterworth Ltd, 1919.

[15] 马立安 · 高利克：《〈圣经〉、中国现代文学与跨文化交流》，载《翻译与影响》，页 19、21。

[16] 马立安 · 高利克：《圣经对中国现代诗歌的影响：从周作人到海子》，载《翻译与影响》，页 159。

[17] 同上，页 156。

[18] 同上，页 118-121。

[19] 马立安 · 高利克：《王蒙“拟启示录”中的谐拟和荒诞的笑》，载《翻译与影响》，页 276。

[20] 同上，载《翻译与影响》，页 283。

[21] 马立安 · 高利克：《顾城的〈英儿〉和〈圣经〉》，载《翻译与影响》，页 232。

[22] 谢烨整理：《“浮士德” · “红楼梦” · 女儿性——高利克与顾城对谈》，载《上海文学》1993 年第 1 期，页 66-67。

[23] 马立安 · 高利克：《顾城的〈英儿〉和〈圣经〉》，载《翻译与影响》，页 245。

[24] 马立安 · 高利克：《韩素音的〈诗篇〉第 98 章和中国的“人民新民主”》，载《翻译与影响》，页 289-301。

[25] 马立安 · 高利克：《〈诗篇〉第 137 章与张晓风的短篇小说〈苦墙〉》，载《翻译与影响》，页 302-313。

[26] 马立安 · 高利克：《论台湾女诗人对 < 圣经 > 智慧书的三种理解》，载《翻译与影响》，页 314-332。

[27] 马立安 · 高利克：《〈圣经〉、中国现代文学与跨文化研究》，载《翻译与影响》，页 30。

[28] Lewis S. Robinson. *Double-edged Sword: Christianity and 20th Century Chinese Fiction*, p.319.

[29] 马立安 · 高利克：《自序：我读〈圣经〉七十年》，载《翻译与影响》，页 5。

[30] 马立安 · 高利克：《“第三约”与宗教间的理解：一个理想主义者的信念》，载《翻译与影响》，页 5。

[31] 同上，页 10。

《汉风》辑刊征稿启事

《汉风》是中国文化和旅游部与北京语言大学共同创建的“中国文化对外翻译与传播研究中心”所属的学术、文化类辑刊，目前为年刊。

在全球化日益展开与国际文化间的交往日趋频繁的今日，汉语文化的翻译、传播与研究也受到多方人士的高度重视。本刊希望借助中外各方学者的力量，在多元文化互享的前提下，利用这一新创的平台，加强对各国研究成果的介绍，进而促进学术与智识的交流。

《汉风》将以国际视野作为自己工作的方向，本刊的栏目设计，大致以汉学研究、翻译研究（中译外）、中外文化交流三大概念为中心，涵盖历史与当代诸维度，并以此形成有别于其他刊物的特色。所设栏目大致包括：

（1）汉学史、翻译史、翻译理论、汉籍传播、中外比较、术语翻译、中国文化外传等的研究；

（2）发表对各国汉学研究新态势的梳理与展望，对当代汉学与中国学研究状况的分析与评论；

（3）有关汉学家、翻译家的评传与访谈，汉学著作与汉译书籍的书评、书讯、书序，及对各国汉学活动、汉学家、汉学杂志、汉学机构、汉学出版物等的介绍与评述等；

（4）此外，本刊也欢迎与以上议题相关的译稿，即直接从外文译出的国外学者的相关研究论文。

我们鼓励严谨求实的介绍与探索，包容多样化的视角与不同观点间的互动。

为既保持内容的深入性，又兼顾风格的灵活性，来稿也可采取多样化的形式。研究性稿件的字数一般为 5000-15000 汉字，有专业深度的稿件也可达 2 万汉字。短小一些的评论或介绍性等的文章在字数上则可灵活掌握，不拘一格，一旦采用，编辑部会根据情况加以合适的编排。

目前本刊所使用的排版文字为简体中文，各语种学者的稿件可在译成汉语之后发给我们，也可交付外文稿后委托本刊请专业人士代译。

我们欢迎国际国内各方人士的来稿与建议，稿件可发至特聘约稿联系人或我刊的联系邮箱：sinology@vip.163.com, cctssblcu@163.com。

中国文化对外翻译与传播研究中心

编辑部地址： 北京语言大学 教四楼 323 室
中国 北京市海淀区学院路 15 号
邮　　编： 100083
电　　话： 010-82300322

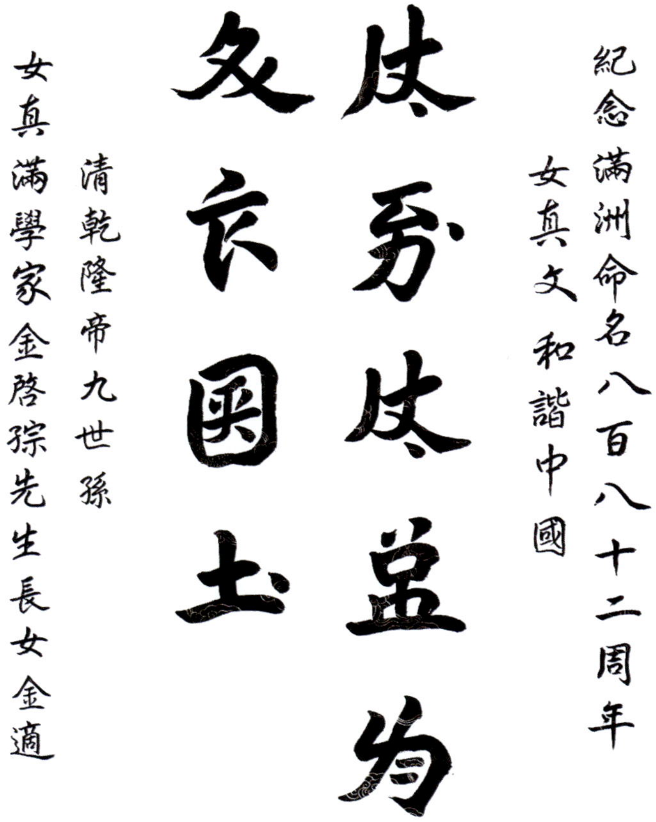

金 适 和谐中国（女真文）

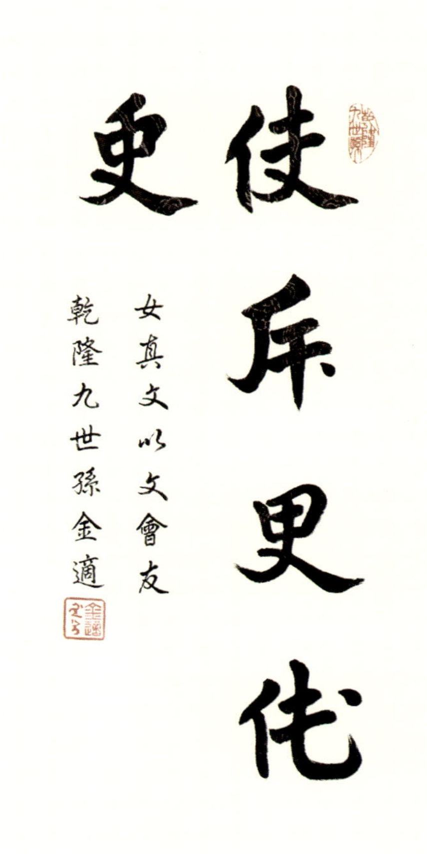

金 适 以文会友（女真文）

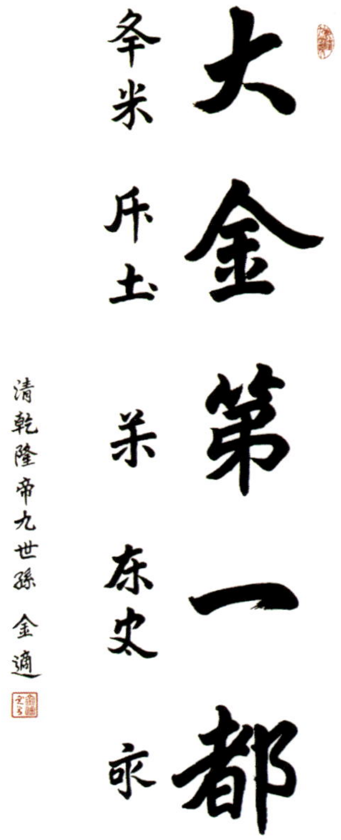

金 适 为金源故里题词

作者简介：

金适，女，爱新觉罗氏，系清高宗乾隆帝九世孙女。中国农业大学教授。

肖曰海 致敬经典——马奈

肖曰海 致敬经典——米勒

作者简介：

肖曰海，中国美术家协会会员，中国少数民族美术促进会会员。

[韩国] 宋贤镐 十二生肖

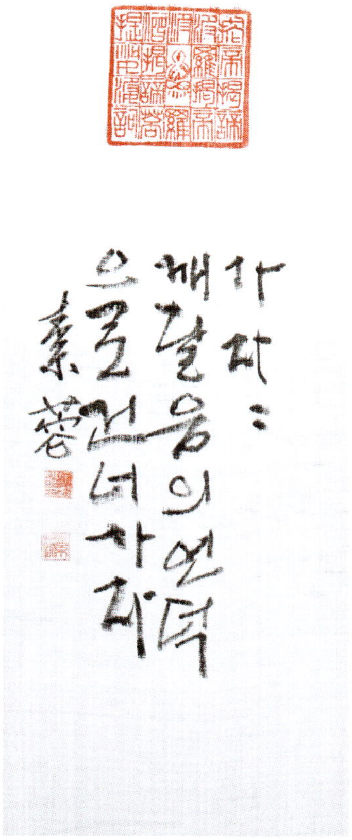

[韩国] 宋贤镐 가자 깨달음으로

作者简介：

宋贤镐，号素蓉，女。韩国忠清北道作家，韩国国展作家。